サンティアゴ・デ・コンポステラへの巡礼道
主要巡礼道
大西洋
フィニステーレ
サンティアゴ・デ・コンポステラ
カスタニェーダ
パラス・デ・レイ
メリデ
サリア
トリアカステラ
ポルトマリン
セブレイロ
ヴィラフランカ・デル・ビエルソ
ポンフェラーダ
フォンセバドン
アストルガ
ラバナル・デル・カミーノ
オスピタル・デ・オルビーゴ
レオン
マンシーリャ・デ・ラス・ムラス
サアグーン
カリオン・デ・ロス・コンデス
フロミスタ
カストロヘリス
イテーロ・デル・カミーノ
ブルゴス
サン・フアン・デ・オルテガ
ヴィラフランカ・デ・モンテス・デ・オーカ
サント・ドミンゴ・デ・ラ・カルサーダ
ナヘラ
ログローニョ
ビアナ
エステーリャ
プエンテ・ラ・レイナ

銀河を辿る

サンティアゴ・デ・コンポステラへの道

清水芳子
shimizu yoshiko

新評論

はじめに

「コンポステラ＝星の野」という美しい名をもつ聖ヤコブゆかりの道をたどってみたいという思いが芽生えたのはいつのころであったのか。いまでははっきりしないが、ひょっとしたらノルマンディーの小さなロマネスク聖堂との初めての出会いにまで遡るのかもしれない。もうかれこれ三〇年以上も前のことである。

しかし、それは夢のような話であって、見果てぬ夢で終わるかもしれないとも思っていた。その夢がにわかに現実味を帯びてきたのは、巡礼の同行者となったMが仕事の取材でヨーロッパに発つ直前に、彼女のフランスでの滞在がたまたま私の滞在期間とわずかに重なるということが分かってからのことであった。あらゆる点で準備不足は覚悟のうえで、ただ「同行者」を得たということが心を決めさせた。

サンティアゴ巡礼が繁栄をきわめた一一、一二世紀は、西洋美術の精華ともいうべきロマネスク美術が開花した時期でもあった。「ロマネスク（ローマ風の）」という言葉は、中世聖堂建築が古代ローマの建造物に倣った、あるいは転用したことから後世に名づけられたのであるが、今日では、建築のみならずこの時代の芸術全般を指すものとして用いられている。当時、「ヨハネ黙示録」によるキリスト生誕千年にして「神の裁き」が下るという終末思想が人々をとらえていたが、その年を無事越え、ラウル・グラベール(1)がいみじくも「地上が聖堂という白い衣で被われた……」と形容したように、夥しい数の聖堂が建て

1．985～1050。ブルゴーニュ地方出身の修道士。各地の修道院に滞在し、『年代記』（５巻）を著す。900年から1046年にわたる記述は、「紀元千年」の貴重な証言の書である。

替えられたり、また新たに建てられたりしたのであった。ロマネスク時代は、つづくゴシック時代と並んで、優れて聖堂建築の時代であったといえよう。

サンティアゴ・デ・コンポステラに向かう巡礼道は、王侯貴族や聖職者、名もなき庶民（農民、商人、旅芸人など）、そして刑罰を受けた罪人たち、また旅の巡礼を待ち構える盗賊や追い剥ぎの群れなど実にさまざまな人間が往き交ったのであるが、そのなかには聖堂建築に携わる工房集団の姿もあった。後のゴシック時代と異なり、巡礼最盛期の一一、一二世紀に、この「巡礼路教会」とも呼ばれる聖堂群を建てたロマネスク時代の工人たちの名はほとんど知られていない。彼らの神に仕えるひたすらな思いは、巡礼道に残る数々の美しい聖堂とそれらを飾る彫刻、絵画などからうかがい知るのみである。シンプルで優しく、自在で真摯なその色と形、そして石への愛。かくも心をとらえる「かたち」を残した工人たち。そして、あの時代の夥しい数の巡礼たちを道へと駆り立てた彼方への熱望。

彼らの心のありようを知りたいという思いが、何の迷いもなく私たちを巡礼道への歩みに踏み出させた。まず、道に入ること、実際に自分の足で歩いてみること、そうすることによって初めて彼らの姿が見えてくるのではないか。巡礼道をたどることは時をたどることであり、そこで、あの気が遠くなるような中世という時代の彼らと出会えるのではないか、という単純な思いであった。

いまから思えば、このような「問いかけ」はとても深く本質に突き刺さる、そして人生と同様、容易に答えの出るはずもない「問い」だったのではあるが……。

一九八七年から始めたこの旅は、結果的に一〇年余りの歳月をかける長い巡礼となった。

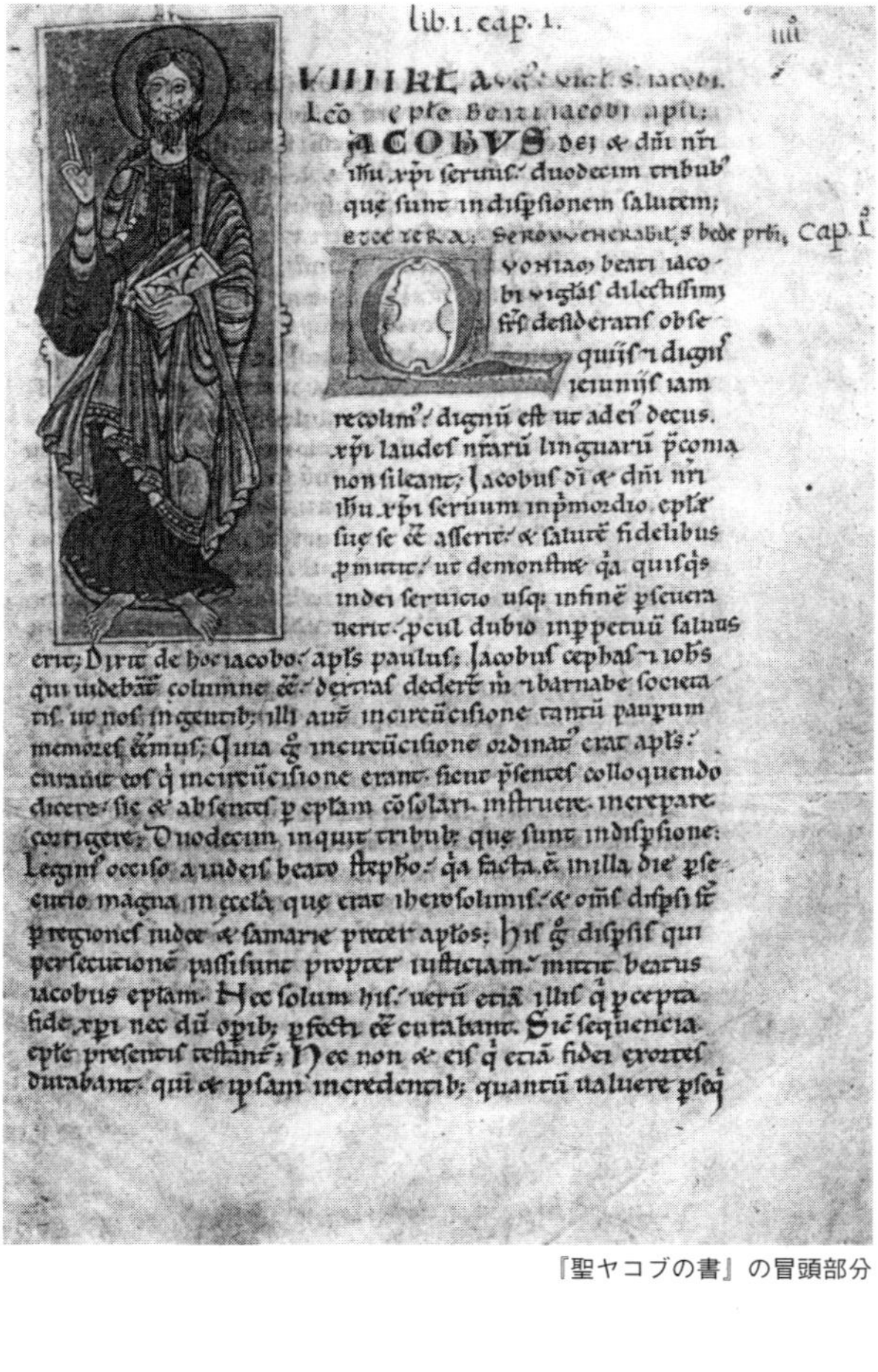

『聖ヤコブの書』の冒頭部分

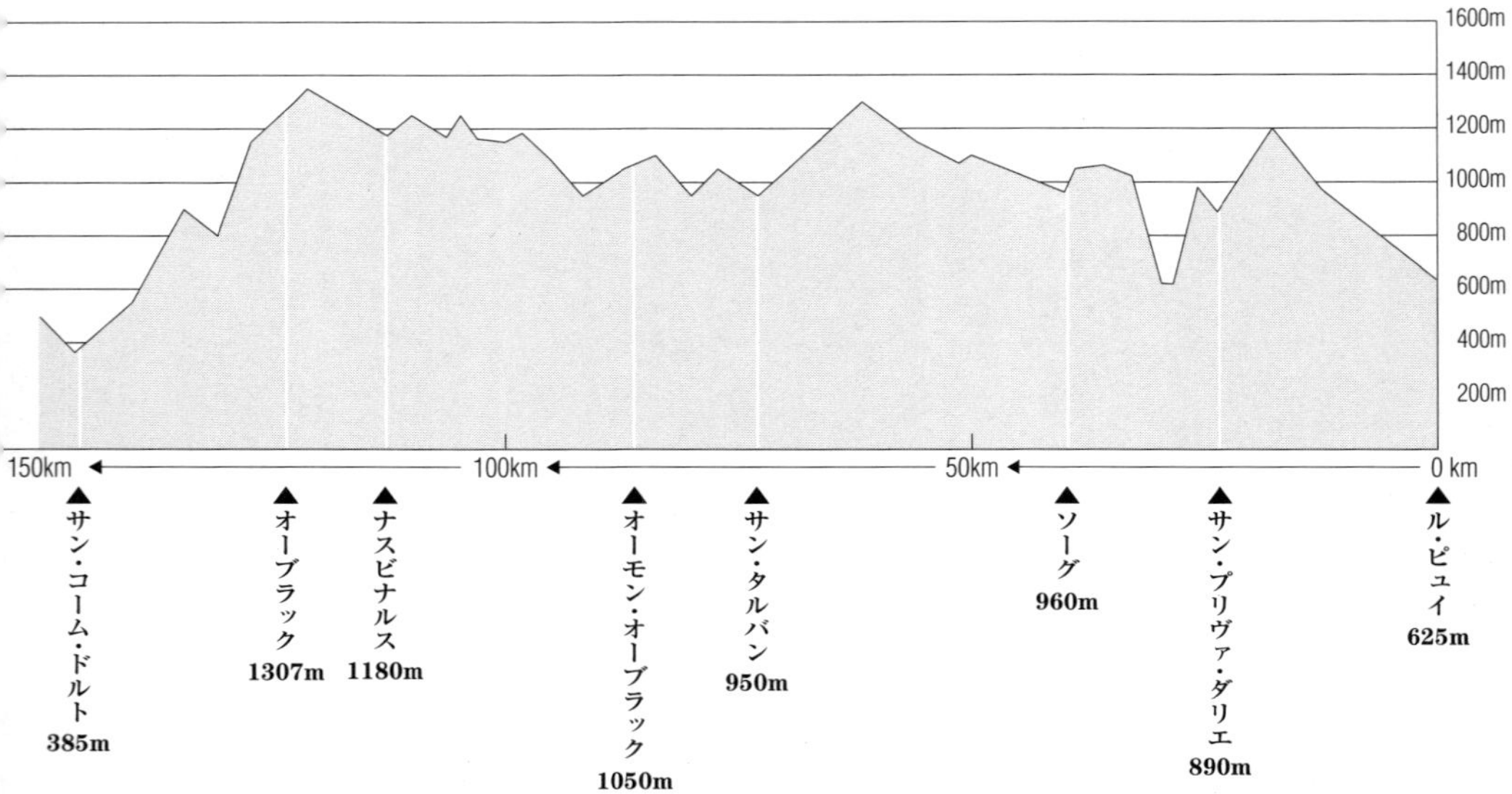
1600m
1400m
1200m
1000m
800m
600m
400m
200m
150km
100km
50km
0 km
サン・コーム・ドルト 385m
オーブラック 1307m
ナスビナルス 1180m
オーモン・オーブラック 1050m
サン・タルバン 950m
ソーグ 960m
サン・プリヴァ・ダリエ 890m
ル・ピュイ 625m

フランス

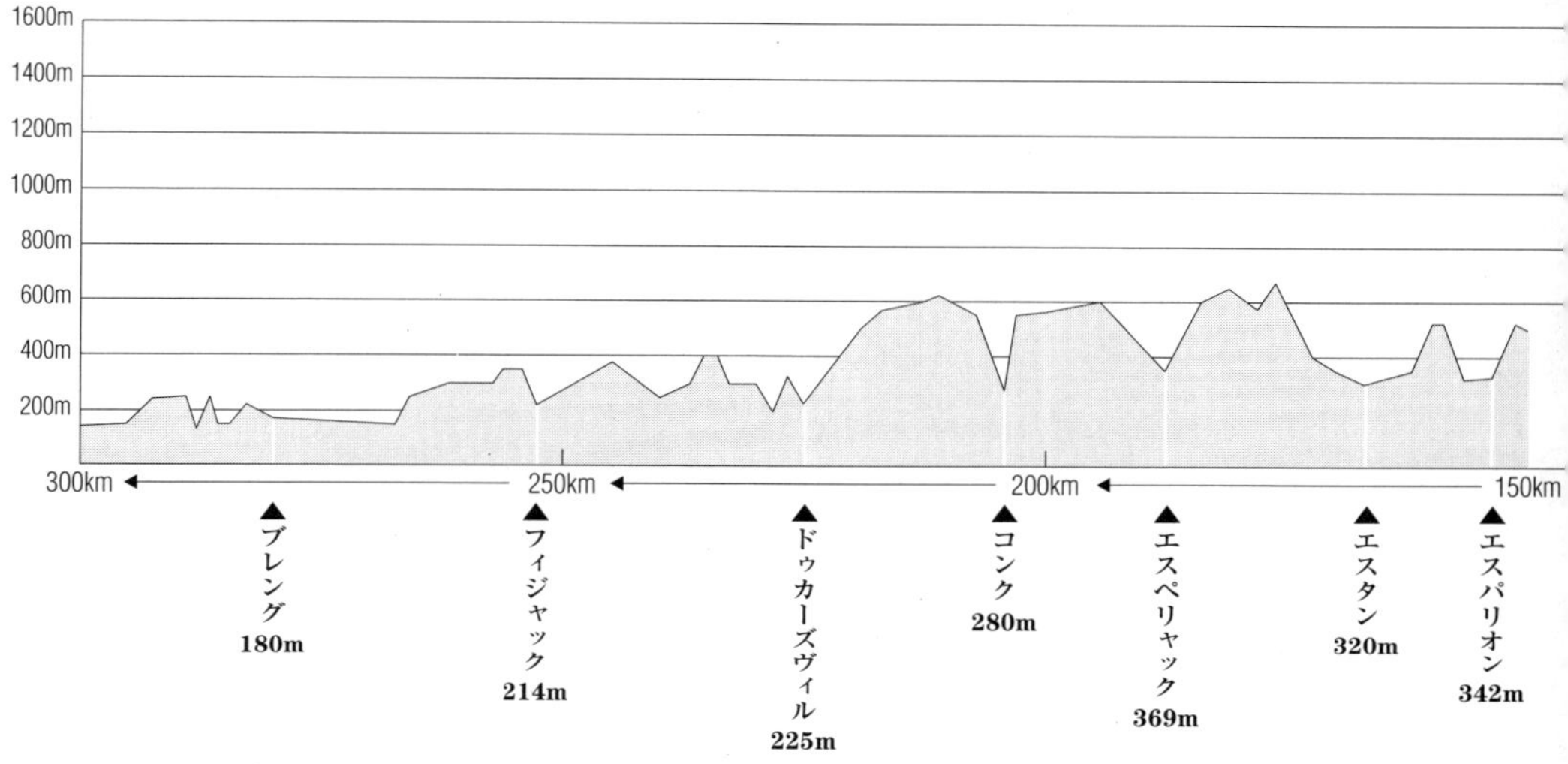
1600m
1400m
1200m
1000m
800m
600m
400m
200m
300km
250km
200km
150km
ブレング 180m
フィジャック 214m
ドゥカーズヴィル 225m
コンク 280m
エスペリャック 369m
エスタン 320m
エスパリオン 342m

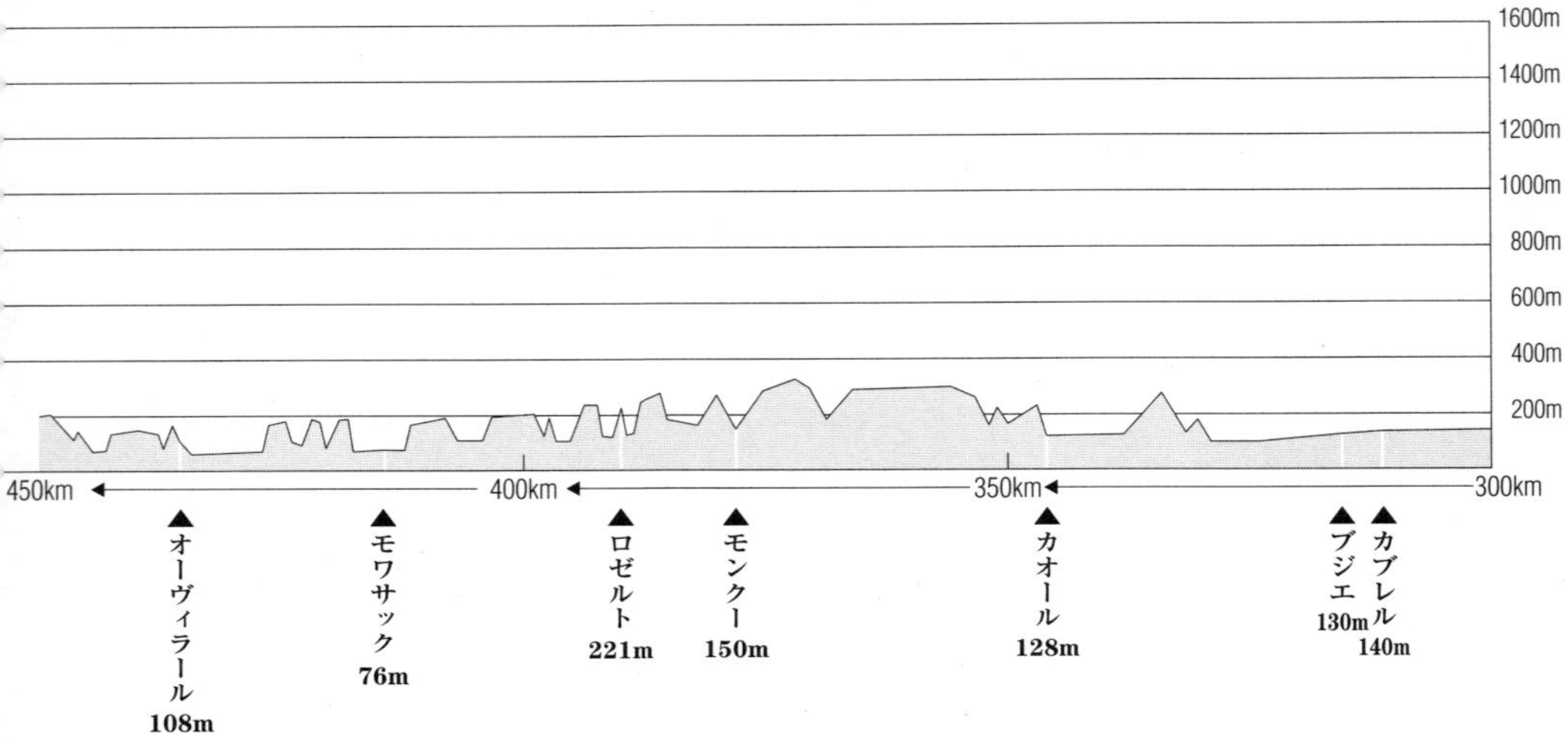

1600m
1400m
1200m
1000m
800m
600m
400m
200m
450km
400km
350km
300km
オーヴィラール 108m
モワサック 76m
ロゼルト 221m
モンクー 150m
カオール 128m
ブジエ 130m
カブレル 140m

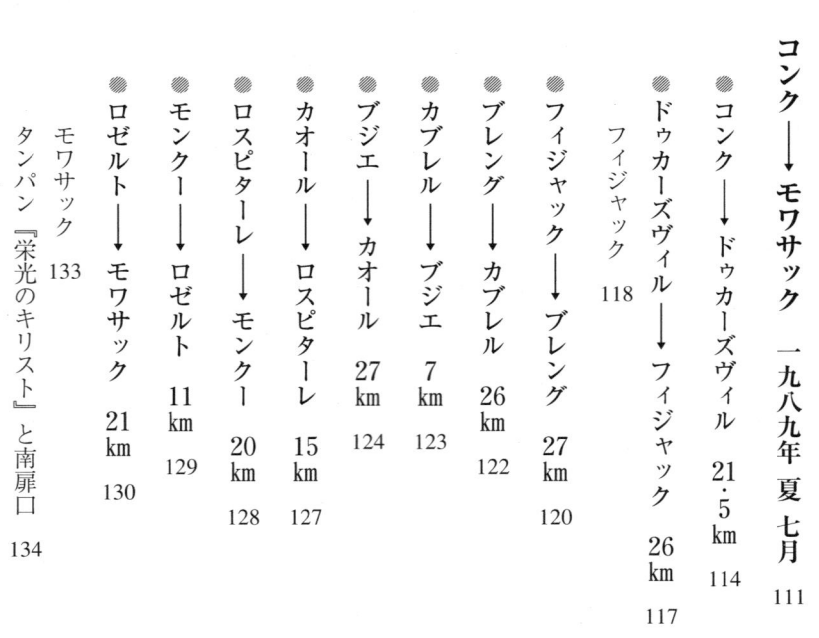

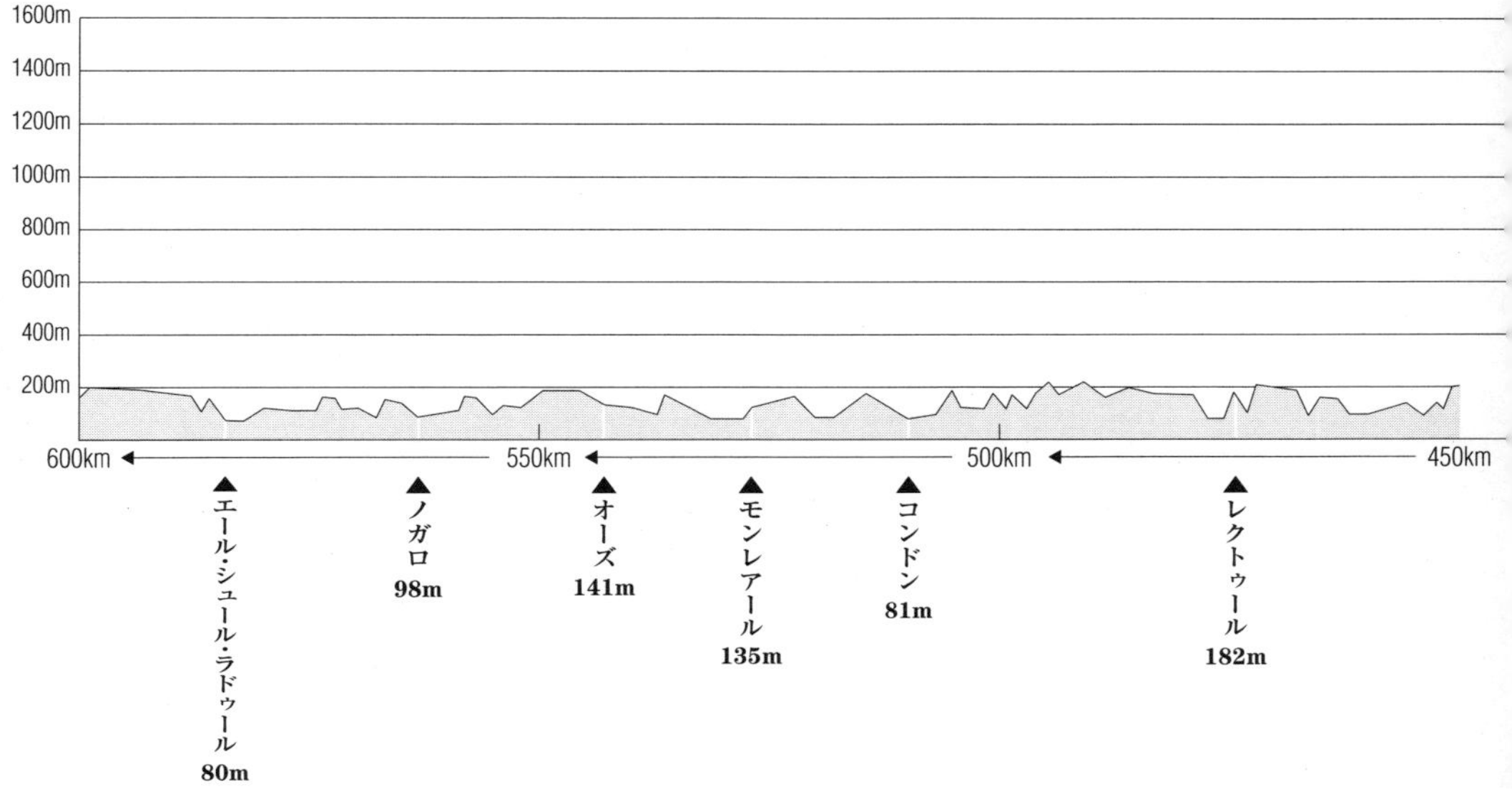
1600m
1400m
1200m
1000m
800m
600m
400m
200m
600km
550km
500km
450km
エール・シュール・ラドゥール 80m
ノガロ 98m
オーズ 141m
モンレアール 135m
コンドン 81m
レクトゥール 182m

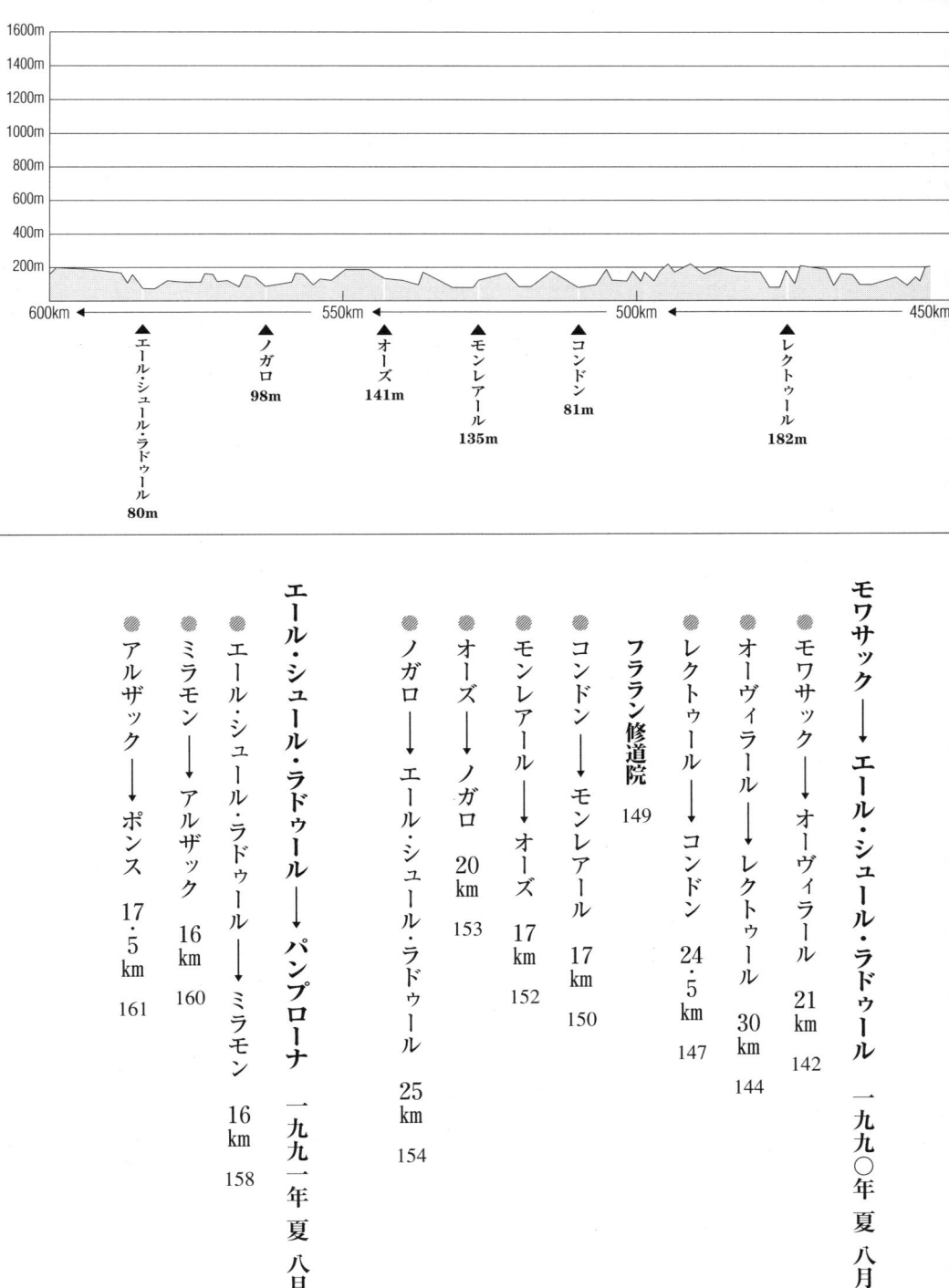

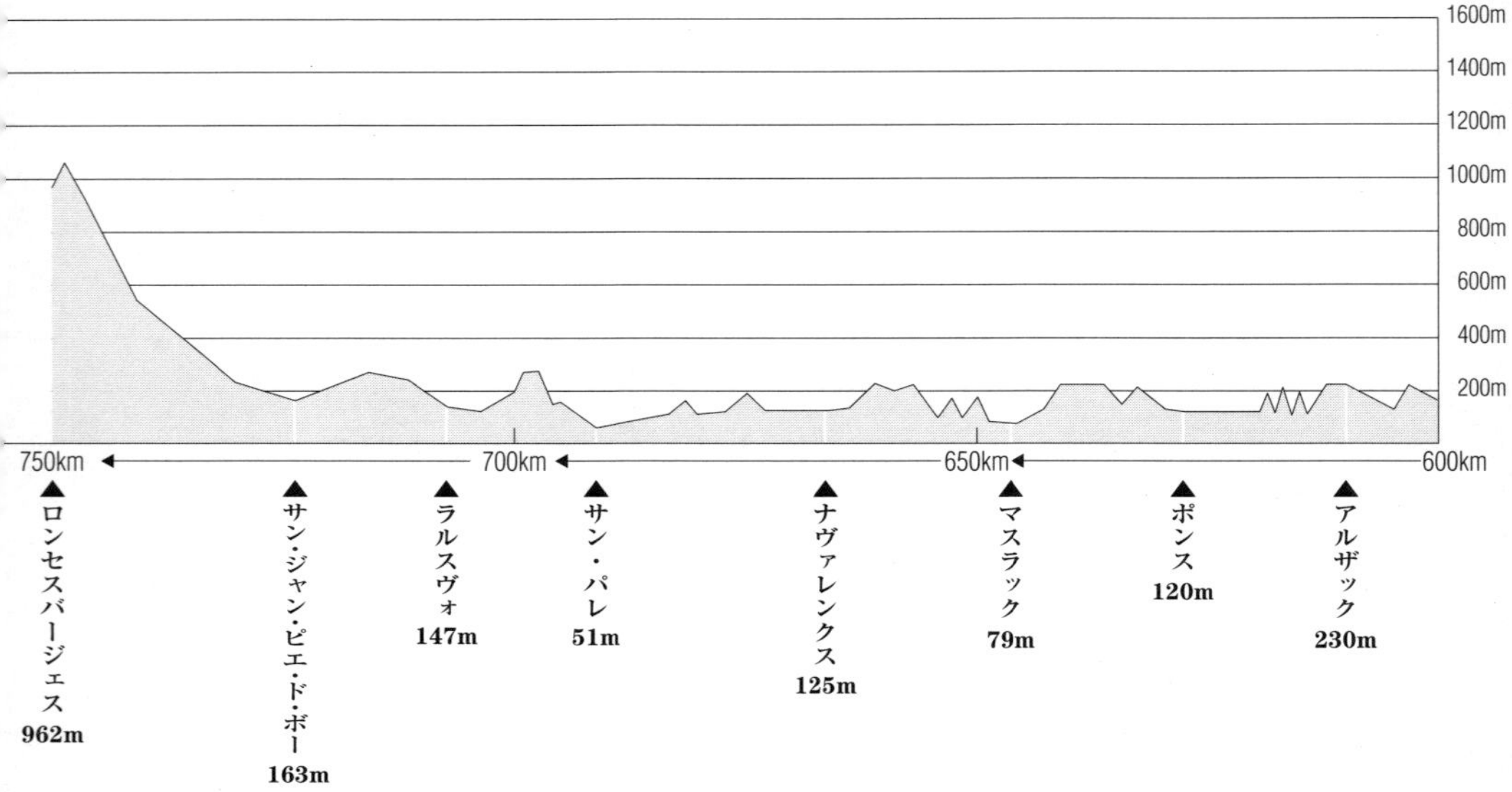
1600m
1400m
1200m
1000m
800m
600m
400m
200m
750km
700km
650km
600km
ロンセスバージェス 962m
サン・ジャン・ピエ・ド・ポー 163m
ラルスヴォ 147m
サン・パレ 51m
ナヴァレンクス 125m
マスラック 79m
ポンス 120m
アルザック 230m

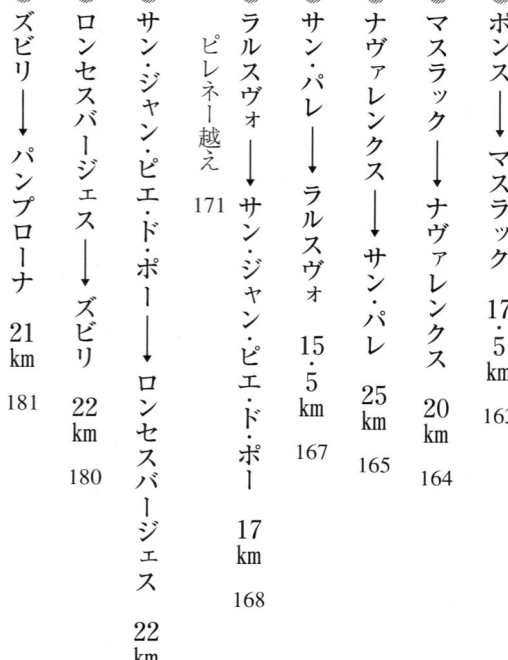

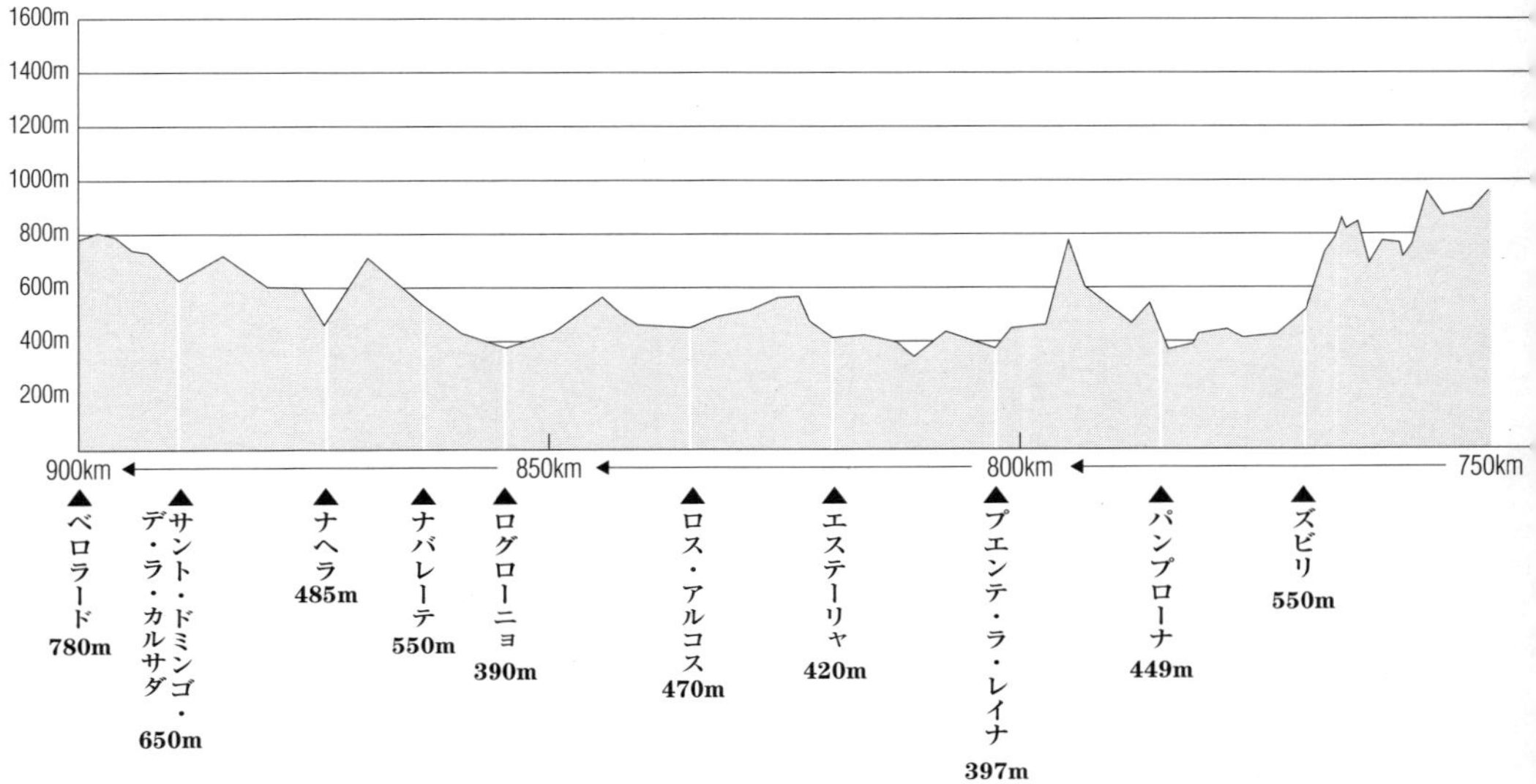
1600m
1400m
1200m
1000m
800m
600m
400m
200m
900km
850km
800km
750km
ベロラード 780m
サント・ドミンゴ・デ・ラ・カルサダ 650m
ナヘラ 485m
ナバレーテ 550m
ログローニョ 390m
ロス・アルコス 470m
エステーリャ 420m
プエンテ・ラ・レイナ 397m
パンプローナ 449m
ズビリ 550m

スペイン

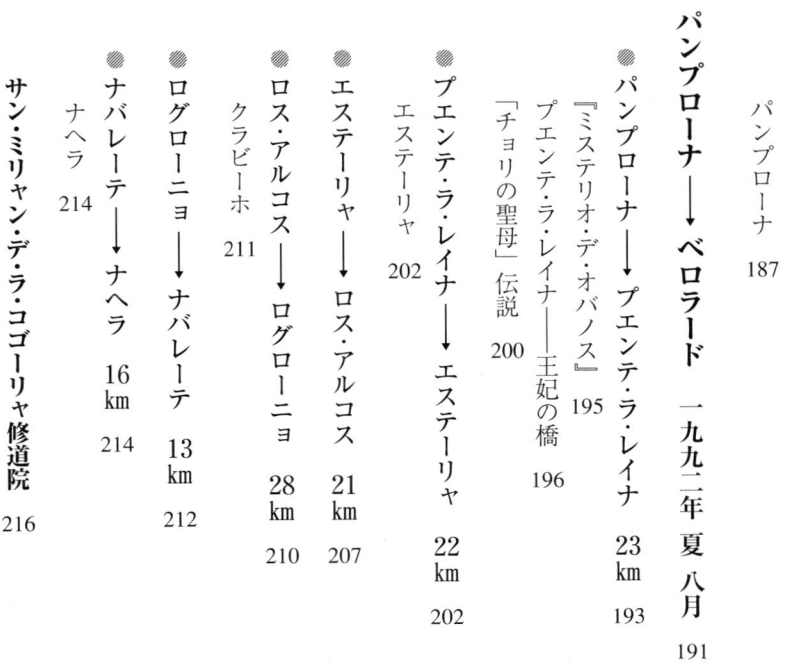

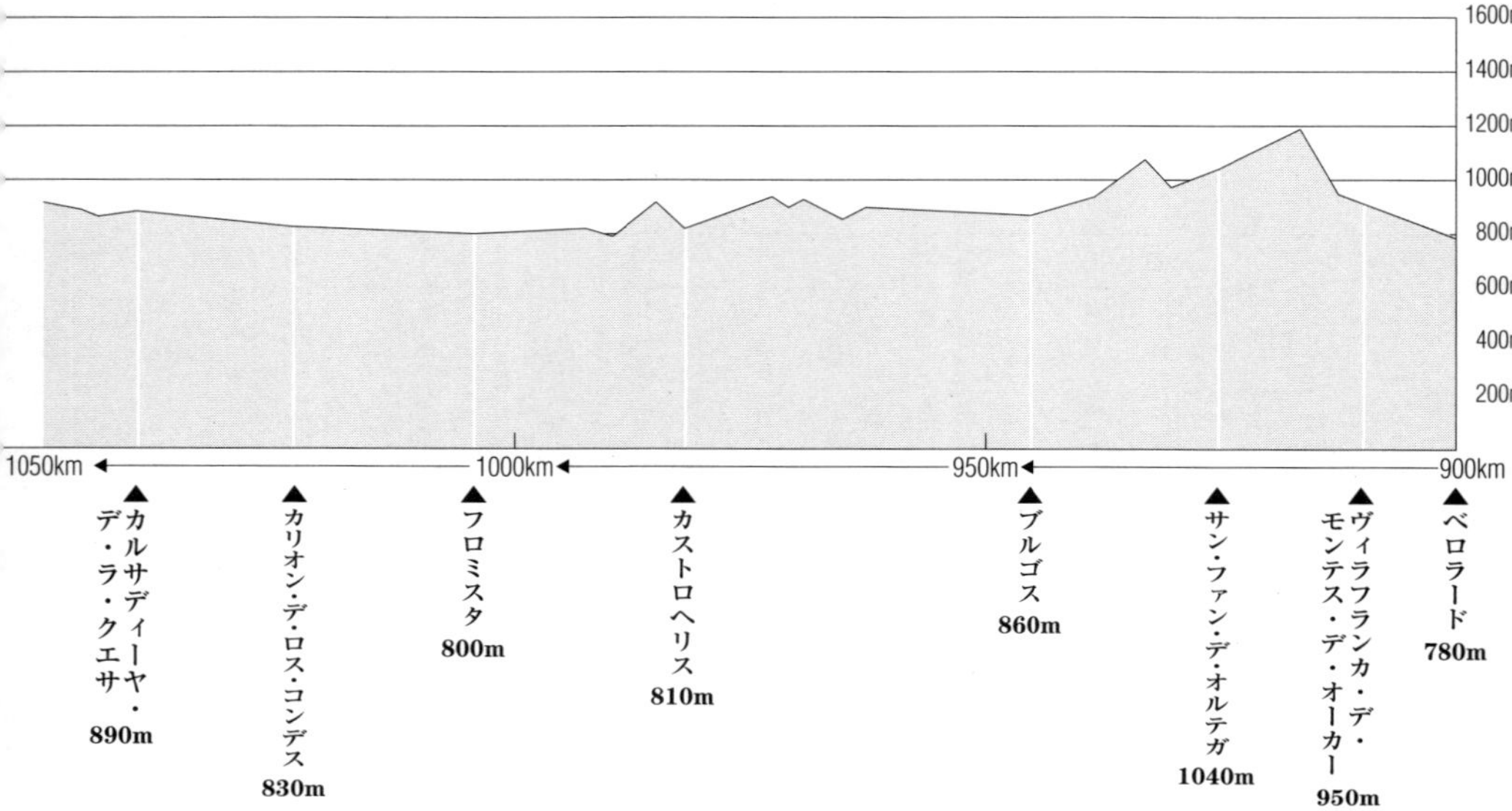
1600m
1400m
1200m
1000m
800m
600m
400m
200m
1050km
1000km
950km
900km
ベロラード 780m
ヴィラフランカ・デ・モンテス・デ・オーカー 950m
サン・ファン・デ・オルテガ 1040m
ブルゴス 860m
カストロヘリス 810m
フロミスタ 800m
カリオン・デ・ロス・コンデス 830m
カルサディーヤ・デ・ラ・クエサ 890m

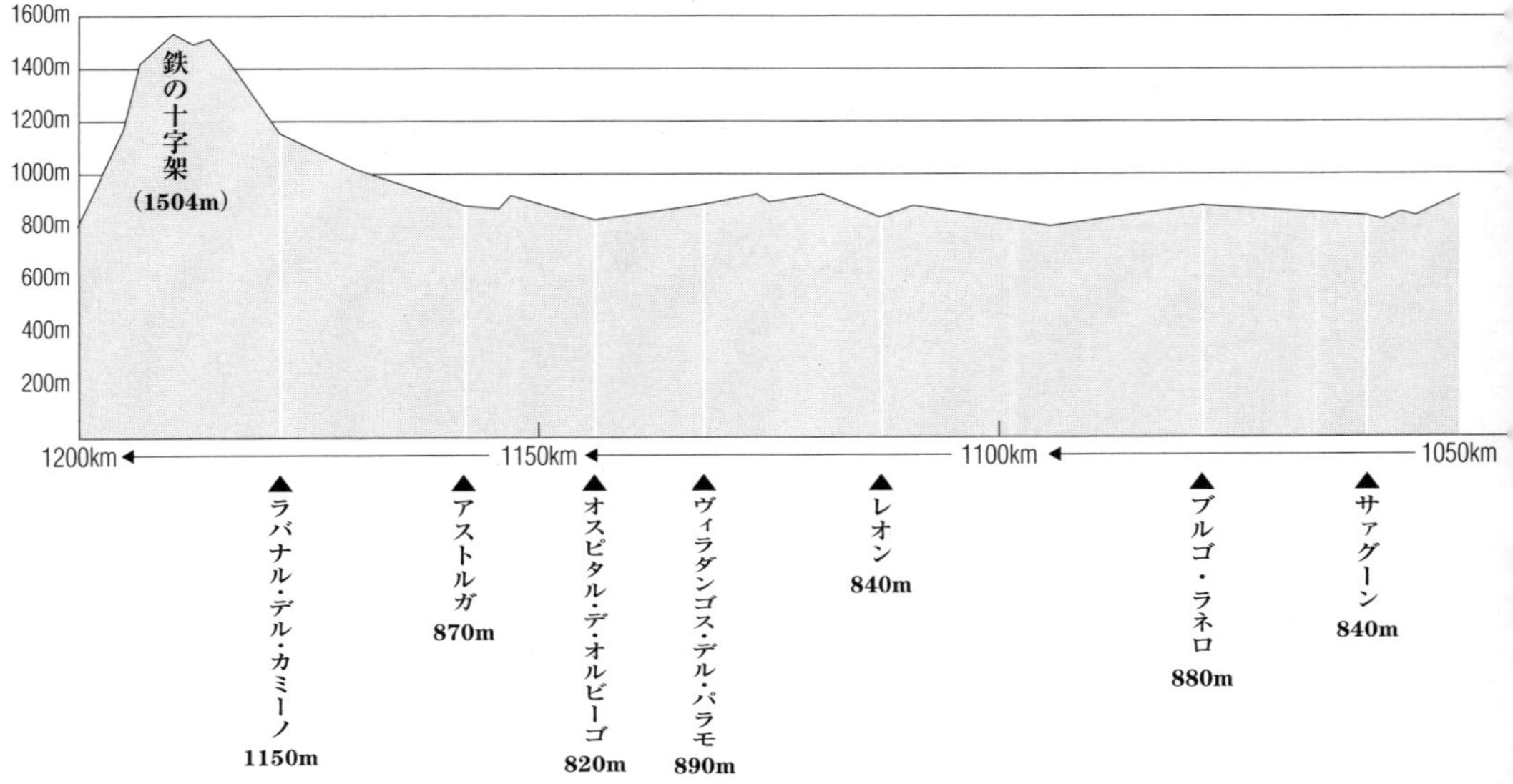

1600m
1400m
1200m
1000m
800m
600m
400m
200m
鉄の十字架
（1504m）
1200km
1150km
1100km
1050km
▲ラバナル・デル・カミーノ 1150m
▲アストルガ 870m
▲オスピタル・デ・オルビーゴ 820m
▲ヴィラダンゴス・デル・パラモ 890m
▲レオン 840m
▲ブルゴ・ラネロ 880m
▲サァグーン 840m

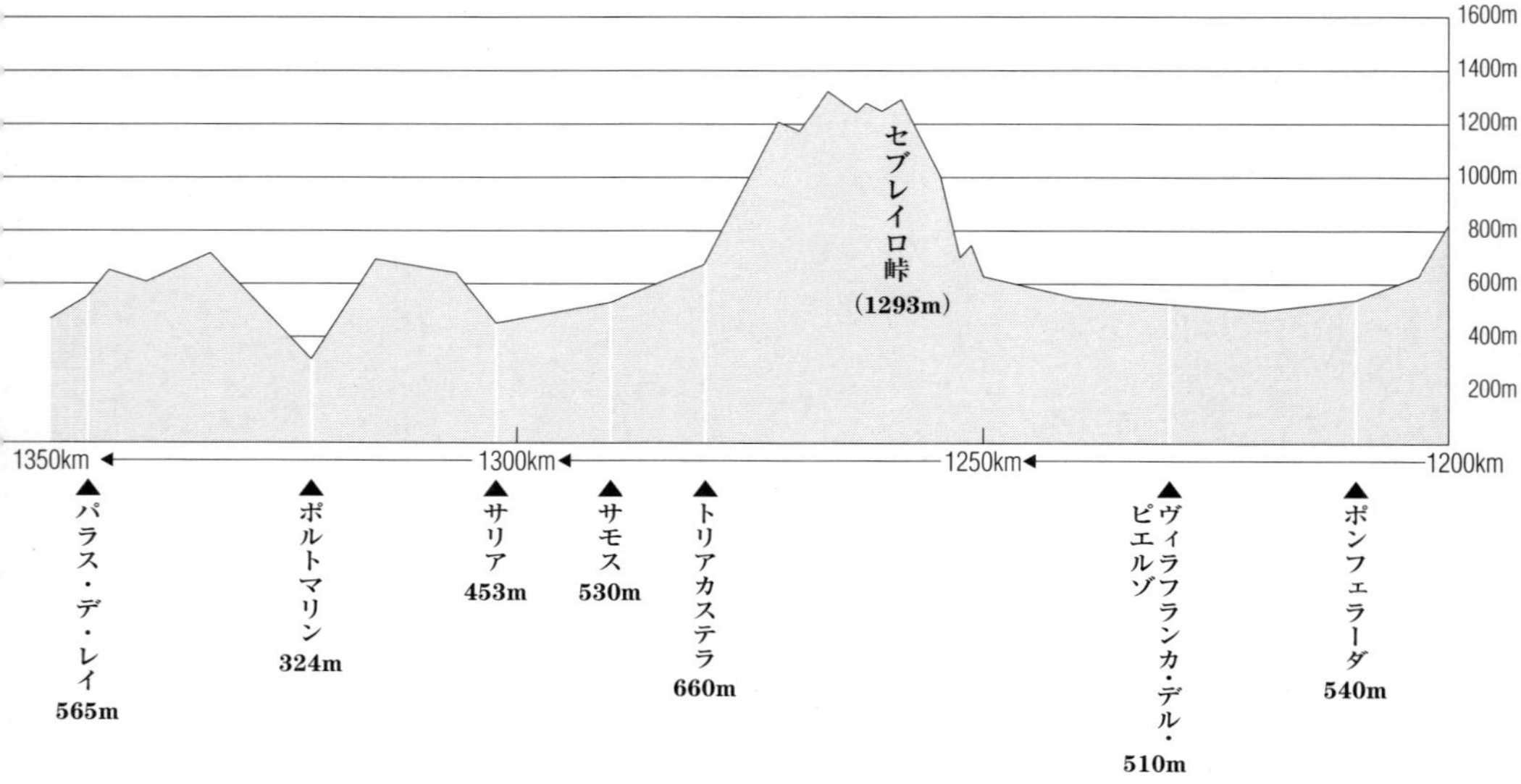
1600m
1400m
1200m
1000m
800m
600m
400m
200m
セブレイロ峠（1293m）
1350km
1300km
1250km
1200km
パラス・デ・レイ 565m
ポルトマリン 324m
サリア 453m
サモス 530m
トリアカステラ 660m
ヴィラフランカ・デル・ビエルゾ 510m
ポンフェラーダ 540m

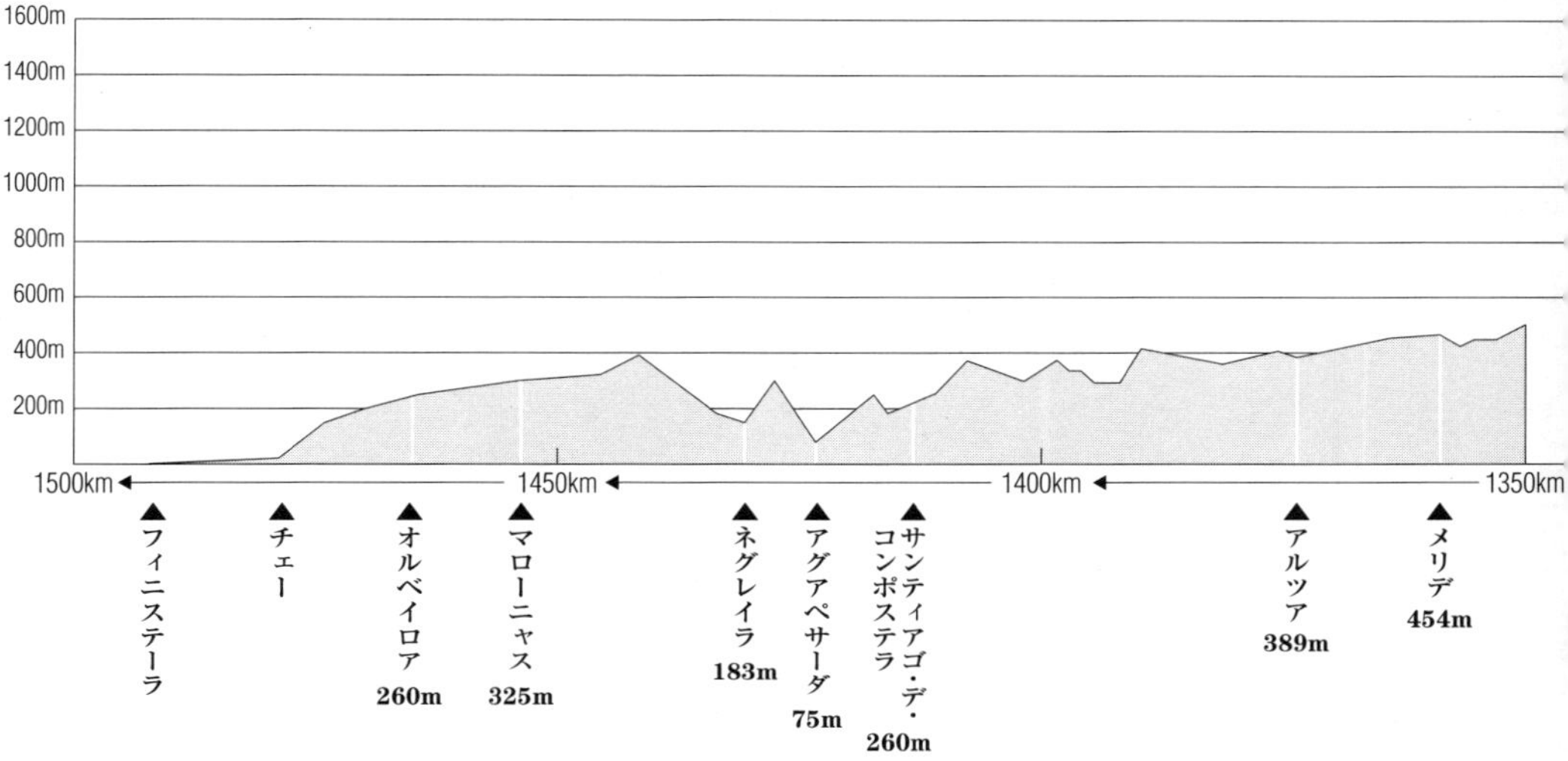
1600m
1400m
1200m
1000m
800m
600m
400m
200m
1500km
1450km
1400km
1350km
フィニステーラ
チェー
オルベイロア 260m
マローニャス 325m
ネグレイラ 183m
アグアペサーダ 75m
サンティアゴ・デ・コンポステラ 260m
アルツア 389m
メリデ 454m

凡例

一．ホテルの情報は二〇〇二年のものである。フランスでは、原則として料金のなかに朝食は含まれていない。二つ以上ホテルが挙げられている所は、最初に挙げているほうが私たちが泊まった所で、以下は巡礼道に近い所である。

スペインでは、都市のホテル、たとえば巡礼道沿いのパンプローナ、ログローニョ、ブルゴス、レオンなど、三つ星～五つ星ホテルは表示料金以外に種々の料金設定（週末やシーズン割引）をしているので、各地の旅行会社を通して予約すると割引（半額以下）になる場合が多い。各種の格安のホテル・クーポンも利用価値が大きい。

一．ホテルや救護所の有無、巡礼道の状況や気象情報を知るため、また緊急（ＳＯＳ）の場合の連絡先として、各市町村のツーリストオフィスおよび役場（小さい町や村ではあらゆることの窓口になっている）などの電話番号を挙げておいた。

銀河を辿る

——サンティアゴ・デ・コンポステラへの道——

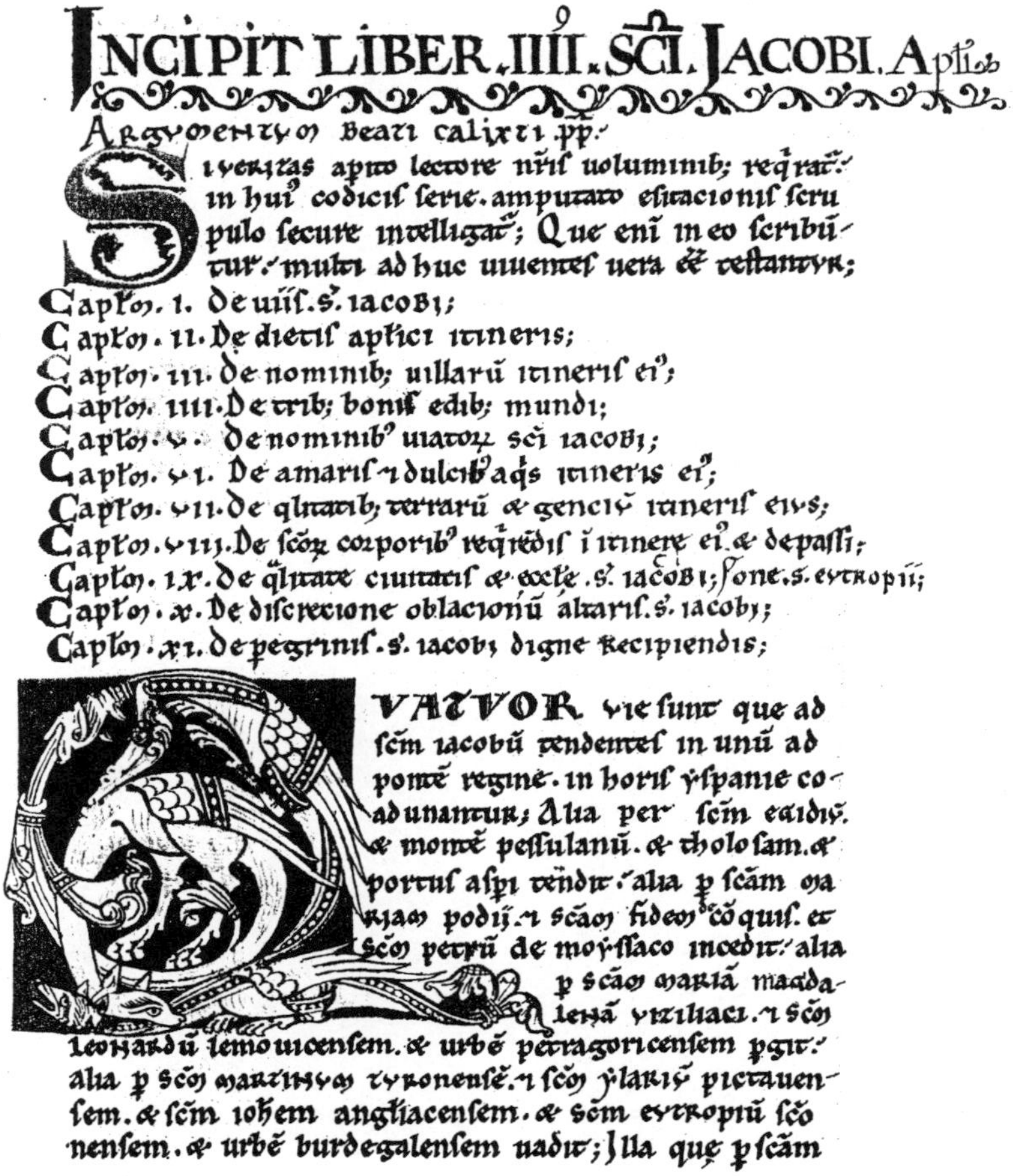
INCIPIT LIBER. IIII. SCI. JACOBI. Aptli

Argumentum beati calixti pp.

Si ueritas apto lectore nris uoluminib; reqrat. in hui' codicis serie. amputato esitacionis scrupulo secure intelligat; Que eni in eo scribuntur. multi adhuc uiuentes uera ee testantur;

Capitm. I. De uiis s. iacobi;

Capitm. II. De dietis aplici itineris;

Capitm. III. De nominib; uillaru itineris ei';

Capitm. IIII. De trib; bonis edib; mundi;

Capitm. V. De nominib' uiatoru sci iacobi;

Capitm. VI. De amaris ⁊ dulcib' aqs itineris ei';

Capitm. VII. De qlitatib; terraru & gencium itineris eius;

Capitm. VIII. De scor corporib' reqescendis i itinere ei. & de passi;

Capitm. IX. De qlitate ciuitatis & eccle. s. iacobi; fone. s. eutropii;

Capitm. X. De discrecione oblacionu altaris. s. iacobi;

Capitm. XI. De pegrinis. s. iacobi digne recipiendis;

QVATVOR uie sunt que ad scm iacobu tendentes in unu ad ponte regine. in horis yspanie coadunantur; Alia per scm egidiu. & monte pessulanu. & tholosam. & portus aspi tendit. alia p scam mariam podii. ⁊ scam fidem de conquis. et scm petru de moyssaco incedit. alia p scam maria magdalena uiziliaci. ⁊ scm leonardu lemouicensem. & urbe petragoricensem pgit. alia p scm martinu turonense. ⁊ scm ylariu pictauensem. & scm iohem angliacensem. & scm eutropiu sconensem. & urbe burdegalensem uadit; Illa que p scam

『巡礼案内の書』の冒頭部分

伝説と歴史

ほら、見上げてごらん。
あそこにサン・ジャックの道が……
フランスからスペインに流れこんでいる天の川（銀河）が見えるでしょう。
あれはイスラム教徒との戦いのために西に征くシャルルマーニュ大王[1]に、
聖ヤコブさまがお示しになった、星の道なんですよ。

これは、アルフォンス・ドーデ[2]の『風車小屋便り』のなかの「お星さまたち」の一節であるが、サンティアゴ巡礼の道は、銀河がフランスからスペインに向かって大きく流れ込んでいるように、ヨーロッパの隅々からフランスを経てイベリア半島の西北端に向かって走っていた。サンティアゴ巡礼の最盛期の一一、一二世紀には、信じられないほどの人々がこの「地の果て」サンティアゴ・デ・コンポステラを目指したのであった。

キリスト教世界においては、第一の巡礼地としてイエスの受難と復活の「エレサレム」、次いで聖ペテロ殉教の地「ローマ」、そして聖ヤコブの眠るスペイン北西部ガリシアの地「コンポステラ」が、三大巡礼地として現在なおキリスト教徒をひきつけているのだが、中世ヨーロッパにあってはサンティアゴ巡礼が断然、他を圧していた。もちろん、四世紀の初頭に始まったといわれるエレサレム巡礼も途切れることはなかったが、政情不安とい

1．742～814。フランク王国カロリング朝の王。768年に即位。800年にローマ法王から西ローマ皇帝の位を受ける。西方キリスト教世界を統一。778年のスペイン遠征におけるイスラム教徒との戦いについては、武勲詩『ローランの歌』に謳われている。カール大帝（独）ともいう。
2．1840～1897。フランスの小説家。南仏ニームに生まれパリで没す。『風車小屋便り』（1869年）は南仏を題材とした優れた短編集。オペラ『アルルの女』の原作者。

うこともあったし、それにエレサレムはあまりにも遠かった。また一方、今日、カトリック本山のあるローマは当時混乱と頽廃の状態にあって、人々の足を遠ざけていた。それにたいしてサンティアゴ巡礼の繁栄には、聖ヤコブの墓に詣でることに加えて、陽の没するところを意味する「地の果て」という響きがいわば一種のロマンを感じさせるものでもあったろう。イスラム教徒に壮絶な戦いを挑んだシャルルマーニュの思い出は、それにさらに拍車をかけたにちがいない。

しかし、いったい何故、聖地エルサレムからかくも遠く離れたサンティアゴ・デ・コンポステラが聖ヤコブに捧げられた聖域になったのだろうか。

ヤコブはゼベダイとマリア・サロメの息子にして、福音書記者ヨハネの兄弟で、テベリアの水辺の質素な漁師であった。彼はガラリア湖畔でペテロとアンデレに次いで兄弟ヨハネとともにイエスに召し出され、一二使徒のなかでイエスに従った最初の一人となった。その威力のある大きい声ゆえに「雷《いかずち》の子」と呼ばれた彼は、もう一人の同名の使徒と区別するために「大ヤコブ」とも呼ばれた。そして、この聖ヤコブのスペイン語読

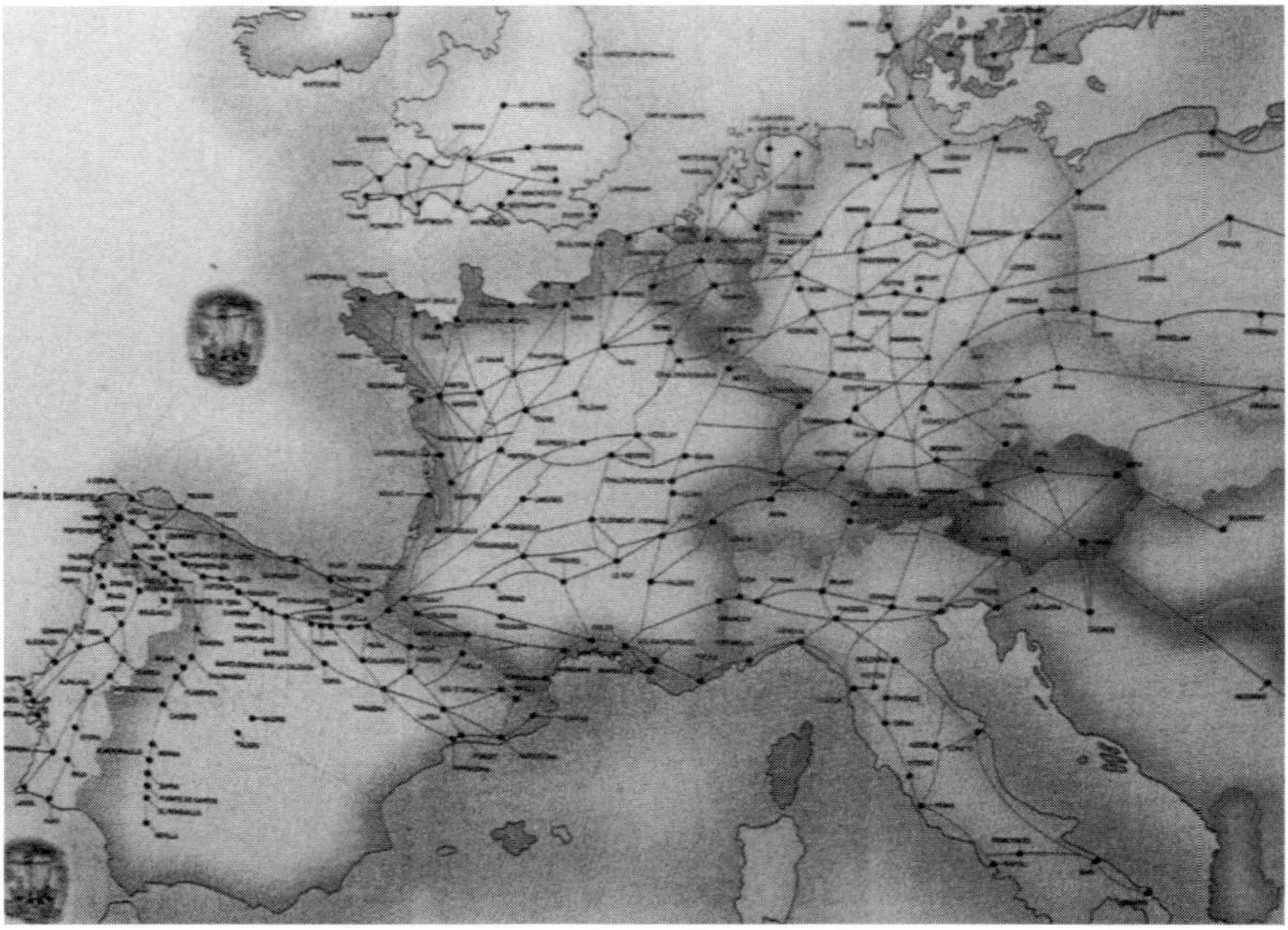

ヨーロッパ全土に広がる聖サンティアゴ巡礼道

みが「サンティアゴ」である。

イエスの昇天の後、一二使徒たちは福音を広く伝えるために世界に散っていったが、ヤコブはスペインに渡って布教をしていた。ところが、ある日のこと、彼の前に現れた聖母マリアのお告げを受けてパレスチナに戻った。その後、ユダヤの地で布教を続けていたが、民衆を煽動した罪で時の王ヘロデ・アグリッパによって斬首刑に処せられ、使徒として最初の殉教者となった。伝説によれば、彼の死後、弟子たちはその遺骸を一艘の石の舟に乗せ、神の手に委ねた。その舟は不思議なことに、パレスチナの岸辺から地中海を横断して、イベリア半島の西の果てであるガリシアの海辺に流れ着いたという。

そして、忘れられた数世紀の後、土地の隠者ペラギウスのもとに光り輝く夜空に楽奏とともに現れた天使たちが、彼が日夜祈る野に遺骸のあることを指し示す。その知らせを受けたイリア・フラヴィア（現在のパドロン）の司教テオドミルス[3]は、野に光輝く星に導かれて聖ヤコブの遺骸を「発見」した。九世紀の初めのことである（八一三年）。「発見」の知らせを聞いたアストゥリアスの王アルフォンソ二世[4]は、直ちにその場所に最初の小さな聖堂を建て、シャルルマーニュ大王にこのことを報告したのであった。そして、時の教皇レオ三世（在位七九五〜八一六）は教書の中で、使徒サンティアゴの「遺骸発見」という驚くべき知らせを全キリスト教世界に告げたのである。

当時、イベリア半島は、北の一部を除いて大半がイスラム教徒の支配のもとにあったが、八四四年、信仰心のあついアストゥリアス王ラミロ一世（在位八四二〜八五〇）がイスラム教徒と対決した「クラビーホの戦い[5]」で、キリスト教徒が敗れ去ろうとしていたまさに

墓の発見（古文書館の写本より）

3．イリア・フラヴィアの司教。イリア・フラヴィアは現在のパドロン。コンポステラから南西に22㎞。聖ヤコブの遺骸が流れ着いたとされるアルース川の河口の町。

4．アルフォンソ2世貞潔王。759頃〜842。アストゥリアス王、在位792〜842。その信仰のあつさゆえ「貞潔王」と呼ばれる。シャルルマーニュ大王との同盟関係のもとに、アストゥリアス王国の保全を図るとともに、レコンキスタの理念的支柱を形成する一翼を担う。

5．クラビーホは、サンティアゴ巡礼途上のリオハ地方の首都ログローニョから16㎞の所。レコンキスタ史上における最も伝説的な戦場。

そのときに、白馬にまたがり剣を振りかざした恂爛たる騎士姿の聖ヤコブが現れ、キリスト教徒を勝利に導いたという。聖ヤコブは、それ以降「ヤコブ・マタモロス（モーロ人殺し）」とも呼ばれ、反異教徒の戦いのシンボルとなる。

　スペインの西の果てに始まった聖ヤコブ信仰は、キリスト教徒の国土回復運動《レコンキスタ》(6)への情熱の高まりとともに、燎原の火のようにヨーロッパ全土に広がっていった。

　もっとも初期の粗削りの石と粘土の小さな聖堂は、アルフォンソ三世（在位八六三～九一〇）によって大きく建て替えられ、その周りにはわずかの間に門前町が出来上がった。そして、「コンポステラ＝星の野」(7)と呼ばれたその町にヨーロッパ各地の多くの巡礼が押し掛けるようになったが、最初の巡礼の一人として、九五一年に詣でたフランスの聖母マリア信仰の巡礼地ル・ピュイの司教ゴデスカルク(8)の名がよく知られている。

　一〇世紀の末に、アルマンスール(9)の恐るべき襲撃にあい破壊された聖堂は直ちに再建され、その後、カスティーリャ・レオン王であるアルフォンソ六世(10)の治世には、現在の大聖堂の基礎となるロマネスク様式の聖堂の建立が始まった。躯体工事の完成を見る一二世紀の初めのころには、サンティアゴ・デ・コンポステラは司教座から大司教座に格上げされ、時の司教ディエゴ・ヘルミレス(11)が教皇カリストゥス二世(12)によって初代大司教に任命された。コンポステラは「王侯の献身と民衆の熱愛」によって大きくなっていったといわれるが、カスティーリャ・レオン王家やクリュニー修道院(13)と深く結び付いていたこのディエゴ・ヘルミレスは、前述のアルフォンソ六世同様、コンポステラ繁栄の重要な立役者の一人だったといえよう。

6．〈再征服〉を意味するスペイン語から由来する「国土回復運動」のこと。8世紀初頭から1492年まで約800年にわたるイベリア半島におけるキリスト教徒とイスラム教徒との戦いで、西欧キリスト教世界の歴史に決定的な一段階を画す。

7．ラテン語のカンプス・ステラエ（campus stellae：星の野）、あるいはコンポストゥム（compostum：墓地）という説もある。

8．34～35ページ参照。

9．938～1002。後ウマイヤ朝ヒッシャーム2世（在位976～1013）の治世に国を牛耳った宰相。50回以上にも及ぶ対キリスト教徒との戦いに勝利し、キリスト教世界を震撼させた知勇を備えた信仰心あついイスラムの名将。

10．カスティーリャ・レオン王。在位1065～1109。祖父サンチョ大王および父フェルナンド1世の遺志であった、常にピレネーの北に目を向けた「王国のヨーロッパ化政策」をさらに推し進め、クリニュー修道院とも深く結び付き、サンティアゴ巡礼を擁護するとともにレコンキスタを強力に推進した。

11．1068～1140。1100年にコンポステラの司教となり、コンポステラが大司教座に格上げされてから大司教（在位1120～1140）となる。宗教家であると同時にしたたかな政治家、エコノミストでもあった彼は、名実ともにコンポステラの栄光の礎を築いた。

聖ヤコブ信仰の高まりとともに、熱狂的なまでに巡礼が盛んになるにつれ、道中の安全がよりいっそう必要になってきた。クリュニーをはじめとする修道会や騎士団、教皇などを含むキリスト教会のサンティアゴ巡礼への熱意と貢献、そして、これにスペイン歴代の王たちの献身的な働き（道路、橋、宿泊施設の建設、保全、法制定による巡礼への手厚い保護など）とが一体となり、一一、一二世紀、レコンキスタという大きな柱を軸としてサンティアゴ巡礼はもっとも光輝く時期を迎える。

この聖ヤコブとはいったい何者なのだろうか。
コンポステラに向かう道という道は、彼に救いを求める
巡礼たちの群れで埋めつくされている。

（ピエール・バレ、ジャン・ノエル・ギュルガン『巡礼の道　星の道』
五十嵐ミドリ訳、平凡社、一九八六年）

これは、カスティーリャ・レオン女王ウラカ(14)を訪れたイスラムの大使アリ・ベン・ユースーフが、驚きとともに書き残した言葉である。この夥しい巡礼たち、一一、一二世紀の最盛期においてその数、年間五〇万人に上ったともいわれる彼らを、道に踏み出させたものはいったい何だったのだろうか。

「まず、もっとも貧しい者が動き、次いで市井の人が、さらに王侯貴族や高僧たちがそれに続き、最終的には貴賤を問わず女たちが杖を取った」という言葉は、ラウル・グラベー

12. 第163代教皇。在位1119～1124。アルフォンソ６世の妃コンスタンスに血縁のあるブルゴーニュ家出身。教皇に選ばれると直ちに、コンポステラを大司教座に格上げした。『聖ヤコブの書』は、『カリストゥス本』とも呼ばれる。
13. 910年にフランス・ブルゴーニュ地方のクリュニーに創設され、サンティアゴ巡礼の最盛期の11、12世紀、キリスト教世界において最も勢力をもっていた修道会。
14. カスティーリヤ・レオン女王。在位1109～1126。アルフォンソ６世の唯一の嫡子が戦死を遂げ、父王の後を継ぎ女王となる。教皇カリストゥス２世の兄弟である最初の夫レーモンの死後、再婚したアラゴン王アルフォンソ１世合戦王とともにサンティアゴ巡礼の発展に大きく貢献する。

ルがエレサレム巡礼について語ったものであるが、サンティアゴ巡礼についても同様のことがいえるのではないだろうか。何故なら、貧しい者、何も持たない者ほど求めることにおいて激しく、真摯であったにちがいないからである。

「伝説の香りにつつまれて……」と、いみじくもレーモン・ウルセル(15)が語るように、聖ヤコブの遺骸がパレスチナからガリシアの海辺に流れついたこと、そして数世紀の忘却の後、星に導かれて遺骸が「発見」されたこと、あるいは聖ヤコブの奇跡の数々など、中世を通して聖ヤコブにまつわるさまざまな伝説が生まれ、それはさらに潤色《じゅんしょく》されて伝えられてきた。今日、これらのことは俄には信じ難いことであろうが、しかし本質的なこと、そして真の奇跡といえることは、人々がこれらのことを信じたということであり、幾世紀にもわたって実に膨大な数の人々が「雷《いかずち》の子」の遺骸を拝むためにサンティアゴ・デ・コンポステラに押し寄せたことである。そして、それは今日なおつづいているのである。

『サンティアゴ巡礼案内の書』

一二世紀の初頭、何人かの同行者とともにサンティアゴ・デ・コンポステラに旅立ったエムリ・ピコーという男がいる。彼はのちにサンティアゴ巡礼を大いに鼓舞することになった、巡礼への案内手引き書である『サンティアゴ巡礼案内の書』（以下『巡礼案内の書』）を書いた人物であるといわれている。同書は、一一四〇年ごろに編纂が終わったと

15. 1921年生まれのフランスの中世史家。1963年に公刊された『中世の巡礼者たち』は、中世の巡礼に関する最初の見事な総合的研究書と高く評価され、多くの熱心な読者を得る。1978年に加筆訂正された新版（田辺保訳、みすず書房、1987年）が出版される。

される『聖ヤコブの書《リーベル・サンクティ・ジャコビ》』[16]の第五書にあたる。

この使徒ヤコブの讃美高揚のために編まれた『聖ヤコブの書』は、サンティアゴ巡礼の最盛期のただなかに生まれ、当時の教皇やクリュニー修道会、そして、王権を頂点する聖と俗における権力者たちが意図した、国体強化と一体となったサンティアゴ巡礼推進運動の大いなる力の源泉となった。

当時の知識階級（主として聖職者）の間で爆発的に読まれたであろう『巡礼案内の書』の著者と考えられているエムリ・ピコーという人物のプロフィールについては、その書の内容などからおそらくフランス人で、ポワトゥ地方出身のクリュニー修道会の有能な修道士であり、当時の法王庁やカスティーリャ・レオン王家周辺にもごく近い人間であったと思われる。そして、彼自身、学識を備えた熱心な聖ヤコブ信仰をもつ巡礼者でもあった。同書の記述にも見られるように、サンティアゴ・デ・コンポステラに至るあちらこちらの霊場や巡礼地への行脚《あんぎゃ》を重ね、同じ信仰をもつ者にそのときの感激や歓びを分かち、旅の実際的な助言をしたいという熱い思いがこの書を生むことになったのであろう。

この中世から現代を通してサンティアゴ巡礼にかかわるすべての人が基本とするテキスト『巡礼案内の書』とは、どのような性質のものであったのであろうか。それは、次のように要約することができるだろう。

まず、実際に道をたどるうえでの微に入り細を穿つ具体的な手引きおよび助言である。つまり、サンティアゴ巡礼道沿いの風土や風俗についての情報、そして日々の糧や宿についてのアドヴァイス、また巡礼を待ち受ける道中の難儀の数々など。いま一つは、エム

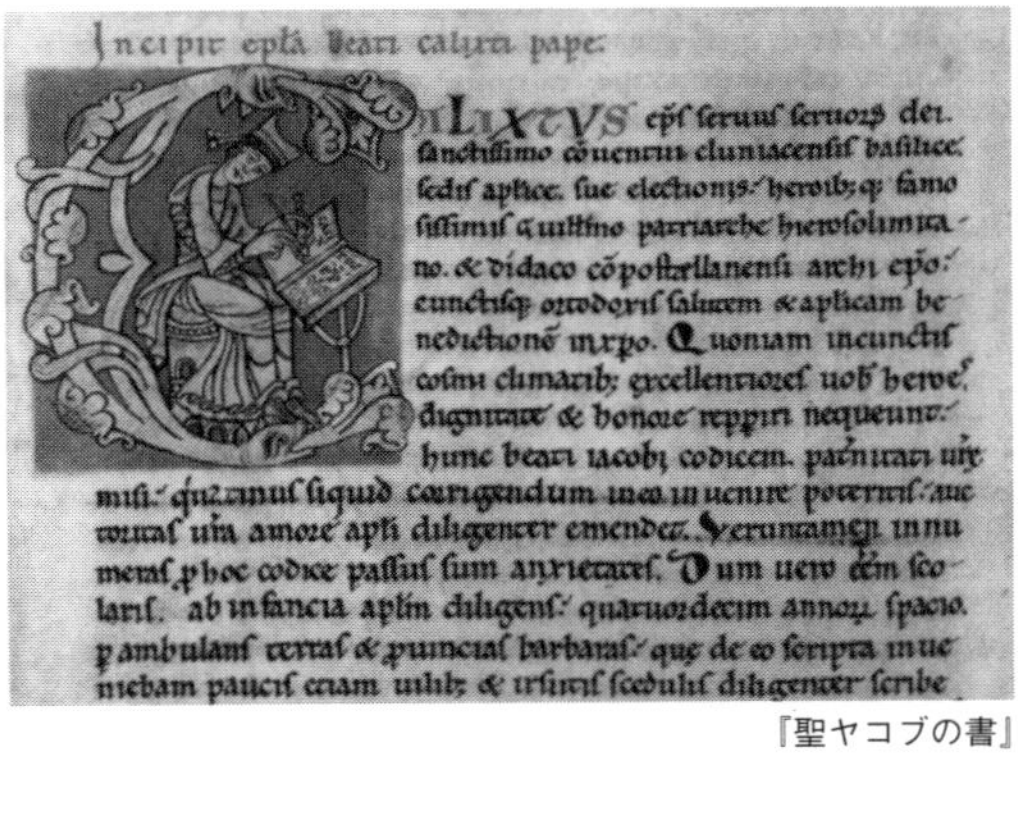
Incipit epla beati calixti pape:
CALIXTVS eps seruus seruorum dei.
sanctissimo couentui cluniacensis basilice:
sedis aplice. sue electionis: heroibus q famo
sissimis Guillmo patriarche hierosolimita
no. & didaco copostellanensi archi epo:
cunctisq ortodoxis salutem & aplicam be
nedictione in xpo. Quoniam incunctis
cosmi climatibus excellentiores uos here
dignitate & honore reppiri nequeunt:
hunc beati iacobi codicem. paternitati ur
misi: quatinus siquid corrigendum in eo inuenire poteritis: auc
toritas ura amore apli diligenter emendet. Veruntamen innu
meras p hoc codice passus sum anxietates. Dum uero dem sco
laris. ab infancia apl'm diligens: quatuordecim annorum spacio.
pambulans terras & puincias barbaras: que de eo scripta inue
niebam paucis etiam uilibus & irsitis scedulis diligenter scribe

『聖ヤコブの書』

16.『Codex Calixtius』と呼ばれる写本で、1140年頃、巡礼のための様々な基本資料から抜き出して編集され、以下の5書から成る。『聖ヤコブの栄光のための諸典礼抄』、『奇跡の書』、『移葬の書』、『シャルルマーニュとローランの物語、または偽テュルパンの武勲詩』、『サンティアゴ巡礼案内の書』。

リ・ピコーが『巡礼案内の書』の三分の一以上を割くほど重要性を与えた第八章「巡礼が是非とも訪れねばならないサンティアゴ巡礼道に眠る聖人たちの遺骸」で述べる霊場と聖遺物巡り、つまり魂の救済と心や体の癒しを求める巡礼たちが必ず詣でなければならない各地の霊場の案内。これら二つのことを柱とする、文字通り中世版「心の旅」のガイドブックであったといえよう。現代もなお道をたどる多くの人たちがその拠り所としている『巡礼案内の書』を、われわれもまた、一二世紀のあの時代の心情への思いと旅の道しるべとして心に留めて歩みを始めたいと思う。

四つの道（『巡礼案内の書』第一章「サンティアゴ・デ・コンポステラへ至る道」）

サンティアゴ・デ・コンポステラへの道は四つあり、スペインの地プエンテ・ラ・レイナで合流し一つとなる。

一つは、サン・ジル、モンペリエ、トゥールーズ、そして、ソンポール峠を越える。

二つめは、ル・ピュイのノートル・ダム大聖堂、コンクのサント・フォワ聖堂、モワサックのサン・ピエール聖堂を通る道。

三つめは、ヴェズレーのサント・マリー・マドレーヌ聖堂、リムーザン地方のサン・レオナール聖堂、そしてペリグーの町を通る。

四つめは、トゥールのサン・マルタン聖堂、ポワティエのサン・ティレール聖堂、サン・ジャン・ダンジェリーの聖堂、サントのサンテュートロプ聖堂、そしてボルドーの町を通る。

サント・フォワ聖堂、サン・レオナール聖堂、そしてサン・マルタン聖堂を通るこの三つの道はオスタバで一つとなり、シーズ峠を越えたのちにプエンテ・ラ・レイナでソンポール峠越えの道と合流し、そしてここよりただ一つの道がサンティアゴに通じている。

このように『巡礼案内の書』の冒頭に記されているように、サンティアゴ・デ・コンポステラに赴く巡礼たちは、西欧の隅々のみならず世界の各地からフランスを経て西の果てを目指したのであった。

ヨーロッパでも北西にあたるオランダやベルギーなどの人たちはパリに集まり、サン・ジャック通りを一路南下し、そして「トゥールの道」をたどった。ドイツ人たちは、ヤコブシュトラーセ（ヤコブ街道）を通ってヴェズレーを経て「サン・レオナールの道」をとるか、あるいは川を利用してローヌ川を南仏アルルまで下り、四つの道のなかでももっとも南よりの「サン・ジルの道」をたどった。アルルは、グラン・サン・ベルナール峠、またはモン・ジュネーブル峠でアルプスを越えてきたイタリア人たちの出発の拠点であった。また、ブルゴーニュ人や東部ドイツ人たちは、あのオーブラック越えをしなければならない中央山塊《マッシーヴ・サントラール》を横切る「ル・ピュイの道」をたどった。さらに、イングランド人、アイルランド人やスコットランド人は、ポーツマス沖から船出したといわれている。

四つの道とはいえ、実際には「すべての道はローマに通じる」といわれるように、サンティアゴ・デ・コンポステラへの道も海路も含めて網の目のように通じていたと考えられる。さらには、古文書の記録において、巡礼のなかにスカンジナビア人、エストニア人、クレタ人、エチオピア人、インド人などがいた形跡すらうかがえるという。

いずれにせよ、彼らはスペインの西北端ガリシア地方のフィニステーレ（地の果て）、永遠に陽の沈むところにひたすら向かっていったのである。

道程（『巡礼案内の書』第二章「サンティアゴ巡礼道の道程」）

ソンポール峠を越えてプエンテ・ラ・レイナに至る道には三つの短い宿場があるが、まず、ガスコーニュ地方にあるソンポール峠の麓の村ボルスからハーカまで、そしてハーカからモンレアル、最後にモンレアルからプエンテ・ラ・レイナへとつづく。一方、シーズ峠からサンティアゴまでには一三の宿場がある。

出発点はやはりガスコーニュ地方、シーズ峠の麓の村サン・ミッシェルからヴィスカレまでの小区間。二番目はヴィスカレからパンプローナまでの、これもまた小区間。続いて、パンプローナからエステーリャ、次のナヘラまでの区間はもちろん馬である。五番目のナヘラからブルゴスの町へは、これまた馬で行くことになる。六番目はブルゴスからフロミスタ、そしてフロミスタからサァグーン。サァグーンからレオンの町へ行く。九番目はレオンからラバナル。一〇番目はラバナルからイラゴ峠を越えてヴァルカルセ川の谷間のヴィラフランカまで。一一番目はヴィラフランカからセブレイロ峠を越えてトリアカステラ。そして、トリアカステラからパラス・デ・レイ。最後、一三番目がパラス・デ・レイからサンティアゴに至る。これもほどほどの区間である。

ところで、巡礼「神のさすらい人」たちは、一日にどのくらい歩いたのだろうか。『巡礼案内の書』の第二章は、ピレネーを越えて終着点サンティアゴ・デ・コンポステラまでの間の道程について一三の宿場を報告しているが（八〇〇キロ余り）、単純に計算して、一日の行程は六〇キロ余りということになる。健脚であったであろう昔の人に歩けない距離ではないだろうが、毎日となると難しかったのではないだろうか。『巡礼案内の書』の著者も、途中、馬を使っている。

のちに旅日誌を残したといわれる人々は、宿場間の距離を里数《リュウ》（一里＝平均四・三キロメートル）で見積もっているのだが、その数がまちまちであったり、一里の中身が違っていたり、また一里を時間で数えていたりして、宿場間の距離は実際にはよく分からなかったのではないか。それに、道や天候の良し悪し、山間であるか平野であるか、また歩く人の精神状態や体調、老若男女などの違いによって一日に歩く距離は異なっていたと考えられる。

だが、人間の歩ける距離というのは今も昔もあまり変わりがなく、ましてやそれが毎日のこととなると健脚の人で一日に三〇から四〇キロ、普通の人で二〇から三〇キロというのが限度であったのではないだろうか。

フランスの歴史家であるマルク・ブロック[17]は、交通は大幹線路に沿って集中しているのではなく、それは気まぐれで、たくさんの小さな支脈に散らばっていると言っているが、サンティアゴ・デ・コンポステラへの道も幹線道路のほかに網の目のように道がついていたはずだし、地図というものがなかった中世にあっては旅そのものが常に困難と危険を伴

17. 1886～1944。中世史および歴史学に計り知れない大きい影響を与えた。リュシアン・フェーブルとともに〈アナール誌〉を創刊し、歴史学研究の新しい方向を切り開く。第２次世界大戦のナチ占領下のフランスにおいてレジスタンスに加わり、終戦直前に捕えられ銃殺される。

う冒険であったと考えられる。岐路にぶつかり、道を右にとるか左にとるかで運命を分けることにもなったであろう。

いずれにしても、巡礼たちは旅立ちを前にして、また道中にあっても、できるかぎりの情報を集めようとしたに違いない。だが、都市や大きい町をつなぐ道についてはともかく、村や集落の道についての情報はほとんどないに等しかったのではないだろうか。あったとしても、あまり頼りにはならなかったであろう。耕地が年々移動する当時の農作法によって道は移動したし、大雨や洪水で道が消えてしまうこともこの時代においてはめずらしくなかった。道そのものにしても、踏み固められた道ばかりではなく、砂道、砂利道、ごろた石、泥濘の道、草や雑木に覆われてあるかなきかのごとき道、ありがたくも石畳の道と、歩き進めていく道すがらさまざまな様相を呈したことだろう。道中、不安と心細さが常とはいえ、山地や荒野、昼なお暗い森林や深い谷を行くときはそれも格別であっただろう。何一つとして正確な情報はなく、それに加えて雨、風、嵐、雪、霧、暑さ、寒さなど、予測できない自然がそこに介入した。

だが、東方の博士たちが星に導かれてベツレヘムにやって来たように、ほとんど本能ともいうべき鋭い感覚が「神のさすらい人」を導いたにちがいない。風の音を聞き分け、太陽や大地が描き出すどんな痕跡も見逃さず、野草や樹木の変化に細心の注意を払って「ウルトレイア[18]！（もっと前へ！）」と日々の道を築いていったのである。

18. ULTREIA、ラテン語。巡礼高揚の鬨の声。巡礼への、また巡礼の自分自身への励ましの掛け声。「ウルトレイア」という宿やレストランも、巡礼道ではしばしば見かけられる。

フランス

ル・ピュイ ——→ コンク

Le Puy-en-Velay ——→ *Conques*

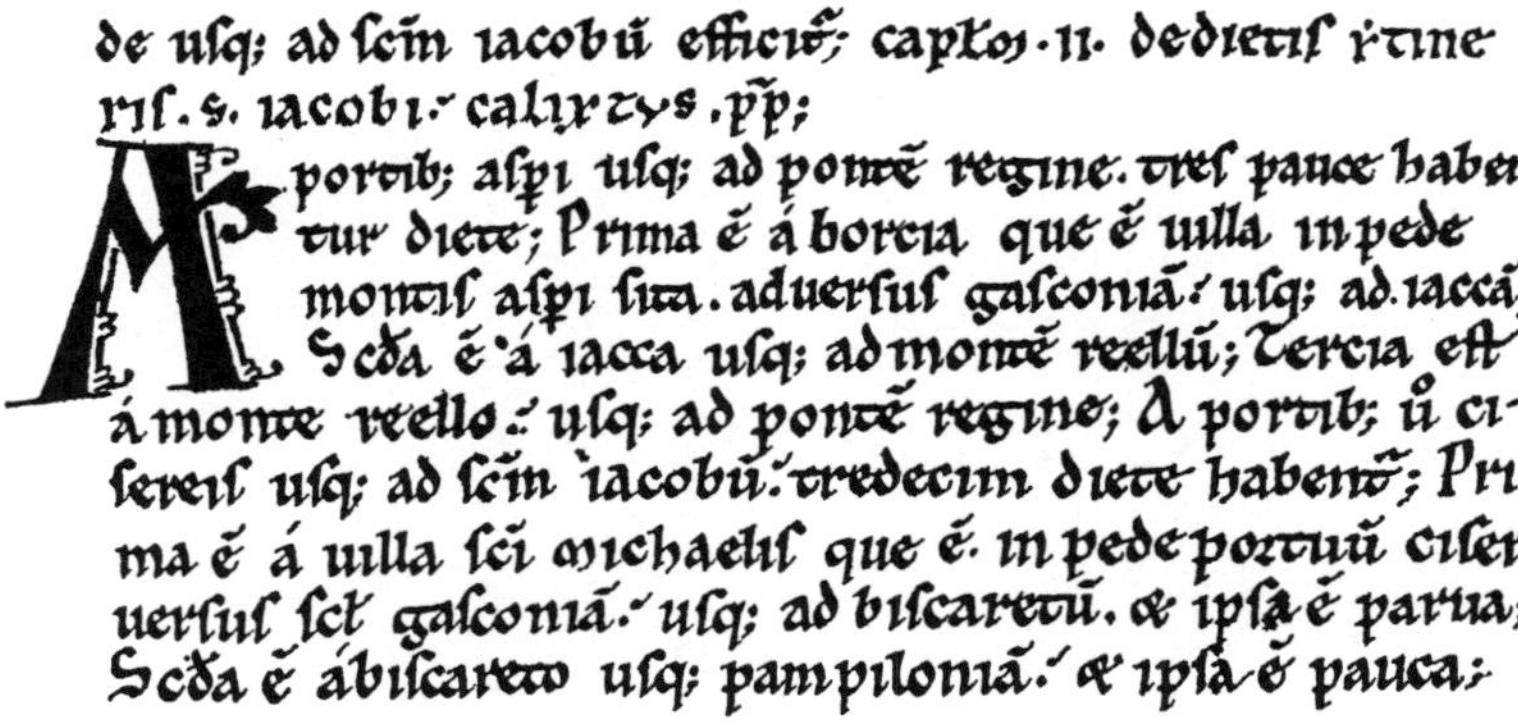
de usq; ad scm iacobu efficiet; caplm. II. de dietis itine
ris. s. iacobi. calixtus. pp;
A portib; aspi usq; ad ponte regine. tres pauce haben-
tur diete; Prima e a borcia que e uilla in pede
montis aspi sita. aduersus gasconia; usq; ad iacca;
Scda e a iacca usq; ad monte reellu; Tercia est
a monte reello. usq; ad ponte regine; A portib; u ci
sereis usq; ad scm iacobu. tredecim diete habent; Pri-
ma e a uilla sci michaelis que e in pede portuu cisere.
uersus sci gasconia. usq; ad biscaretu. & ipsa e parua;
Scda e abiscareto usq; pampilonia. & ipsa e pauca;

1987年　夏　8月

パリのリヨン駅を早朝に発ったＴＧＶ（フランスの新幹線）は、リヨンまでノンストップ。次の終着駅サン・テチェンヌ駅でローカル線に乗り換える。二両連結の田舎の列車は、ロワール川の流れに逆らって山あいを縫ってゆく。車窓越しに、川辺のキャンプ場で水浴びや釣りを楽しむバカンス中のカラフルな群れを見ながら、これからたどろうとする道程への不安がときおり心をかすめる。

列車がル・ピュイの駅に近づくと、突然、大地の突起物のような鋭い形をした岩塊がそそり立っているのが目に入ってきた。その岩塊の一つの頂きに、巨大な聖母マリア像が立っている。

ル・ピュイの駅ではＭが出迎えてくれた。Ｍはこれからたどろうとする道の同行者なのだが、八月一五日にル・ピュイのホテルで落ち合うことを約束して、七月初めにパリで別れたままになっていた。彼女は、南フランスを回って一足先に着いていたらしい。

ル・ピュイ

モン・ドール、モン・デュ・カンタルなどの「山のかなたの、空遠く」といった、ある種の懐かしい響きをもつ山なみがつづくオーヴェルニュ地方の南東の端にル・ピュイは位置している。オーヴェルニュ地方は中央山塊《マッシーヴ・サントラール》の山々が裾野を広げていて、アルプス、ピレネーを除くと、山岳地帯の少ないフランスにあって、内陸部にある唯一の火山性の山岳地帯である。「フランスのモンゴル」ともいわれ、かってはまったく人里離れた僻地であった。

ル・ピュイの景観

ル・ピュイは、火山の噴火によって出現した盆地のなかにある町なのだが、どこまでもなだらかな起伏が続くたおやかなフランスの田園風景、文字通り「うまし国フランス」を見馴れてきた眼には、この町のいささか荒々しい風景は奇異に映る。

コンポステラへの四つの道の一つの出発点であったこの地へは、ブルゴーニュ地方、アルザス・ロレーヌ地方の人たち、さらにはドイツの人たちがやって来て、かの西の「地の果て」を目ざして旅立っていったのだが、「うまし国フランス」の野や丘を横切ってたどり着いた彼らは、その奇異な風景のゆえに、この地に聖なるものの宿りを感じたにちがいない。

ル・ピュイは、キリスト教化される以前のケルトの時代から重要な聖域の一つであった。孤立して、容易に近づきにくい土地であったことと、荒々しい野性的な迫力をもつ景観の特異さが霊的な運命を誘うことになったのであろうか。

ノートルダム大聖堂のなかにある「熱病の石」と呼ばれる黒い巨石は、病気を癒すあまたの奇蹟を起こしたと伝えられる。この巨石は、ケルト時代から受け継がれた「ドルメン[1]」である。奇蹟の石としてこの「熱病の石」は古くから人々の信仰を集めてきたのであるが、キリスト教が伝わってからは「聖母の出現」と結び付き、一一世紀半ばの聖母マリア崇拝の高まりとともに一大聖母信仰の地となった。そして、一二世紀に黒い巨石の上に大聖堂が建てられ、聖母マリアに捧げられたのである。

「熱病の石」とともに、ケルトの伝統を呼び起こすのが大聖堂内に祀られているル・ピュイの「黒い聖母」である。ケルトの伝統が強く残っていた土地に多く見いだされるこれら

ル・ピュイのノートルダム大聖堂

1．ケルト語で石卓の意味。先史時代の巨石文化の遺構の一つ。平たい大きな自然石が用いられており「卓子型ドルメン」とも「基盤型ドルメント」とも呼ばれ、ヨーロッパを中心に北アフリカ、アジアにも分布。

の「黒い聖母」は、清純にして無垢、優雅にして慈愛深いといった聖母マリアのイメージからすると衝撃的にまで異なる。つまり、怪しく不気味ですらあるのだが、よく見ていると素朴な優しさが伝わってくる。とはいえ、黒い色は不吉なイメージを喚起し、初めて目にする者としては何とも異様な感じを免れない。この異様な感じにこそ、人々は宿す奇蹟の力を見たのであろうか。

「黒い聖母」をめぐる謎は尽きない。その起源は東方にあるといわれるが、なぜ黒色なのかという点については、もともと黒かったのではなく、長い歳月の間に蝋燭の煙りで燻《いぶ》されて黒くなったのだといわれる一方で、黒い色は単に死や不吉の象徴ではなく、「万物を生み出す根源的なもの」の色、「至聖《しせい》の色」であるという解釈もある。

一〇世紀ごろからと伝えられるル・ピュイの聖母信仰は、一二世紀の聖ルイ王[2]の十字軍遠征のとき、彼の地からもたらされた「黒い聖母」像によって熱狂的なものとなり、ル・ピュイの名声はいよいよ高まり、聖母アリア信仰の巡礼地として発展していくことになる。だが、その像もフランス革命のときに焼き払われ、現在のものは一八五六年のレプリカである。

中世の昔、あつい信仰心に促されて、奇蹟の「黒い聖母」を拝むためにこの山間を訪れる人はひきもきらず、教皇、フランス国王、司教、聖職者、領主、騎士、一般大衆、もっとも貧しい人たち、そしてサンティアゴ巡礼者などの群れが押し寄せて殷賑をきわめたという。

その最初の仕掛人こそ、ほかならぬル・ピュイの司教であったゴデスカルクその人であ

ル・ピュイの「黒い聖母」

2．1214～1270。フランス王ルイ９世。第７次、第８次十字軍を起こす。

った。ゴデスカルクは、初期コンポステラ巡礼期におけるもっとも有名な巡礼者として（九五一年）知られているが、彼はコンポステラの地で聖ヤコブの墓に詣でたときに、聖母マリア巡礼を拡大する夢を抱いたといわれている。旅から戻った彼は、ル・ピュイの聖母マリア信仰をサンティアゴ巡礼にしっかり結び付けることによって、このより古い信仰の地の活性化を図ろうとする。そのために、そのころ「ル・ピュイ・サント・マリア」と呼ばれていたこの町をコンポステラへの道の出発点となし、コンポステラへの新しい霊的な行程「ル・ピュイの道」（ヴィア・ポディエンシス：ラテン語）を開く。さらに、岩塊の尖峰の一つに、大天使ミカエル[3]に捧げられたサン・ミッシェル・デギュイユ聖堂を建てさせた（九六二年）。そのことによって、ル・ピュイの土地の聖性はいっそう強められることになったのである。この地の評判の高まりのなかで「黒い聖母」がもたらされ、その名声の拡大はとどまるところを知らず、近在はもとより、階層を問わずあらゆる種類の人々をひきつけることになった。

ル・ピュイの「聖年[4]」は「受胎告知」の祝日にあたる三月二五日が聖金曜日と重なる年に制定されているが、この制定は九九二年のことで、ローマ、エルサレムに次いで古い「聖年」である。次の「聖年」は二〇〇五年にあたる。

今日、八月一五日は「聖母マリア被昇天の祝日」である。古くからの聖母信仰の地であったル・ピュイの町は、普段はおそらく静かな町なのであろうが、この日は駅に降りたった人たちも、それらを迎える人たちも、そしてホテルに向かう道筋も何となく華やぎ、町

3．天使の中でも最も人気が高く、神による「最後の審判」の日に人間の魂を秤にかけるとされていて、この場面は中世から西洋美術作品の重要なテーマとされてきた。

4．その土地の守護聖人や教会に関連する特別な年のことをいう。この年に詣る巡礼者は、特別な加護を得るとされる。

全体が柔らかな緊張に包まれている。午後から行われるプロセッション（宗教行列）への期待感だろうか。

荷物をホテル[5]に放り込むとすぐに、私たちはノートルダム大聖堂に出掛けた。ホテルからは近道があるのだが、昔の巡礼と同じようにという思いから、レ・ターブル通りの急な坂道をとる。レ・ターブル通りのとっかかりまで来ると、岩塊の斜面に立つ大聖堂の正面《ファサード》が立ちはだかっている。プロセッションのために飾られた青磁色と白の旗がヒラヒラする急な参道を上っていく。ふと、気がつくと、前方の聖堂への階段の片隅にうずくまっているような黒い塊が見える。初めは門前によくいる物乞いだろうと思ったが、近づいてみると二人の若者であった。

塊のように見えたのは彼らのマントのせいで、何と彼らは、サンティアゴ巡礼の「正装」をしているではないか。帆立貝をつけた広いつばの帽子に、丈の長いマント、手には巡礼杖。驚いている私たちを見て親しく話しかけてくれた彼らは、秋からパリ第一大学で哲学と美術史を専攻する大学生だという。休暇を利用して、サンティアゴ・デ・コンポステラを目指しているのだ。

彼らは頭陀袋《ずたぶくろ》から一枚の紙を取り出して見せてくれた。ムーラン（パリ近郊）の教区の司祭のサインのある巡礼手帳《クレデンシャル》（集印帳でもある）である。彼らは教区の司祭の祝福を受けて、彼らの町を出立してきたのである。これが、昔からのしきたりであった。私たちには、のちのちまでもこの「集印帳」がないことが悔やまれた。

魂の救い、悔い改め、奇跡の癒し、誓願、それが何であれ、心の底から突き上げてきた

5．ダイク・ホテル（Dyke Hôtel）、２つ星、15室、29～43ユーロ。
TEL：04 71 09 05 30
ホテル・レジナ（Hôtel Regina）、３つ星、27室、41～96ユーロ。
TEL：04 71 09 14 71

ル・ピュイ・ツーリストオフィス
TEL：04 71 09 38 41

ものによっていったん巡礼を心に決めた者は、出発までにいろいろなことをしなければならなかった。理想的な巡礼者は真に「貧しい者」でなければならなかったから、自らの意志で貧者であることを選ぼうとする彼らのなかには、わずかな路銀《ろぎん》を残して一切の財産を処分し、喜捨をして旅立つ者も多かった。また、施しを受けながら旅するのが本来の巡礼の姿であったから、わずかの路銀すら持たない者もあった。

フランスには旅立った巡礼が残した多くの遺言が残されているというが、その内容は多岐にわたっていたらしい。ある教区の若者が道中で死亡した場合、同国人の墓地に埋葬されることを願っているのが胸を打つ。巡礼たちは、故郷に帰れる保障は何もなかった。長い道中、どのような不測の事態に遭遇するか分からないし、それに彼らは何よりもまず「歩く人」であったから、力尽きて行き倒れることもあったにちがいない。なかには故郷に帰ることより、むしろ聖地で死ぬことを望む者もあっただろう。

出発の日が近づくと、懺悔を行い彼らのシンボルである頭陀袋《ブザス》と巡礼杖《ブルドン》の聖別を受け、司教あるいは司祭から証明書や推薦状が渡された。忠実な、よき信徒であることを証明したこれらの文書は、身分証明書であり通行手形でもあったのである。

いよいよ「厳粛な出発の日」の朝、巡礼者は教区の教会で祝福を受け、神の加護を願い、家族や教区の人たちに見送られて、この世の別れとなるやも知れぬ旅に発っていき、そして行く手を神の御手に委ねたという。

その昔、巡礼で殷賑をきわめたといわれるこの町のかつての栄光は、さぞ美しかったで

巡礼姿の若者

あろうと思われる大聖堂の正面《ファサード》にその名残をとどめている。私たちは、その黒と白の石で彩られたアーチのあるファサードを見上げながら、この特異な岩塊の上に立つ、キリスト教世界でもっとも美しい建造物の一つといわれている大聖堂に近づいていった。

ほの暗い聖堂内部を記憶のなかに何かを探してゆっくりと歩を運びながら、私はもどかしい思いにとらわれていた。そのとらえどころのない茫漠としたイメージが、ロマネスク様式の回廊の明るみに出たとき、やにわに鮮明になった。「これはコルドバだ」、と思った。数年前、スペイン・アンダルシア地方の町コルドバに、かって回教寺院であったメスキータ(6)を訪れたことがある。ル・ピュイの回廊はヨーロッパでもっとも美しい回廊の一つといわれるが、中庭を囲む回廊の黒と白の列柱とアーチは、赤と白という違いはあるが、美しい柱の森に迷い込んだような、あのメスキータ内部の印象を鮮やかにあぶり出したのである。エミール・マール(7)は「どんな考察にも先立って、漠とした東方の印象をよびさます」と語っているが、ここル・ピュイは、東方を夢想させるアラブ起源のさまざまな要素に事欠かないのである。

ノートルダム大聖堂

三世紀のことである。病に苦しむ女が「熱病の石」の上に横たわっていた。その夢枕に聖母マリアが現れ、彼女はたちまちひどい苦しみから解かれた。病いから回癒したその女は、聖母に捧げられた御堂を建てることを誓い、この地の司教に願い出る。不思議なことに、五月のさなかに雪が降り、積った雪の丘に突然現れた一匹のシカが、御堂の境界線を

ル・ピュイ大聖堂の回廊

6．Mezquita。スペイン語でイスラム教寺院のこと。スペイン・イスラム文化が華々しく開花した後ウマイヤ王朝（756～1031）に造られた世界に残る代表的な回教寺院であるが、16世紀にはその中央部分が改造され壮麗なカテドラルが建てられた。

7．1862～1954。フランスの美術史家。中世美術に関する著名な四部作からエッセンスが抜粋されてまとめられた著書が邦訳されている。『ヨーロッパのキリスト教美術』（柳宗玄・荒木成子訳、岩波書店、1980年）。なお、文庫版（上・下）が1995年に、同じく岩波書店から刊行されている。

示す踏み跡を残して立ち去ったという。これが、ル・ピュイの聖堂の起源にまつわる古くからのいい伝えである。

一〇世紀初めといわれる初期大聖堂の建設事情を明らかにする文献は何もないといわれているが、一一世紀ごろまでに翼廊、身廊の交差部などが着工されていたことは確かだろう。一二世紀の初めのころには多くの巡礼が押し寄せてくるようになったため、聖堂を拡大する必要に迫られる。この時期に、新たに身廊の西側への拡張工事が行われたのであるが、聖堂はモン・アニス山の険しい斜面の岩壁にしがみつくように立っているから、拡張工事は困難をきわめたにちがいない。いずれにせよ、ゴシックの最盛期には、この聖堂を特色づけている天井の六つのドームが独特なリズム感をかもし出していたことだろう。

凹凸の激しい野生むき出しの鋭い岩塊の一つであるモン・アニス山に石を積み、組み上げて盤石の土台を据え、さらにその上にまた石を積み重ねて築いた見事な聖堂が立っている。生命なき石の集積を永遠の生命あるものになさしめた、この時代の名もなき石工たちの不屈の意志とあつい無垢なる神への思いに貫かれて石は輝く。

サン・ミッシェル・デギュイユ聖堂

大聖堂をひと巡りして聖堂正面を後にすると、旧市街の石畳の道の向こうに、鋭い岩峰の上につき刺さったように立つロマネスクのサン・ミッシェル・デギュイユ聖堂が見える。ほとんど岩峰の先端と一体になっている聖ミカエルに捧げられたこの小さな聖堂を、プロスペール・メリメ(8)は「建築術の小さな珠玉」と呼んだ。そこにたどり着くためには、二六

サン・ミッシェル・デギュイユ聖堂

8．1803～1870。フランスの小説家、歴史文化財官吏、上院議員。史学、考古学、言語学にも学殖が深く、1850年に官界に入り、1834年、歴史的記念物監督官としてフランスの夥しい数の史跡の調査、保存、修復の事業を組織化して実施することに大きく貢献する。日本では『エトルリアの壺』、『カルメン』などの作者として知られている。

八段の階段を上らなければならない。前を行く少女たちに負けないようについていこうとすると、息切れがする。「サイエ（着いた）！」という少女の弾んだ声に頭を上げると、正面扉口の三葉飾りのあるアーチが目に飛び込んできた。黒と白のモザイクとアラベスクの浮き彫りのあるその美しい三葉形アーチはイスラム建築のものであって、その影響はもはや動かし難い。目を転じると、赤い屋根を葺く町の素晴らしいパノラミックな光景、遠くには山なみが広がり、上りのきつさを忘れさせてくれる。

天井と壁面を被う濃紺と朱色が濃密な空間を形成している。そして、この小さな空間を彩る柱頭彫刻、壁画、聖遺物箱など、いずれもが聖性の高揚をさそう。この小さな聖堂の後陣祭室の前の机の上に立派な記帳簿が開かれたまま置かれていたので、私たちも署名して、明日からの旅の平安を祈った。署名は、私たちの旅の第一歩を証す唯一のものである。

上るときは懸命で気付かなかったが、岩塊に窪んだところがある。階段に沿うこれらの壁龕《へきがん》は、おそらく巡礼が一夜を、あるいは悪天候を避けるために過したところであろう。

午後三時、プロセッションが始まる。どこから降って湧いたかと思うほどの行列の人、それを見る沿道を埋め尽くす人々、町はいっきに膨れ上がった。

八月も半ばというのに異常ともいえる暑さ。空はいやがうえにも青く晴れわたり、太陽が容赦なく照りつける。町の大通りは光と影の強烈なコントラスト。そこを、ゆっくり進んでいく先頭集団の白装束の聖職者と信徒代表の一群、つづいて「黒い聖母」の神輿《みこし》を担ぐやはり白装束の四人の男女、その後ろに立派な衣装の高位聖職者たち、そして一般信徒

ル・ピュイのプロセッション

たちの長い列がつづく。厳しい暑さにもかかわらず、沿道を埋めつくす人たちが後から後から列に加わっていく。行列は切れめなく続き、そのなかには裸足で歩く人たちがたくさん交じっている。行列のなかに、先程の巡礼姿の二人の若者を見つける。陽焼けした爽やかな笑顔がとても印象的であった。

翌日の新聞は、パリの大司教が初めてこの地の伝統的な「聖母マリア被昇天の祝日」のプロセッションに参列したこと、そして大司教につき従って一万人の巡礼者がやって来たことが報じられていたが、どうやら、ひときわ立派な体躯に緋色のキャップとケープをつけていた人がその人であったらしい。

ル・ピュイ ──→ サン・プリヴァ・ダリエ

（Le Puy-en-Velay ──→ Saint-Privat-d'Allier　26㎞）

八月一七日（火）、いよいよ出発の朝。ゆっくり朝食をとって、八時半にホテルを後にする。

町は祭りのあとの気だるさをにじませて、ひっそりと静まり返っている。まだ、目覚めきっていない町の通りを行きながら、頬にふれる空気は冷たく心地よい。山間の町はすでに秋の気配である。薄曇りの天気は歩く身にはありがたい。

旅の始まりは、常に緊張と不安がつきまとう。道も未知なら相棒も未知の、文字通り冒険的なこのような旅では、最初の一日に旅の行く末のすべてがかかっているとさえ思われてくる。相棒であるMについていえば、三年前に朝日カルチャーセンターのイタリア語教室で出会い、画家である彼女の神戸での個展の折に訪ね、そのテーマがロマネスク美術であり、一〇年来ヨーロッパ各地に残るそれらを追い求めていることを知った。つまり、この巡礼行は、ロマネスクの美への共感を唯一ベースとしたものであった。というわけで、親しい間柄でも気心の知れた仲でもなく、もちろんこれまでいっしょに旅行をしたこともない。同行者とはいえ、彼女のことは何も知らなかったといえる。Mのほうも同じで、私が大学の教師であるということくらいしか知らなかっただろう。だが、何にも勝る不安は、行程についての情報や知識がまったくといっていいほど欠如していることであった。

巡礼の道を歩くことを決めたときから、準備にかけられる時間はほとんどなかった。Mは、一枚の古地図を残して一足先にヨーロッパへ発っていった。かぎられた時間のなかで、入手できる巡礼道に関する実用的な資料や情報は皆無に等しかった。日本を発つ前に唯一手に入れられたのは、東京の地図専門店から取り寄せたフランス国土地理院発行の、いわゆる「グリーン・シリーズ」の一〇万分の一の地図二枚だけであった。

サンティアゴに至る「四つの道」があり、それらが通る主要な聖地や町の名前が分かっても、つまり「点」として分かっても「線」にならないのである。自動車道を行くのならともかく、「巡礼道」を実際に歩くとなるとまるで雲をつかむような話であった。第一、昔の「巡礼道」が具体的に地図上のどの地点を通っていたのか、それが果たしていまも道としてあるのかどうかも分からなかった。だから、とりあえずは国道や県道に沿って歩くつもりであった。

ところが、Mの残していった古地図が解決の糸口となった。一六四八年版のその「巡礼地図」には、巡礼たちが通過する村や町の名前が克明に記入されていて、入手したフランス国土地理院の地図と突き合わせているうちに、地図上のオレンジ色の破線が「巡礼地図」の道順と重なることを発見した。オレンジ色の破線は「自然道（グラン・ランドネ）」を表し、「GR65」というナンバーが付されていた。「GR65」は、何と、復元されたサンティアゴ巡礼道「ル・ピュイの道」だったのである。

出発に際して私たちが手にしていたのは、この一〇万分の一の地図とル・ピュイのツーリストオフィスでもらったばかりの「サン・ジャックの道──ル・ピュイ〜コンク──」のイラスト風の簡単な地図と小冊子であったが、この小冊子が早速役立つことになった。ここにはありがたいことに、立ち寄るべきモニュメントと歩く道々の宿泊可能（ホテル・民宿・キャンプ場）な村や町がアルファベット順にリストアップされていたのである。ということは、どこまで行けば昼食がとれるか、また、一日の歩く道程、あるいは歩かなければならない道程が自ずと決まり、心積もりができたということである。

さて、オレンジ色の破線をたどればいいというものの、一〇万分の一の地図では縮小されすぎていて甚だ心もとない。町はずれから、どうやら前方に見える山の稜線に出なければならないようなのだが、肝心の「GR65＝巡礼道」にどのように入ってゆけばよいのか。尋ねたくとも、人にも出会わなければ適当な民家もなく、やっとのことで窓の開いている一軒の家を見つけ、窓際で新聞を読んでいたおばあさんに道を尋ねる。姉妹だろうか、窓

ツーリストオフィスでもらった小冊子

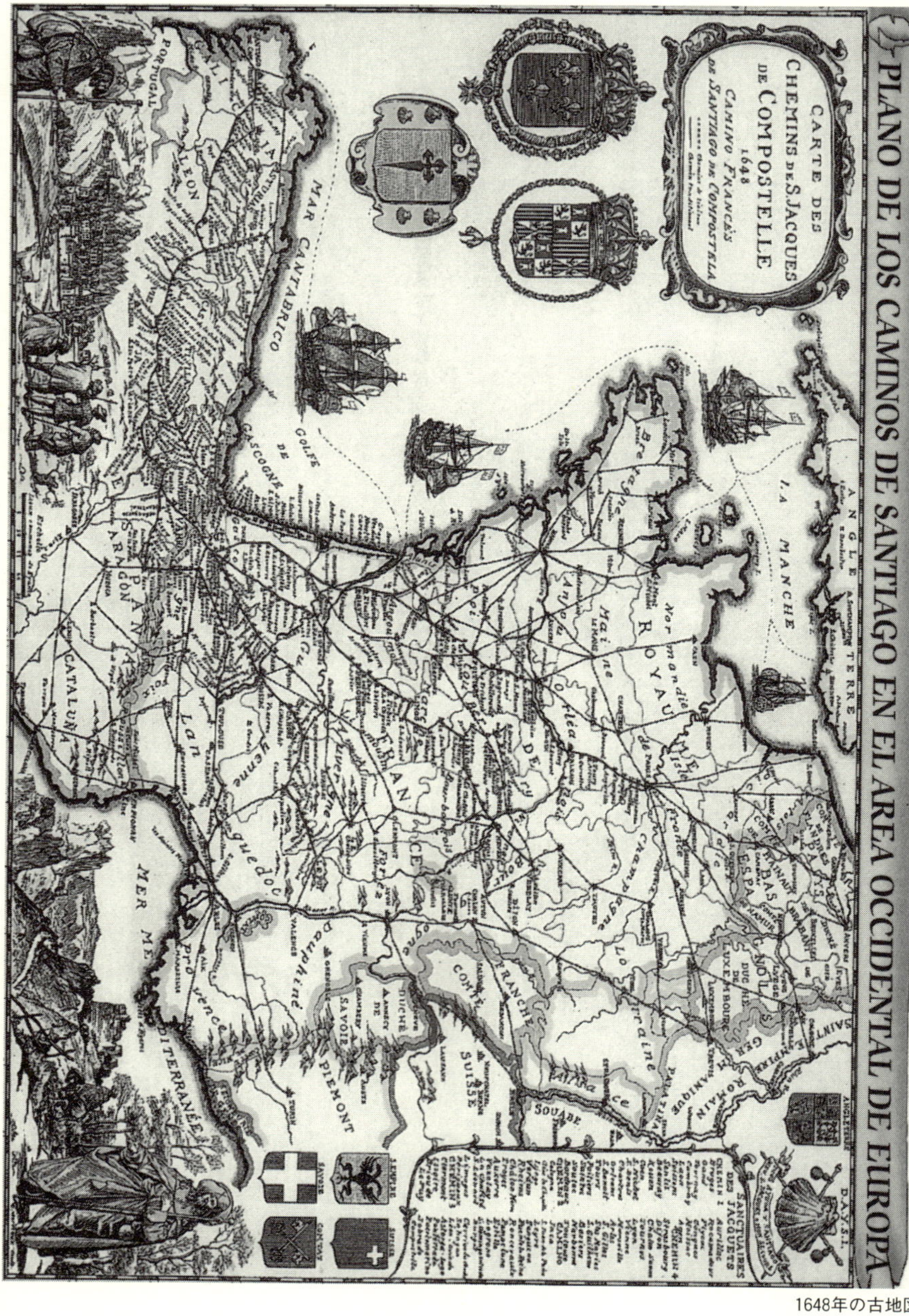
PLANO DE LOS CAMINOS DE SANTIAGO EN EL AREA OCCIDENTAL DE EUROPA
CARTE DES CHEMINS DE S.JACQUES DE COMPOSTELLE 1648
CAMINO FRANCÉS DE SANTIAGO DE COMPOSTELA
MAR CANTABRICO
GOLFE DE GASCOGNE
LA MANCHE
MER MEDITERRANÉE
PORTUGAL
LEON
CATALUÑA
SAVOIE
PIEMONT
SUISSE

1648年の古地図

際に集まってきた三人の老女が賑やかに教えてくれようとするのだが、彼女たちの賑やかな親切にもかかわらず埒《らち》があかない。三人で地図をとっかえひっかえ見たあげくの果てに、「バンまで行くのなら、この道が一番」と教えてくれたが、どうも県道らしい。「いや、GR65をとりたい。なぜなら……」と説明しようものならこんがらがることは目に見えているので、ここは彼女たちに逆らわないことにする。三人は道のことはそっちのけにして、きっと東洋の女たちの巡礼行に異様な好奇心を燃やしたことだろう。

窓際に立ち尽くしていた彼女たちは、私たちが振り返るたびに頼りなげに見えたのか、「真っ直ぐに」と手を振って合図を送ってくれた。窓枠のなかでだんだん小さくなって木立の間で見え隠れする彼女たちを振り返りながら、私はチェーホフ(9)の『三人姉妹』（その後）を思い出していた。

いよいよ山道にさしかかる。道はなだらかな上りなのだが、次第に背中のリュックが肩にくい込む。汗が滲み出す。道は何度かカーブを描いてやがて稜線に出たが、とはいえそこは大きな台地であった。足元からなだらかなスロープが波打って空の彼方まで広がっている。見渡すかぎり一面の自然の牧草地で、その広さに息をのむ。しばらく道のかたわらに腰を下ろしてわたってくる涼風に身をゆだね、再び歩き出す。陽射しが次第に強くなり、いつのまにか時計はすでに一二時を回っている。バンに急がなければと、ピッチを上げる。ここを逃すと昼食にありつけない。ビールと昼食のことだけで頭がいっぱいになる。ようやく村にたどり着き、何はともあれまず村の教会に行き、灯明を上げて感謝を捧げる。

9．1860～1904。ロシアの小説家、劇作家、医師。『三人姉妹』は、彼の晩年を飾る『かもめ』、『ワーニャ伯父さん』、『桜の園』など四大戯曲の一つ。

村のただ一軒の食堂に入り、カラカラに乾いた喉をビールで潤し、昼食をとる。最初、異様な風体の女たちと見た食堂の女主人も、またそこにたむろする村の男たちも（日本人は初めてらしい）警戒心を隠さなかった。「どこから来た？」、「日本から」、「ふーん、どこへ行く？」と、歩いている理由と目的を聞き出すと一様に肩をすくめる。

警戒心は解けた。空気はたちまち暖かいものに変わる。女主人の心尽くしのもてなしか、その日のメニューにないサラダを注文した私たちに、彼女はわざわざ裏の菜園からサラダ菜をとってきてボールを山盛りにしてくれる。その新鮮で美味しいこと。食べ終わって食堂を後にするとき、口々に「頑張って《ボン・クラージュ》」、「元気でな《ボンヌ・ルート》」と見送ってくれた彼らの日焼けしたクシャクシャの笑顔が忘れられない。

バンを後にして、広いボンボネの野の一本道を、野をわたる風の音を聞きながらひたすら歩きつづける。紫、白、青、バラ色などさまざまな野の花が咲き乱れて実に美しい。甘美な思いに酔いながらも、体は容赦なく照りつける太陽に焼かれて熱い。ひたすら西に向かって歩く。どこまで行っても木陰がない。甘美な思いもふっ飛ぶ。頭上にあった太陽はいつの間にか私たちを追い越し、もろに西陽を浴びる。と同時に、足も痛み出す。

そんなとき、路傍に見つけた小さな礼拝堂。木陰に転がり込み、リュックも靴も投げ出してひっくり返る。祠のような小さな礼拝堂が、雨につけ風につけ雪につけ「神のさすらい人」を守ってきたのだろう。まさにオアシスである。昔は、巡礼の守護聖人である聖ロッシュ[10]に捧げられたこの礼拝堂と並んで、巡礼のための泉と宿泊所と墓地があったという。風のざわめきに、「神のさすらい人」たちの声を聞くような思いがする。

聖ロッシュ礼拝堂

10. エレサレム巡礼途上、ペストの惨禍に出会い我が身をかえりみず人々の救済に身を捧げたことからペスト除けの守護聖人とされる。土地によっては、サンティアゴ巡礼の守護聖人でもある。その図像が聖ヤコブと似ているところから間違われることがあるが、彼にはむき出しの太腿に傷口があり、彼にパンを運ぶ犬を伴っている。スペイン語で聖ロケ。

午後七時、今日の宿であるサン・プリヴァ・ダリエに着く。バンからの一一キロの実に長かったこと。西陽に焼かれっぱなしであった。夕食のとき、今日一日の無事を赤ワインで祝う。安堵と歓びが喉もとに広がっていく。外は、暮れなずむアリエ川の深い渓谷に闇が迫る。渓谷の岩塊の上にへばりつく宿[11]に、やがて恐ろしいほどの静かな夜の帳《とばり》が下りてきた。

サン・プリヴァ・ダリエ ──→ モニストロール

（Saint-Privat-d'Allier ──→ Monistrol-d'Allier　6 ㎞）

翌朝、きつい急坂を上りつめ、見晴らしのよい岩山で一服。早立ちをしてきた人たちの賑やかな声が下のほうから上ってくる。景勝の地、アリエ渓谷にやって来たハイカーたちの声らしい。ル・ピュイの祭りの日以来、初めて人らしい人の声を聞くような気がする。というのも、昨日は村人以外、途中で誰とも出会わなかったからである。ル・ピュイのあの祭りの日が遠い日のことのようだ。

岩山から、急坂をドドッと一気にモニストロールまで下る。ここまでは六キロ足らず、昼食をとるには少し早いが、ここでとっておかないと先のことは分からない。たった一軒の小さな食堂兼宿屋[12]に入る。しかし、昼食のつもりが、この日はとうとうここに沈没してしまうことになる。

まだ一二キロ余り先のソーグがこの日の宿泊予定地だが、岩の剝き出した山道を一気に

11. ただ一つのホテル。ホテル・ラ・ヴィエイユ・オーベルジェ（Hôtel Vieille Auberge）、1つ星、1室26～34ユーロ。
TEL：04 71 57 20 56
12. ホテル・デ・ゴルジュ（Hôtel des Gorges）1つ星、15室、23～39ユーロ。
TEL：04 71 57 24 50

サン・プリヴァ・ダリエ・ツーリストオフィス
TEL：04 71 57 25 50

下ったせいか膝がかなりイカれてしまっていたし、それに昨日は、気心の知れない同行者と車も人もほとんど行き交わない不案内な道を歩き始め、おまけに長丁場だったので心身ともに疲れきっていた。ずっと地図を握って先頭に立ってくれたMは、もっとキツかったのではないか。

どちらもそんなことは口にしなかったが、きっと二人とも疲れていたのであろう。「もっと遠くへ《エ・ウルトレイア》！ 前へ！」というわけにはいかなかった。私のほうは膝だけではなく、巡礼に入るためにトレーニングとしてブルターニュで履きならしたはずのメフィスト（トレッキング・シューズ）に小指があたって、そこがかなり痛み始めていた。

靴といえば、中世の「歩く人」にとって履物がどれほど重要であったか。それを示すがごとく、「ガリーシアの唄」は次のように歌っている。

巡礼でありたい者
サンティアゴ巡礼は
丈夫な巡礼靴を
持たねばならぬ
聖ヤコブ様がガリーシアに行ったとき
履いていたようなやつを

（二二ページ前掲書）

古い記録によると、長い道中で履き潰してしまい、革製や布製のサンダルや半靴を宿場で求めたり、なかには裸足で血を流しながら歩いているのを見るに見兼ねた人から喜捨を受けたりしている。道中の修道院に付属する救護所には革細工のできる修道士がいて、巡礼の求めに応じて靴の修理をしてくれた。これらの救護所には、病人や疲れ果てた者のための独自の治療法とともに誰もが苦しめられた足の痛みについても、薬草でつくった秘伝の軟膏やはっぷ剤が常備されていたという。また、ある町の靴職人の組合では、たとえ祝祭日にあたっていても巡礼のために働く場合には罰金が課せられないと規則にうたっていた。

いずれにせよ驚くべきことは、苦行として自ら課して決然と、またある場合には刑罰として課せられてやむなくにせよ、全行程を裸足で歩き通す者がいたということである。しかし、靴もさることながら、それにお世話になっている足そのもののほうがもっと問題であった。

「まめのない巡礼行なんて、それは散歩である……だれの名にかけて、彼らはこんな痛みに耐えているのだろう。マゾであろうか」（二二ページ前掲書）

現代の巡礼行バレとギュルガン[13]の旅日記はこう記している。幸いなことに、わがメフィストは最後までびくともしなかったが、足の痛さは相当なものであった。日を重ねるに従ってマメは増え、昔の巡礼がしたように、私が宿に着いてからの一番の仕事はマメを潰したり、薬を塗ったりという足の手入れであった。強がってはいたが、Mも例外でなかったはずである。足と一体化するほど履き慣らした「ほとんどわらじ」のスニーカーを脱ぐた

13. 両者とも、1936年生まれのフランスの行動的ジャーナリスト。1977年にコンポステラまで歩き、のちにその当時の手に得る限りの古文書類を駆使して、中世サンティアゴ巡礼行の様相を見事に甦らせた著書『巡礼の道・星の道』（五十嵐ミドリ訳、平凡社、1986年）を著す。

びに、足の裏をまじまじと眺めていたのだから。

歩いているときは懸命であるから、そのときはそれほどとは思っていなかったのだが、私の足はかなり痛みつけられていたのだろう。それがはっきりしたのが、二ヵ月後の七本の指の爪の剥離であった。

来る日も来る日も、ごろた道、ぬかるみ、ブッシュのなか、道なき道を足だけを頼りに歩き続ける者にとっては、心に秘めた思いがどんなに高く熱くとも、痛む足にどれほどつらい思いをしたことであろうか。長い道中、足だけではなく、体のさまざまな痛みや極度の疲労にも幾度か見舞われたことであろう。それにもかかわらず、彼らは「もっと遠くへ！　前へ！」と叫んで発っていったのである。

昼食後、一日の歩きでリュックがどんなに肩に食い込むものかということを身をもって知った私たちは、この先の旅のことを考えて、荷物の一部をパリの常宿に送り返すことにする。必要最低限のものしか入れていないと思っていても、リュックをひっくり返すと、読めそうもない本とか用心のための衣服の替えや下着類など、結構余分のものがある。再チェックして、不要と思われるものを取り出す。

荷づくりした荷物を持ってポストに行く道すがら、ゴム草履をひっかけた素足がとても気持ちよく、気分が軽やかに弾む。しかし、Mのリュックのサイドポケットには、完歩を祝うためと私とのハンディ（年齢）のために送り返すことを断固拒否したウイスキーの瓶が手づかずのまま入っていた。歩くたびにそのポチャンポチャンと波打つ音が、体調や気力の衰えた日の私の神経にさわった。

モニストロール ⟶ ソーグ

(Monistrol-d'Allier ⟶ Saugues　12㎞)

歩き始めて三日目。再び強烈な暑さが戻る。だが、空は澄みわたり、この透明な空気は秋のものだ。野の花の色が冴えて、本当に美しい。今日の道程が一二キロと思うと気が楽で、ゆとりも生まれる。道草を喰いながら、二人の間では冗談も飛び交うようになり、ご機嫌でソーグに着く(14)。

ソーグは、宿泊やスポーツ施設の整った大バカンス基地である。この町で初めて、やはりサンティアゴ巡礼道をたどるイギリス人一行に出会う。このイギリス人の一行とは、その後も先々で出会うことになった。どうやら彼らも、ル・ピュイを振り出しにコンクまで歩くらしい。コンクまでの道すがら抜きつ抜かれつすることになるのだが、彼らに出会うたびになぜか私の頭のなかで『クワイ河マーチ(15)』が鳴り響き、心持ち背筋を伸ばして歩こうとしたことを思い出す。

最初は仲間同士の旅と思っていたが、そうではなく、ロンドンのある旅行会社が企画したツアー一行であった。ロンドン、オックスフォード、コヴェントリー、ポーツマス近郊などから参加したという一〇人足らずの男女は、平均年齢四五、六歳というところであろうか。公務員の夫婦、図書館に勤務する年配の女性、巨大な体躯の大学教授、リタイアし

14. ソーグの宿。ホテル・ド・ラ・テラス(Hôtel de la Terrasse)、2つ星、10室、42〜68ユーロ。
TEL：04 71 77 83 10

15. 第2次世界大戦中、タイとビルマの国境を流れるクワイ河に橋を架ける作業に従事した英国人捕虜達を主人公とした映画『戦場にかける橋』の主題曲。捕虜達を鼓舞したその行進曲の美しいメロディーは一世を風靡した。

ソーグ・ツーリストオフィス
TEL：04 71 77 71 38

ている男性などであることが次第に分かってきた。路上で出会ってしばらく肩を並べて歩くこともあったし、宿の食堂でテーブルが隣り合わすこともあったが、普通の旅と違ってやはりゆとりがなかったのだろうか、お互いに疲れをおもんばかって遠慮がちで、いつも寡黙であった。

彼らがなぜこのツアーに興味をもったのか、もう少しいろいろ話しかければよかったといまになって思う。物見遊山ではなく、求道的とでもいえるような真摯な雰囲気が漂っていたことが強く印象に残っている。彼らに一歩一歩足を運ばせていたものは、いったい何だったのだろうか。

この一行にはガイドがついていた。全体が小づくりなその人は、いつも穏やかな表情を湛え、優しい眼が何かを問いかけるようであった。ひょっとすると、聖職者だったのかもしれない。彼はマップケースを胸に下げ、ずっと手に小冊子を丸めて持っていた。その小冊子は、『サン・ジャックの道――ル・ピュイからコンク――』[16]という本であった。

パリに戻ってから知ったことだが、この七〇ページばかりの小冊子こそ、唯一の実用的なガイドブックだったのである。早速買い求めてみたが、フランス・ハイカー連盟の全国自然道委員会が発行する「トポ・ギッド・シリーズ」の一冊で、実によくできている。と分かってもあとの祭りであったが、この小冊子をあらかじめ読んでいたら、途中、バスや汽車でスキップする場面もあったかもしれない。というのも、宿泊施設、食料補給地などと並んで、バスや汽車の便のこともちゃんと記入されていたからである。闇雲であったからこそ、歩き通せたような気もする。

トポ・ギッド・シリーズ

16. フランス・ハイカー連盟「国定自然道」委員会編集の「トッポ・ギッド・シリーズ」の一冊。最新版（1999年）では3分冊にまとめられていて、「ル・ピュイ－フィジャック」、「フィジャック－モワサック」、「モワサック－ロンスヴォー」である。巡礼道「ル・ピュイの道」の実用的ガイドブック。パリのスポーツ店「オ・ヴィユ・カンプール」でも求めることが出来る。
住所：2 Rue de Latran 75005 Paris。
TEL：15 31 04 48 27

立ち話のついでに、ガイド氏にパラパラと見せてもらった範囲で、その後にとても役立つことになったのは道しるべのことである。小冊子の最後に、いくつかの道標が図示されていた。そのなかの、赤色と白色が上下に塗られてあるのが自然道（GR）の道標であることを知ったのである。

中世の巡礼ならずとも、私たちも「果たしてこの道でいいのだろうか？」という道に対する不安に絶えずつきまとわれていた。広い広い牧草地や畑のなかの道なき道を突ききっていくとき、林や森のなかの小道をたどるとき、身の丈ほどの草をかき分けかき分け進むとき、あるかなきかの踏み跡に目を凝らしながら従うとき、木の幹や岩肌や、あるいは道ばたの石、囲みの柵や壁、電柱などにこの赤と白の道標を見つけたときは、どんなにホッとし嬉しかったことか。そして、とくに十字路や分かれ道にぶつかったとき、もはや躊躇する必要がなかった。道標を見つけさえすればよかった。必ずしも完備していたわけではなかったが、その後の道中、どれほど助けられたか分からない。とにかく、心丈夫であった。

ほとんど迷うことなく無事に二〇〇キロを踏破できたのは、ひとえにこの道標とMの地図の読み方の確かさに負っているといえる。右か左かで旅の明暗を分け、生死にもかかわったであろう「神のさすらい人」の不安の大きさがいまさらのように思われる。

道標

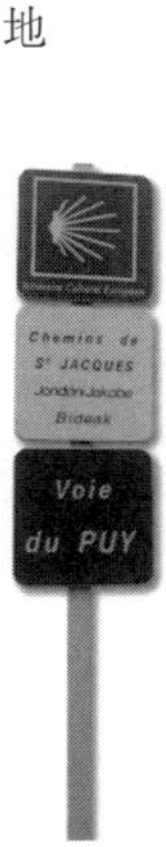

現在の新しい道標

ソーグ ──→ サン・タルバン

（Saugues ──→ Saint-Alban-sur-Limagnole　35㎞）

ソーグからサン・タルバンまで約三五キロ。これが今日の行程である。途中に小さな集落が幾つかあるだけで宿場はない。したがって、サン・タルバンまで泊まるところはない。昼食がとれるかどうかも怪しい。最初の日よりも一〇キロ近くも余分に歩かなければならないと思うと……私には自信がなかった。コースを少々逸れてでも泊まれるところがあれば長丁場を二日に分けたいが、コースをはずれるとなると、また余分に十数キロ歩かなければならない。だが、いまや一キロたりとも余分に歩きたくなかった私たちは、結局、歩き通すことに決めた。

オーヴェルニュ地方の奥深く、もっとも貧しく、もっとも孤立した地帯であるマルジュリード地塁に入っていく。そこは、果てしなく広がるオーブラックの野を擁するロゼール県だ。

行けども行けども、ほとんど目を遮るもののない広い草原の丘陵がつづく。遠くに立ち現れる樅、松、樺の森林が、その単調さを破ってくれる。青い空がどこまでもついてくる。日陰のない炎天下、草原の道をひたすら歩きつづける。途中、先にソーグの宿を発ったイギリス人の一行に追いつき、追い越す。彼らも暑さで喘いでいる。疎林《そりん》がかろうじて木陰をつくっている小川のほとりで、一息いれる。清澄な水がキラキラと輝きながら草の緑をぬって流れる。何と優しいたたずまいだろうか。心もなごみ、疲れも忘れる。レモンをかじりながら、『ハムレット』のオフェーリアが魅せられた小川はどんなのだったのだろうとぼんやりした頭で思う。

貧しい集落を二つ通過して、シャナレイユに着く。まったくさびれた寒村である。その昔、疲れ果てた巡礼たちを受け入れた修道院はいまはなく、慎ましやかなロマネスクの鐘楼が目を引く小さな聖堂だけがひっそりと残っている。周りを墓地が囲み、墓地教会であることが分かる。力尽きて行き倒れた「神のさすらい人」も眠っていることだろう。シャナレイユを後にしてしばらくすると、道（GR65）は県道587号と重なる。舗装道路を国境の峠に向かってダラダラ坂を黙々と歩く。その傍らを、一台の自動車がピューンと走り去る。振り返って見ている車窓の人間が一瞬に遠ざかる。「何がつらくって……」と、思わず自分につぶやく。

朝から何時間歩いただろう。足は鉛のように重たく、体力は限界にきている。陽はすっかり西に傾き、あれほどぎつかったこちらの夏の陽射しも衰え、あたりはうす暗くなってくる。心細さが膨らんでゆく。「もうすぐです」とMが言ってくれても、とうとう私は動けなくなってしまった。

最初から、歩く速度が私と彼女とでは違っていた。しかし、彼女は絶えず私に合わせようとしてくれていたが、このような長丁場の場合、速度の遅い者が速い者の足を引っ張る。Mの疲労も濃い。私は、ここで二人が立往生することを一番恐れた。押し問答の末、渋るMを先に行かせた。途中まで探しに戻ってきてくれたMとともに宿(17)にたどり着いたのは九

シャナレイユのロマネスクの鐘楼

17. ホテル・ドゥ・ブレルユ（Hôtel Du Breuil）、星なし、4室、24ユーロ。
TEL：04 66 31 51 76

サンタルバン・ツーリストオフィス
TEL：04 66 31 57 01

時近かっただろう。夕食はもう始まっていた。食堂に入っていくと、いつの間にか私たちを追い越し、すでに小ざっぱりとしてテーブルに着いていたイギリス人の一行が食事の手を止めて一斉に顔を上げた。そこには、無言のねぎらいの笑顔があった。……うれしかった。

食事の後、欲も得もなく泥のように眠りこけた。長い長い一日であった。

サン・タルバン ⟶ オーモン・オーブラック

（Saint-Alban-sur-Limagnole ⟶ Aumont-Aubrac　15㎞）

ベッドから体を引き剥がす。鎧戸の隙間から陽が差し込んでいる窓を、鎧戸ともども押し開ける。爽やかな空気とともに、教会の鐘楼が目に飛び込んでくる。たどり着くのがやっとだった昨日は陽が落ちて暗くなっていたから気がつかなかったが、宿はどうやら高台になっているこの小さな町の中心にあるらしい。道を隔てて教会と広場がある。

窓からの眺めは、鐘楼のほか目を遮るものは何もない。ずっと彼方に、昨日歩きつづけた丘陵のマルジュリードの台地が空に接して広がる。遙けくもきつるかな、という思いが、まだまだ気は抜けない。最大の難所、オーブラック越えが待っている。

体が重い。着替えも、洗面も、荷物のパッキングも、まるで映画のスローモーションのよう。Mはと見れば、こちらも日ごろに似合わず動きにメリハリがない。歩き始めてしばらくすると、「肉の塊を運んでいるみたい」と彼女。

「決して大きな荷物を担いではならぬ／身軽に行きなされ／少しでも疲れるのだから」（バレ、キュルガン、二二ページ前掲書）と巡礼たちが歌った唄があるが、来る日も来る日も歩きつづける巡礼にとっては身軽が何よりであった。彼らの最低限の持ち物は、帽子、頭陀袋《ずたぶくろ》、杖、マント、ひょうたんなど。首から掛けた頭陀袋は皮製の一種の雑のうで、軽くて柔らかくて扱い易かったから鹿皮が好まれたというが、高価で誰でも買えるものではなかったらしい。「パン袋」とも呼ばれていたように、頭陀袋の中身はパン切れと大事な身分証明書や通行手形、そして当座の下着くらいであった。

巡礼杖は身の丈を越す堅い木でつくられ、その先端に鉄製の金具がついているものや、木の自然のねじれを利用してひょうたんを結わえやすいものなどがあった。「希望の杖」と謳われ、彼らの「精神的な剣」でもあったその杖は、彼らを奮い立たせるのに大いに与《あず》かった。また、実際に一種の武器として使われ、オオカミや犬から、ときには盗賊から身を守った。そのほか、瀬を渡るときには水の深さを測るのに、また雪に埋もれてしまったモンジョワ(18)を探し当てるのにも役立った。

水やぶどう酒を入れたひょうたんは、水場から水場まで喉の渇きを癒す道中の泉であった。例の帆立貝のついた帽子とマントは、暑さ、寒さ、雨、風を防ぎ、マントは寝袋にもなった。現在残されている彫刻や絵画のイメージによると、男性はつばのある帽子を被り、女性は頭巾、被り物、ヴェールで頭を被っていたようだ。身体につけているのは、踝《くるぶし》か膝下まである丈の長い身にそった長衣を下につけ（時代が下がるにつれて丈が短くなる）、その上から、それよりやや短い丈のたっぷりとしたマントを羽織っている。マントには、

18. 小石を積み上げたピラミッド状の道標。地図のなかった時代のモンジョワの役割の重要さは計り知れない。道標の一部が崩れていることに気が付くと、必ず石を拾って積み直しておかなければならない。

頭巾のついたケープが肩を被っている場合もある。

巡礼の制服ともいえる頭陀袋と杖に加えて忘れてはならないもの、まさにサンティアゴ巡礼のシンボルといえるものが、身にまとっている何かしらにつけられた帆立貝の貝殻であった。ところで、なぜ帆立貝の貝殻なのか。伝説によると、ある高貴な生まれの騎士がガリシアの海辺を馬で走っていたところ、突然、馬が暴走して海に突っ込んだ。馬もろとも死の淵に投げ込まれた騎士は、偉大なる聖ヤコブに必死に救いを求めた。すると、馬は直ちにおとなしくなり、水面を岸辺へと引き返してきた。水から上がった騎士の体は、無数の貝殻で覆われていたという。

この逸話が理由で、貝殻は聖ヤコブの霊験の証として、また「地の果て」ガリシアまで歩いて旅をしたことの証として、聖ヤコブの遺骸を乗せた小舟が漂着したエル・パドロンの海辺から巡礼たちが貝殻を持ち帰ることが習わしとなった。やがて、聖ヤコブへのあつい信仰心から巡礼全体のシンボルとなり、出発のときからこの貝殻がつけられるようになった。

「エルサレムから帰る人はシュロの小枝を、サンティアゴから帰る人は貝殻を持ち帰る」と『聖ヤコブの書』に記されているが、一二世紀ごろには貝殻は聖ヤコブ巡礼にだけ許される固有のものとなった。エムリ・ピコーは、サンティアゴ大聖堂の北広場の土産物店で買い求めることができると書いている。

これら巡礼にとって最低不可欠なものも、疲労の果てに何度捨ててしまいたいと思ったことだろう。実際、捨て去って、身ひとつで救護所にたどり着く者もあったにちがいない。

サンティアゴ巡礼の姿

サンティアゴ巡礼の姿

施しをまず当てにできない現代の巡礼は、徒歩旅行に必要と思われるすべてのものをリュックに詰め込まなければならない。寝袋、調理道具、着替え、洗面具、薬、必要最低限の食料など、一二キロのリュックを背負ったあれほど強健なバレとギュルガンでさえ四日目には音《ね》を上げ、最大限身軽になるために、不用と思われるものを一切郵便局から送っている。そして、練り歯磨き、櫛など、共用できるものは共用したのである。「一本の櫛にどれだけの重さがあるかって」と、それが命取りにさえなりかねないとラクダの背を断ち切る一本の藁しべに彼らはたとえている。これは私たちにとっても、実際に炎天下を日に日を継いで歩いてみて初めて身に染みたことであった。

オート・ロワールとロワールの国境の峠に、中世に遡るといわれる自然の湧水に出合う。かって、この荒涼とした峠には、一一九八年に建てられた救護所と付属礼拝堂があった。巡礼や旅人たちのために建てられ、聖堂騎士団によって運営されていたが、いまはそれらの建物は跡形もない。しかし、その当時から礼拝堂のすぐ傍らにあったといわれる泉が、いまなお水を絶やさず、道行く人たちの喉を潤している。いったい、どれだけの数の巡礼たちが、この泉のおかげで蘇生する思いをしたことだろう。いま立っている礼拝堂はずっと新しいものだが、あたり一帯は昔のままの荒涼とした土地であることに変わりがなく、旅する者の避難所になっている。

エムリ・ピコーは、巡礼道の水について、その『巡礼案内の書』のなかでとくに一章分

オート・ロワールの自然の湧水

（第六章　サンティアゴ巡礼の道中で出合う良い川と悪い川）を割いて説明しているが、それは、道を行く者にとって、喉の渇き、またその水の良し悪しが致命的なトラブルを引き起こしかねないからであった。エムリ・ピコーは、「シーズ峠およびソンポール峠を越えてサンティアゴに至るまでに我々が出合う川の流れは次の通りである」と始め、「悪しき水を飲まぬ注意が肝要」と繰り返し述べ、清らかで、甘く、無害で、飲むのに適している川と、塩辛く不衛生で「水に口をつけても、馬やロバに与えてもならぬ」川の名前を列挙し、また「悪い水が流れる川の魚も食してはならない」と注意を促している。

このようにして、ガリシアまでの「良い水場と悪い水場」を懇切丁寧にアドヴァイスしているのだが、彼は、あらゆる産物の豊かなカスティーリヤ・レオン地方の水はとくに称賛している。

私たちは、ル・ピュイからコンクまでの間、アリエ川、トゥリュイエール川、ベ川、ロト川の四つの川を越えた。そのほか、名もない小さな川をいくつも渡った。せせらぎで顔の汗を流すことはあっても、飲む必要に駆られることはなかった。また、バック・パッカーがよくしているように、ミネラル・ウォーターのボトルを背負うこともなかった。というより、少しでも重いものを持ちたくなかったので、途中の渇きはとりあえず宿場で仕入れた二個のレモンでしのぐことにした。

いずれにせよ、宿場から宿場までの間で通過する小さな村や集落で水やビールが飲め、ほぼ昼食にありつくことができたことは幸運につきる。だが、いまだからこう言えるのだが、歩いているときは一種のかけのようなものであった。

次の村にカフェ（パリのカフェを想像してはならない。村人がたむろする居酒屋風、ないしはうらぶれた大衆食堂風といったところであるが、ありがたかった）があるかないか、あっても開いているかどうか（夏のバカンスは、都市生活者だけのものではない）行ってみないと分からない。のどの渇きが増すに従って冷えたビールのことで頭がいっぱいになり、「あるか、ないか」、「あるか、ないか」という声にならない言葉を呪文のように繰り返しながら、村が近づくにつれて自ずと足が速くなった。

村に入ってそれらしき店を見つけるとホッとしたが、見つけることができなくて焦ったこともあった。店がないと分かったときにはヘタヘタとなってしまった。が、気を取り直して、村人の家で一杯の水を乞い、そして地図を見せながら次の村にカフェがあるかを尋ねた。村人たちは快くコップの水を差し出してくれた。わざわざ冷蔵庫から冷えたボトルを渡しながら、ほかにいるものがないか尋ねてくれた親父さんもいた。だが、もちろん、警戒心をむき出しにする村人もいた。

水と同様、またそれにも増して中世の巡礼たちが道をたどりながら思い煩ったことは、その日その日の糧をいかにして得るかということであっただろう。歩きが苦しければ苦しいほど、そのことがなおさら気になったにちがいない。

エムリ・ピコーは『巡礼案内の書』の第七章「サンティアゴ巡礼道が通過する地方の名前とそれら住民の気質」で、ボルドー地方について「上等のワインと豊富な魚」、しかし、ランド地方は「荒涼として、パンもなければワインも牛肉も魚もない」と、またバスク地方については「パンもワインも、あらゆる食べ物に乏しい」が、「リンゴやリンゴ酒や牛乳がある」等々と行き先々の食べ物について記しているが、食べるということが巡礼にとっていかに重要であったかがうかがわれる。今日、食べられるかどうか、どこでどんな食事にありつけるか、できることなら一日の終わりには温かいものを口にしたかったことであろう。そして、明日の活力となるような十分な食事をとりたかったにちがいない。それはまた、歩きつづけるための義務でもあった。

私たちは幸いなことに、一日の終わりにはまず宿で温かい食事をとることができた。朝食も、熱いカフェ・オーレとパンを部屋でとることができた。フランスの小さい宿では、贅沢からではなく気軽に朝食は部屋まで運んでくれるので、毎朝、疲れ果てたつらい目覚めと闘う身にはどれほどあり難かったことか。

心配であった昼食も、ほぼ問題がなかった。通過する村や集落のカフェで例のバゲットのサンドイッチを食べることができたし、定食《メニュー》に恵まれることもあった。当てにしていたカフェがなかったり、閉まっていたりして手持ちのビスケットとレモンですまさなければならないこともあったとはいえ、ベッドと食事にまず事欠かなかったことに感謝をしなければならない。

いずれにせよ、恵まれた現代の巡礼の私たちとは異なり、一日一日を定めなくたどる寄る辺のない中世の巡礼たちの旅は、日々の糧をほとんど施しに負っていたのであるが、施しを求めることも施しをすることも、ともに信仰行為の一つであるとはいえ、彼らの不安はいかばかりのものであっただろう。

中世の巡礼たちは、行く先々で、できるかぎりの情報を集めながら旅をしたであろうが、地図さえなかった時代に人伝ての情報には限度があっただろうし、正確さに欠けるものでもあっただろう。それに、いつの時代にも悪い人間がいるもので、わざと嘘を教えるという土地の者もいたはずだ。だから、やっとの思いでありつけた一杯の水が「悪しき水」で、命を落とすことすらあったにちがいない。

今日の目的地、オーモン・オーブラックまでは一五キロである。だが、昨日の三五キロがこたえて、まったくピッチが上がらない。自分の体を運ぶのがやっとで、小休止のつもりが大休止となり、リュックを再び背負うのがつらかった。それでも左右、左右と、ひと足ずつ交互に足を踏み出していると、いつかは着くのである。

歩き出してちょうど一週間。日曜日の朝をオーモン・オーブラックで迎える。目覚めると、窓の外は雨である。昨日ぱらついていた雨が本降りになっている。

隣りのベッドを振り返ると、Mもすでに起き上がって、降りしきる雨をじっと見つめている。こちらの雨は激しく降っていてもパッと止むときも多いので、出発したものかどうか、ともかく地図を広げる。どうやら今日の行程は、草地が広がっているところを行くようなので雨宿りはできそうにない。これ幸いと、歩くのを止めることにする。口には出さなかったが、二人とも疲れていたのだろう。私は内心ホッとし、またベッドに横になる。ベッドでゴロゴロしながら「それにしても……」と二人が笑って何度もむし返したのは、昨夜のことである。

宿[19]が「三つ星」であることは、たどり着くまで知らなかった。ましてや、食堂がこの地

19. グラン・ホテル・プルエーズ（Grand Hôtel Prouhèze）、3つ星、26室、46～91ユーロ。
TEL：04 66 42 80 07

オーモン・オーブラック・ツーリストオフィス
TEL：04 66 42 88 70

方切っての名レストランとは思ってもみなかった。オーモン・オーブラックにこんな宿があると、その名「グラン・ホテル・プルエーズ」を教えてもらったのはル・ピュイ出発前夜のことであった。

こちらの旅は、基本的には自動車で移動することが普通であるから、教えてくれた人はまさか私たちが「歩いて」とは思わなかっただろう。道中のあらゆることについてまるで雲をつかむような状態にあったときだから、どんな情報もありがたかった。ことに、宿に関してはそうであった。宿がなければ、次の宿場を目指すか、野宿を覚悟しなければならないからである。だから、難所オーブラック越えをひかえての地オーモン・オーブラックについては、「ここ」と最初から決め込んでいた。夕方になると、疲れ果ててほとんど倒れ込むように宿に着く毎日だったから、着いてからこの地方有数のレストランのある宿であることが分かってもどうしようもなかった。

星の表示のある玄関先で、しばらくしゃがみ込んでしまった。瀟洒なホテル・レストランは第一に「神のさすらい人」をなぞろうとする私たちに相応しくなかったし、何より、リュックを背負った自分たちの汗臭い格好を思うと気後れがした。

ともかく、部屋には入ったものの、食事のことを思うと気が重かった。しかし、街道筋のこの宿近辺に食堂らしきものはなかったし、これから探す元気もない。かといって、食べないわけにはゆかない。夕食は最大の楽しみであり、また歩くための責務であったから、とにかく温かいものが食べたかった。レモンはもうないし、ビスケットと水ではあまりにも侘しすぎる。ひと休みしてから、「味」を売りものにしている宿に来合わせているのだから、こうなればトライするのが一番と決めたものの、それらしい装いの持ち合せのない私たちは礼を失し、顰蹙《ひんしゅく》を買うことも覚悟しなければならなかった。

土曜の夜とあって、それなりに着飾った人々がテーブルを囲むなかで、陽焼けした真っ黒な顔、洗い立てとはいえしわしわのTシャツとジーンズ姿の私たちは何とも場違いで滑稽であった。来客の装いもさることながら、室内の調度品や食器類が選り抜かれ、調和がとれていて、この料理旅館のオーナーシェフとその妻らしき女性を中心としたスタッフのサービスは行き届いている。こんな田舎に……と思うのはヤボで、さすがグルメの国、どんな意外な場所に、美食の隠れたレストランが潜んでいるか底知れないと、妙に感心してしまう。

メニューは豊富だし、料理もさすがである。二人がそれぞれに違う料理をとって、そっとお皿を交換し合って試食をする。美味しいぶどう酒と久しぶりのご馳走に舌つつみを打っている間に、初めの気後れもためらいも、そして「神のさすらい人」もすっかり忘れ去ってしまう。ワインがやたらと美味しかった。「この地方のものを」と、ワイン・リストから選んだ銘柄だったが、その後、二人とも（記憶のいいMでさえ）その名前が思い出せないのだから、やはりどこかで緊張していたのだろう。食事の間、ずっと見ぬふりして見ている視線や、遠慮のない視線に曝されていたのだから。

私たちがさんざん昨夜のことを話題にしている間も、窓の外は相変わらず雨が降りしきり、ときおり風が雨にまじって唸りを上げる。空は黒い雲に覆われ、雷鳴が轟く。暗い空が光る。夕方の五時ごろ、突如としてパシパシという窓ガラスを叩きつける物凄い音に驚いて外を見ると、雹《ひょう》が降ってきた。ほとんど一瞬の出来事だったとはいえ、降り止んだ後に、窓際に並んだ親指大の雹を見て息をのむ。中庭は、玉砂利を引いたように鈍く光った雹で覆われている。さすがのMもそれを見てひるんでいるが、よく歩いていなかったものである。この時間なら、おそらくまだ草地を歩いていたことだろう。

オーモン・オーブラック ──→ ポン・ドゥ・グルニエール

（Aumont-Aubrac ──→ Pont du Gournier　25km）

オーモン・オーブラックを後にする。いよいよ、オーブラック越えにさしかかる。中世の昔、巡礼や旅人たちから「もっともおそるべき悪夢の場所」として恐れられたオーブラックの荒野。草地に小さな黄色い花をつけた野草がチラホラするとはいえ、雨模様の天候のせいか、鉛色《にび》に果てしなく荒涼とした風景が広がる。この悪天候を朝から気づかっていた宿の主人のすすめもあり、雨の降りしきるなか、車でオーブラックの野を少し入ったル・ベ川のほとりのポン・ドゥ・グルニエールの宿に運んでもらう。

ナスビナルスから四キロ離れたこの宿は(20)、オーブラックの山が大きく裾野を広げた荒野にポツンと立つ一軒家で、どうやら釣り人の基地でもあるらしい。

名前が示すように、宿の前を流れる川に橋《ポン》が架かっている。雨で増水した濁流の勢いにたじろぎながら、こわごわ橋の真ん中に立って四方を見渡す。視界をさえぎるものが何も

ポン・ドゥ・グルニエール

ない三六〇度の眺望が開けた自然は、何と荒涼とし、恐ろしいような静けさが支配しているることか。こうして眺めていると、オーブラックを越えなければならなかった中世の旅人たちがいかにこの地を恐れたかが実感させられる。

オーブラック越え

見渡すかぎり、目をさえぎるものの何もない灰緑色の草地が、波打ちながら遙か彼方の地平線までつづく。花崗岩がのぞく足もとの草地は、昨日からの雨で沼沢化している。ところどころ大地をえぐって流れる水が川にそそぎ、川の急峻な流れが荒々しい岩にぶつかって飛沫を上げる。昨日の激しい雨と風は和らいだとはいえ、低くたれ込めた黒い雲の空が大地を覆って地平線までつづき、大地とひとつになる。地平線の彼方を見つめていると、地の果てに吸い込まれてしまいそうな、それでいて出口のないところに閉じ込められているような奇妙な感覚に襲われる。一瞬、胸がしめつけられ体が宙に舞う。白昼夢を見たのだろうか、レーモン・ウルセル[21]は「夢幻的な石ころの原」というが……。すぐ近くに、無心に草を食む牛たちを見てホッとする。

不気味な黒雲が激しく動き、白い雲と格闘する空が突如として裂け、その裂け目から光が差し、光の束が降りそそぐ。あたりが急に明るくなり、壮絶な風景が一変してキラキラと輝き始める。青空がのぞき、そして広がってゆき、光が大地に満ちる。何と美しい！そのとき、私は神の偏在を確かに感じた。裂け目からの光はあの「神の手」だ。「画家は、見ないものは描かない」と言うが、ロマネスクの絵描きは確かにそれを見たのである。

20．ホテル・ルレー・ド・ローブラック（Hôtel Relais de l'Aubrac）、2つ星、27室、38〜46ユーロ。
TEL：04 66 32 52 06
21．23ページの注（16）を参照。

中世の巡礼たちを思う同じ思念が、また立ち戻ってくる。想像がつかないほど旅が困難な時代に彼らを旅立たせ、長い道程を歩かせたものは何だったのだろうか。

峻険なピレネー越えは、巡礼たちにとって難所中の難所であったが、「ル・ピュイの道」をとる巡礼にとって、オーブラック越えはピレネーと並んでもっとも恐れられたところであった。ピレネーのほうは、足場の悪い急な坂道を登るつらさが格別であっただろうし、深い樹林帯で道に迷うことも確かにあっただろう。だが、ひとたび稜線に出ればひたすら登っていけばという、いわば方向性を与えられていたという点でまだ救いがあったかもしれない（幻想にすぎなかった場合もあっただろうが）。

しかし、オーブラックのこの広大無辺な荒野では、いったいどこを目指せばいいのだろう。前人の残した踏み跡を見失うまいとして細心の注意を払っていても、いつしかそれらしき道が立ち消え、さまよう巡礼が数しれなかったにちがいない。同じところをグルグル徘徊し、ついに行き倒れるということもあっただろう。道に迷い、さまようことは、巡礼たちがもっとも恐れたことである。今日でも雪嵐に見舞われると道路が閉鎖されるというが、霧が立ちこめたり、雪に覆われたり、風が吹きつけたりした日には、巡礼たちは進むに進めず後に戻ることもできなかった。その上、恐ろしいことに、彼らを待ちかまえる飢えたオオカミの群れがあった。

この不安な荒野をいっときも早く通りすぎようと急いでいる者にとって、遠くから聞こえてくるかすかな鐘の音は、どれほど安堵感を与え、勇気づけてくれるものであっただろう。鐘の音は、オーブラックの最高点に立つ救護院で打ち鳴らされるものであった。その

オーブラックの荒野

音を聞き逃すまいと、巡礼たちは音のする方向に向かって懸命に足を運んだことであろう。

ポン・ドゥ・グルニエール ⟶ オーブラック

(Pont du Gournier ⟶ Aubrac　13km)

早朝、ポン・ドゥ・グルニエールの宿を発ち、そぼ降る雨のなかをナスビナルスに向かう。ナスビナルスは、広大なオーブラック高原に造られた中継地点である。この中継地点は、ここに小さな修道院が開かれた一一世紀の末ごろに始まるが、巡礼熱が高まり始めたころに、この「世にもおそろしい国」を通らなければならない巡礼たちの不安と労苦を軽減するために設けられたものであった。往年に繁栄していた時期があったことが、オーヴェルニュ地方特有の八角形の鐘楼をもつ、その見事なロマネスク様式の聖堂に偲ぶことができる。一二世紀の前半に茶褐色の玄武岩で建てられた聖堂は完全に保存されていて、往時の姿をそのままとどめている。ロマネスクの聖堂建築は、寡黙で禁欲的な印象を与えるのが常であるが、この小さく簡素な聖堂も雨に濡れて、しっとりとした石組の慎ましいたたずまいのなかに厳しさを感じさせる。

いつものようになかに入り、灯明を上げて旅の無事を祈る。今日では美しい自然のなかの静かな保養地となっているこの小さな村は、自由放牧の拠点でもあり、夏場の動物の市が立つ日には、仲買人や牛や羊でごった返すという。

私たちが着いたときには聖堂の前の広場にも人影がなく、村は雨のなかにひっそりと静

ナスビナルスのロマネスクの聖堂

ナスビナルス・ツーリストオフィス
TEL：04 66 32 55 73

まり返っていた。教会を出ると、広場を隔てた向こうの建物から窓ガラス越しに人が手を振っているのに気がつく。近寄ってみると、ソーグで初めて出会い、サン・タルバンへの三五キロの道程で炎天下を抜きつ抜かれつした例のイギリス人の一行であった。朝食中の彼らは、昨夜、この教会の前の宿で泊まったらしい。無事を互いに喜びあう。「じゃ、またね《アビアントゥ》」と言って、彼らを後にする。

聖堂を中心に僅かな家が固まっているナスビナルスの短い家なみを抜けると、めざす行手になだらかな斜面になった広大な草地が広がっている。いつものことであるが、町や村のはずれまで来ると、Mは立ち止まって手にした地図を見る。

彼女は、時間があれば絶えず地図を見ていた。宿のベッドで、昼食に立ち寄ったカフェで、小休止の木陰や水場で……。眼光紙背に徹すとばかり、食い入るような目つきで地図を睨むのは、決まって町や村のはずれに来たときである。それから先は、次の集落まで方角や道を訪ねることがまずできないからである。それに、GR65といっても土地の人はまず知らなかった。彼女は、その日の行程に当たるところだけを出して、あとは小さく折りたたんだ地図を睨んでしばらく立ち止まる。その傍らで、私は黙って立っている。やおらして彼女が歩き出す。彼女の頭に地図が入ったのであろう。その彼女の後に私が従うというのがパターンであった。

地図を読むときに、相談というか、何かを私に話し掛けてくるということは一度もなかった。二人で歩く道であるからそれなりに声をかけてもよさそうなのにと最初は不満であったが、彼女の地図の読み方がいかに正確であるかが分かってからは全面的に任せること

地図を読む

にした。その確かさには、舌を巻くものがあった。

この日の朝も、歩き出した彼女の後に従う。歩き出したとはいえ、わずかに踏み跡の残る草地のなかの道で、進むにつれ草が深くなり、とうとう道が草のなかに消えてしまう。頼みとする、赤と白の例の道標も見当たらない（全行程を歩いてみて分かったことだが、GR65は、地区によって整備が行き届いているところとそうでないところがある）。これまででも腰丈を超す草を漕ぎ進んだこともあったので、お天気さえ良ければ草むらのなかをがむしゃらに突っ切ったかもしれない。しかし、道標が見つからないので思いとどまる。来た道を引き返し、自動車道をとることにする。

先にも書いたように、オーブラック越えはピレネー越えと並んで難所中の難所とされ、中世の巡礼たちから「もっとも恐るべき悪夢の場所」と恐れられていたところだった。だから、ここについては旅の最初から気がかりになっていた。朝から雲が低くたれこめた雨模様の天候は、かつての難所を越えるのに不足はないとチラッと思わないでもなかったが、二日前の雹《ヒョウ》、昨日のあの荒涼としたポン・ドゥ・グルニエールの風景が不安を誘っていたのか、私たちはそそくさと、いとも簡単に確かな自動車道へと来た道を戻っていく。

ナスビナルスを後にするときはまだ小降りであった雨が、自動車道に出たときには本降りになってきた。冷たい雨が顔を打つ。帽子を深くかぶりひさしを下げ、うつむいて、ダラダラ坂をひたすら上る。Mのテンポが速くなる。距離を開けまいと懸命に追い上げる私。さらにMのテンポが加速する。私もそれを追う。私が見ていたのは、Mのスニーカーの裏とアスファルトに跳ねる雨足だけであった。後で聞くと、彼女はときどき振り返って私を気づかってくれていたらしいが、私はついて行くのに必死でそのことに全然気づかなかった。

どのくらい行ったときであろうか、突然、Mのスニーカーが止まった。顔を上げると、彼女が杖を上げて前方を指している。杖の先を見ると、雨に煙った彼方に蜃気楼のように建物が現れていた。オーブラックの救護院である。あまり突然だったので私は茫然となった。

「これが……あの……」と、言葉にならない感動が込み上げてきた。

「〈これらの恐ろしい荒廃の地〉のなかで、いったい何人の巡礼が道に迷い、凍え死に、飢え死にしなければならなかったであろうか！」とバレとギュルガンは記しているが、迷いに迷うことを極度に恐れた巡礼たちが、鐘の音を頼りにこの建物を見いだしたときの喜びと安堵はどんなものであったろう。風雪や風雨に道を失い、おそらく幾千もの巡礼たちが行き倒れになったに違いない。私たちにとっても大きな山場であった。

前方を見つめながら、今度はゆっくりと歩き始める。幸い雨も小降りになり、建物が次第に全容を明らかにしていく。その昔、修道院の東ファサード上部には、「恐ろしきところ、広き荒野」（「申命記」三二・一〇）と刻まれてあったといわれる。

オーブラック救護院前に着いたのは一二時すぎ、ポン・ドゥ・グルニエールから一二キロの道程であった。ビニールの雨具を着けていた私はともかく、雨具なしのMはシャツもジーンズもズブ濡れで、絞れるようであった。

オーブラック救護院

雨に煙る草地の彼方に蜃気楼のように忽然と現れたオーブラック救護院は、近づくにつれてその全容を明らかにしてきたのだが、青灰色の花崗岩と黒褐色の玄武岩によってでき上がっている不揃な建物群は、折りしも雲間から差す光りに輝く鈍色《にびいろ》の屋根をいただき、遠望したときの私の感動をよそに深い沈黙をたたえてそこに立っていた。支配しているのは、ただ虚ろな静けさであった。

サンティアゴ巡礼道沿いには大小さまざまの救護所があったが、そのなかでもとりわけ重要なものとして歴史に名をとどめているのは、ピレネー山中のサント・クリスティーヌ救護院とロンセスバージェス救護院、そしてオーブラック救護院である。サント・クリスティーヌ救護院は、巡礼の「四つの道」のサン・ジルの道、つまりアルルを起点とするトゥールーズ経由の一番南よりの道をたどる者が越えたソンポール峠を少しスペイン側に下ったところにあった。ロンセスバージェス救護院は、フランス最古の武勲詩として知られる、あの『ロランの歌(22)』の

オーブラックの救護院

舞台となったスペイン・ナバラ地方のロンセスバージェス（ロンスヴォー）にある。ソンポール峠よりやや西寄りの、イバニェタ峠を下ったところである。私たちが雨のなかに遠望したオーブラック救護院は、フランス中央山塊の広大な草地が広がる台地の、もっとも高い地点にある（一三〇七メートル）。

いずれも自然や風土が厳しく苛酷で、とくに難所中の難所として恐れられたところにあって、これら三つの救護院がどれほど巡礼たちにとって救いの場所であったかが、今回、実際にオーブラックを二本の足で歩いてみて身に染みて感じることができた。私たちは自動車道に逃げることもできたし、事によったらヒッチハイクをすることもできるという、何かしらの手立てをもっていたのである。しかし、何の手立ても得られなかった時代の巡礼たちの不安と恐怖は、一旦とりつかれると悪夢のように膨れ上がっていったことだろう。

オーブラックの救護院は、一二世紀の初め、コンポステラ巡礼者であったフランドルの貴族アラダールの呼び掛けによって建てられた。

アラダールは、コンポステラ巡礼への途中オーブラックの森で山賊に襲われる。また、その帰途、やはり同じ地で雪嵐に見舞われ、雪原に閉じ込められてしまう。だが、この新たな危機をも切り抜け、巡礼を成就することができた。そのことに神の「御しるし」を見た彼は、巡礼たち兄弟のために救護院を建てることを誓ったのである。故郷に帰り、財産の処分など身辺の整理を終えて急ぎオーブラックに立ち戻った彼は、自らの誓願を果たし、その後の生涯を巡礼者の保護に捧げたといわれる。

救護院の歴史は、伝説と史実が入り交じっている。はっきりしていることは、この救護

22. 778年の、シャルルマーニュ大帝のイスパニャ遠征を題材としたフランス中世の叙事詩を代表する武勲詩。その遠征の帰途ピレネー山中で、ローランを含むその後衛軍が壊滅に遭うという史実に基づく。語り継れてきたものが12世紀に編纂される（有永弘人訳『ロランの歌』岩波文庫、1965年、現在品切））。

院が自らも巡礼者であった個人の発意のたまものであり、そこに「聖なる神慮《しんりょ》」の介在が強調されているのは、人を寄せ付けないこの土地の厳しさ、過酷さが神の守護をもっとも必要としたからであろう。

かくして、「貧しき者たちの聖母《ノートルダム・デ・ポーヴル》」に捧げられたこの救護院では、キリストの一二人の使徒にあやかってそれぞれ一二人ずつの司祭、修道士、騎士、そして、やはり一二人の婦人が巡礼たちの奉仕に献身することになった。やがてその人数は次第にふくれ上がり、一四世紀の記録では修道士だけでも一二〇人に達している。

また、一六世紀の初めの記録では、貧しい者たちを対象とした「一般施し」に毎日一二〇〇人から一五〇〇人もの人が門前に押し寄せたというが、今日でも人里離れたこの地において、信じられないような数である。救護院は、巡礼だけではなく、ほかの多くの救護院同様、旅人やその地域の貧しい人たちも受け入れていたのである。

旅装をといてから、[23] かつての救護院を訪ねる。アラダールの時代の建物はほとんどなく、長い歳月の間に建て替えられ、現在残っているのは大体一五世紀に建てられたものである。それら建物群のなかで目を引いたのは、百年戦争の時代に野盗の襲撃を防ぐために砦として建てられたといういかめしい方形の塔であった。「イギリス人の塔」と呼ばれるその塔には現存するただ一つの「迷い人の鐘」があって、いまでは鐘塔になっている。かつては五つあった「迷い人の鐘」が、嵐や霧や雪の日には昼夜を分かたず、また星のない闇夜にも打ち鳴らし続けられたのであった。建物の内部はガラーンとして、とうの昔にその役割

23. ホテル・レストラン・ド・ラ・ドムリー（Hôtel Restrant de la Domerie）、２つ星、25室、43～69ユーロ。TEL：05 65 44 28 42

を終えて抜け殻のようになっているかのように思えた。外へ出て裏側に回ってみると、私たちが歩いてきた草地が足元に広がっている。雲のたれ込めた低い空と果てしなく広がる草地を前にして立つと、なぜ、ここに救護院が建てられなければならなかったかが痛いほどよく分かる。私たちは、今回の旅の大きな山場であったオーブラックを無事越えることができた感慨を無言のうちに分かち合い、黙ったまま立ち尽くしていた。

オーブラック ──→ サン・コーム・ドルト

(Aubrac ──→ Saint-Côme-d'Olt 24 km)

今朝も、どんよりと曇っている。一つの山場は越えてすでに半分は来ているだろうが、終着点であるコンクまで、まだまだいろんなことが待ち構えていることだろう。旅の当初から、不安と緊張の種であった「恐ろしきところ、広き荒野」のオーブラックをいっときも早く後にして、どこかで二、三日ゆっくりしたいというのが私の本音であったが、もはや口にはしなかった。

いつものように、その朝もじっと地図を見た後に歩き出したMに従う。

草に埋もれたGR65は、ここ二、三日来の雨で水浸しである。草を踏む靴が水に浸かる。草と水に足をとられる。草の下に、どんな穴ぼこやぬかるみが待っているか分からない。それに、細い急坂は水の流れになっている恐れもある。すぐに引き返して、県道523号をとることにする。道はずいぶん迂回しているようだが仕方がない。安全が第一である。

しばらくオーブラックの稜線を歩く。なだらかな山なみが重なり合って、どこまでもつづいているのが見られる。快晴だとどんなに美しいことだろう。曇り空の下では、雨に洗われた草地で牛たちが静かに草を喰んでいる。

ル・ピュイを出発して以来、どれだけたくさんの牛たちと出会ってきたことだろう。人に会わなくとも牛たちとは毎日会ってきた。私たちはいみじくも「牛みち」と名づけたが、私たちが歩いてきた道はずーっと、いたるところ牛の糞だらけであった。最初、その臭いに辟易したが、慣れてくると全然気にならなくなった。考えてみると、草地の道は牛たちのための道で、いってみれば、GR65は牛の道を大いに拝借しているというわけである。少なくとも、オーブラックに至るまではそうであった。牛たちのテリトリーにおじゃまし、お世話になっていたのである。

彼らは二、三〇頭が一つの群をなして、なぜか必ずといっていいほど同じ方向を向いて草を喰んでいる。彼らの一頭か二頭が、遠くから、歩いている私たちを見つける。すると、ほかの牛たちも一斉に草を食むのを止めて、首を上げて私たちを見る。私たちが近づき、彼らの前を通りすぎ、しばらく行ってからもじっと私たちから目を離さない。その目は大きく、キョトンとしていた。無垢でさえあった。

その間、彼らは立ちつくして首だけを回していく。彼らの一糸乱れぬ（?）行動に感心すると同時に、その彼らが突然襲ってきたらと思うと恐怖が走った。「大丈夫ですよ、可愛いもんですよ」と、北海道で牛追いをしたことがあるというMはいっこうに平気であった。私は牛も馬も嫌いではない。むしろ好きなほうであるが、こうした群を間近に見たこ

オーブラックの牛たち

とがなかったので最初はやはりたじろいだ。

しかし、来る日も来る日も、こうも牛の群に出会っていると何ともいえない親近感を抱くようになった。まるで、一緒に歩いている仲間のような気持ちすらしてきた。彼らにどれだけ慰められ、どれだけ勇気づけられたことだろう。いま思い出しても、彼らがとても懐かしい。私たちが経てきた心配や不安やきつかったことを、一番分かってくれているような気がする。

平均人口密度が通常の九分の一という、フランスでももっとも過疎地帯にあたるこの辺りは、五月から一〇月まで間は牛の自由放牧場になる。毎年五月下旬には、花冠で頭を飾った牛を先頭に牛の群が山に登ってくる「移動牧畜《トランスウマンス》」という祭りがあり、この地方の遅い春の訪れとなる。この季節には南のルシヨン地方から連れてこられた五万頭の牛が過ごすといわれているから、牛の数のほうが人間よりずっと多くなるのだろう。

牛たちは、ここでは帰る小屋はなく、昼も夜も草地で過ごす。晴れた日も、雨の日も、風の日も、もくもくと草を食み、お腹がくちくなると草の上に横たわっている。今日も、そぼ降る雨のなか、濡れながら草を食んでいる。あの雹《ヒョウ》が降ったときはどうしていたのだろう。

稜線から、道は次第に下って森林のなかへ入っていく。昨日までの風景は一変した。どこまでもつづく果てしない牧草地に変わって、天を突くような大木の樹林地帯。道はロト川に注ぐ峡谷に沿って、クネクネと縫っている。曇天にもかかわらず、森のなかは意外と明るい。木立がスラリと高いせいだろうか、ときおり差す木洩日で森の一隅が輝く。その輝きが消えたかと思うとしばらくするとまた陽が射し、そんなことを繰り返している間に太陽が戻ってきたのか、森のなかは次第に明るさを増し、爽やかな空気が流れる。上を仰ぎ見ると、ポッカリと青い空が覗いている。その青さは、もはや地中海性のものだ。私たちは、峡谷を流れる水の音を快く感じながら、足どりも軽く下っていく。ときには太陽に激しく焼かれ、ときには虚空に迷うような、あの剥き出しのまま大地に放り出されている感覚はもはやない。

遙か前方、谷の向こうに小さく見下ろしていた教会の鐘塔や家々が目の前に姿を現してくる。サン・シェリーである。緑に覆われ山に囲まれた村は、折からの光を浴びて平和そのものの風景をつくっている。

ゆっくりと昼食をとってから、村の中心をブラブラと一周。といっても、一〇分も歩けば終わってしまうのだが。シャンプーやバンドエイドを補充するために村の薬屋に立ち寄る。このように、当てもなく歩いたり、買い物をしたりすることが無性に嬉しい。

すっかり元気づいた私たちは、ここで泊まる予定を変更して、一気に一七キロ、サン・コームまで下ることに決める。

オーブラック台地の南西斜面を覆って、深い渓谷になだれ込んでいる大きな森林地帯に再び入っていく。森のなかの道は渓谷に沿い、ときには大きく迂回しながら木立を縫ってなだらかな下りがつづいている。道幅もゆったりとしていて、モニストロールの急勾配の下りのときのようなゴツゴツとした石に足をとられる心配もない。水分を含んでしっとり

サン・シェリーの村

とした道は、踏み出す一歩一歩が吸いつくようで心地よい。足が自然に前に出る。豊かな緑に覆われた森は雨に洗われ、木立も下草も木洩日を受けて輝いている。まさに、森のなかのプロムナード。梢の鳥が羽ばたくのか、静かな木立にざわめきが起こる。

左手に広がる木立を通して、ずうーと向こうの陽だまりのなかに瀟洒な白い家が見え隠れする。セカンドハウスだろうか。途中で二人連れの女の子に出会ったが、彼女たちがバカンスを過ごしている家かもしれない。大学生か高校生だろうか、若い二人は歩きながらお喋りに夢中で、後から来る私たちに気づくふうもない。スラリと伸びきった彼女たちの姿態は健康そのもので、いかにも都会っ子らしいTシャツとショーツ姿は、牛や羊の群れを見慣れた目にはとても新鮮で眩しい。私たちと少し距離を保ちながら、前を行く彼女たちの後姿は風景と溶け合って泰西名画《たいせい》を見ているようである。やがて彼女たちは、私たちに気づくこともなく林間の小さな道へとそれていった。

私たちは、森の精気を胸にいっぱい吸いながら下る。森のなかは穏やかで優しい。あの荒涼とした野っ原を、太陽に焼かれ、あるいは雨に打たれて、ひたむきに西に向かって歩いた昨日までのことが嘘のようだ。ときどき、道端にこぼれたかのような草を食む五、六頭の羊。オーブラックの自由放牧の牛と違って、彼らには帰る家が近くにあるのだろうと思うと心が休まる。

サンシェリーから約四時間の下りでサン・コームの村にたどり着き、村のとっかかりに見つけたカフェに入る。リュックを片隅に下ろしてカウンターに立ち、いつものようにまずビールで渇いた喉を潤す。この美味しさは本当にこたえられない。Mなどは、「この一

森のなかの羊たち

杯のために歩いている」とさえいう。

次いで、私たちはこの旅で初めてコニャックを注文する。はからずも、二人ともが同じ気分であったのか「コニャック」と揃って口にする。カフェの主人が注いでくれるコハク色の液体をじっと見つめていた私たちは、そのグラスを手にしてカチッと合せた。乾杯！コニャックが喉を通って五臓六腑にしみわたる。オーブラックがやっと終わったという、ホッとした思いが全身に広がっていく。

「南国の魅力をたたえたオアシスさながらの〈オルトの国〉とレーモン・ウルセルは記しているが（『中世の巡礼者たち』田辺保訳、みすず書房、一九八七年）、その「オルトの国」に差しかかってきたのである。[24]

サン・コーム・ドルト ──→ エスパリオン

（Saint-Côme-d'Olt ──→ Espalion　6㎞）

朝、ブイス礼拝堂を中心として広がっていったこの小さな村を一巡する。一二世紀のロマネスクの礼拝堂は長い間「苦行会」の拠点であったが、いまでは廃屋になり、別に教区教会が立っている。その古い界隈に、一五、一六世紀に遡るといわれる家なみがある。外壁に木組みが露われているところは中世の名残を思わせるが、バルコニーが張り出しているのがいかにも南国風で可愛い。小さな広場に、あずき色の小型のシトロエンのクラシック・カーが停まっていて、この古い家なみにとてもよく似合っている。いつものように教

24．サン・コームの宿。ホテル・デ・ヴォワイヤジュール（Hôtel des Voyageurs）、星なし、23室、21～28ユーロ。TEL：05 65 44 05 83

サン・コーム・ドルト・ツーリストオフィス
TEL：05 65 48 24 46

会に立ち寄り、旅の安全を祈る。

小雨の降るなかを出発。オーブラックを越えた解放感と、森のなかの小道が気持ちよかったこともあって、調子に乗って二〇キロ近くも一気にロト川のほとりまで下ったのがいけなかった。靴を履いているのがつらいくらい足が痛む。足全体が靴のなかでドクドクと脈打ち、いまにも破裂しそうな感じで泣きたくなる。ついに、部屋履きのゴム草履に履き替える。だが、ゴム草履をひっかけた素足というものは、何と無防備で心もとないものか。破裂しそうな痛みからは解放されたが、底が薄く裏がずんべらぼうなので滑っても踏ん張れない。そのたびに、リュックを背負った体のバランスは崩れる。それに、石くれを踏んづけると飛び上がるほど痛い。浜の真砂ほどある土道の石くれを避けることは、どだい無理というものである。というわけで再び靴を履いたものの、ヨチヨチ歩き。さらにいけなかったのは、できるだけ最短距離をとろうとしたことだった。県道556号のアスファルト道は、膝にも足にも決定的なダメージを与え、這っていきたいくらいであった。エスパリオンまでの六キロの何と遠かったことか。

エスパリオンで昼食をとった後、私が動けないと見てとったのか、「ちょっと」と言って立っていったMはそうそうに宿を探してきてくれる。宿[25]に落ち着き、部屋の椅子に座って足の裏を改めて見てみると、水膨れが全部つながり色も変わって、腐った肉片を載せたようになっている。爪はといえば、ほとんどが紫色に変色している。さて、この水膨れをどうしたものか。「自然に潰れるのを待つのですよ」とMは言うが、歩きながら？　冗談ではない、このためにどんなにかつらい思いをしているのに。結局、ライターの火で消毒

25. ホテル・モデルヌ（Hôtel Moderne）、２つ星、28室、40〜54ユーロ。
TEL：05 65 44 65 11
ホテル・ドゥ・フランス（Hôtel du France）、２つ星、９室、35〜40ユーロ。
TEL：05 65 44 06 13

エスパリオン・ツーリストオフィス
TEL：05 65 44 10 63

をした鋏の先で穴を開け、血の混じった液を絞り出す。穴にメンソレタームを擦り込み、バンドエイドを張りつける。

午睡から目が覚める。足をそっと床に下ろしてみる。手術は成功し、歩いてみても軽い痛みだけ。早速、町の探訪に出掛けることにする。

ここエスパリオンは、ロト川の川面にルネサンスの城館を映し、薔薇色をした砂岩の古い橋（一三世紀）がかかる美しい町である。水が岸辺を洗う川向こうに古い家なみがつらなり、領主カルモン・ドルトが治めていた古き良き時代を髣髴とさせる。川辺の緑地帯では、ベンチに腰掛けてお喋りをしたり、編み物に夢中の女たち、新聞を読んだりしてのんびりと寛いでいる人々、子どもや犬が走り回り、そのそばではペタンク(26)に興じているグループ、釣り糸を垂らしている人もいる。

私たちも川原に腰を下ろし、いっときを過ごす。時がゆっくり流れるのを感じる。ずぅーと、ここで暮らしているような気がしてくるから不思議だ。

町の外れにある、一一世紀に遡るロマネスク様式のペルス教会を訪ねる。小じんまりとした聖堂が、ゆったりとした敷地のなかに墓地に囲まれて立っている。そして、この建物も薔薇色をしている。傾きかけた太陽の光をもろに受けて、その薔薇色がいっそう美しい。南の入り口のほうは影になって、砂岩の壁は赤紅色に沈んでいる。暗さに馴れてきた目に、扉口に施された彫刻群が浮かび上がってくる。タンパン（扉口上部の半円形の部分）には「聖霊降臨」、帯状のまぐさ石には「最後の審判」が刻まれている。

26. フランスの至る所の公園で見かけることができる球戯。野球ボール大の金属製の球を、やや小ぶりの木製の的の球に出来るだけ近く投げた者が勝ちで、相手の球をはね飛ばしてもよい。女性グループも見かけるが、打ち興じているのは圧倒的に熟年層の男性が多い。

タンパンの左上に、「三博士の礼拝」の図像が刻まれている壁龕のあることに気づく。聖母子も、三人の東方の博士たちも、「聖霊降臨」の使徒たちも、みんな素朴で優しい。「三博士の礼拝」像は、あのオータンの有名な柱頭彫刻[27]を思い起こさせる。洗練された優しさという点ではオータンが勝っているが、巡礼たちはむしろ、ここのような鄙びた稚拙な像にずっと親しさを感じたのではないだろうか。これらを刻んだ工人たちの、神を思うことにおいて迷いを知らない純朴でひたむきな心根と、石に向かっているときの至福の時間を思う。

扉口を離れ、疲れた目をふと上げると、白い雲が疾風のごとく薄青の空を流れていく。陽は陰り、聖堂のあの薔薇色の輝きはすっかり失せ、あたり一帯は、周囲が墓地であるせいかメランコリックな雰囲気になってくる。

フランスの夕食は遅い。いつもなら翌日のためにその後は早々とベッドにもぐり込むのだが、歩きも少なかったし午睡もしたせいか何となく寛いだ気分になり、広場のほうから聞こえてくるドラムの音に誘われてふらりと夜の町に出掛けてみる。星空が美しい。考えてみると、この旅で夜に外へ出掛けるのは初めてである。夜空が冴えてこんなに美しいとは……。

町の広場では、仮設のステージで若者たちがビートを利かした演奏をしていたが、それを囲む人も少なく、夏が終わったことを感じさせる。

目覚めると、時計は九時をとっくに回っている。こんなことは初めてである。オーブラ

ペルス教会の南扉口

「三博士の礼拝」

ック越えが、いうにいわれぬ緊張を強いていたのであろうか。それに、今日の行程が一〇キロ余りというのも、朝のいつもの緊張を欠くことになったのかもしれない。

フランスの小さい安宿では、朝食はたいてい部屋まで運んでくれるが、その内容はいたってシンプルで、コーヒーとミルク、クロワッサンかバゲットにバターとジャムだけである。安宿では、それらを無造作に粗末なトレーの上に載せ、カップやポットもお粗末で、ブリキのようなスプーンやナイフはチグハグと、いわゆる「おフランス料理」のもつイメージからはほど遠い。およそデリカシーに欠けるものではあるが、パンとコーヒーの美味しさは格別で、やはり「おぉ！ フランス」と思ってしまう。

今回の旅のような場合、部屋で朝食がとれるということは本当にありがたかった。パジャマを着たままウロウロし、コーヒーカップ片手にあれこれリュックに詰め……と、朝の時間を稼げる。

が、今朝は何となく部屋で食事をとる気がせず、外へ出ることにした。私たちを外へ誘ったのは、やはり「オアシスさながらのオルトの国」の空気であったのだろうか。昨夜、星空を見上げながら深々と胸いっぱいに吸い込んだ、あの甘く芳しい空気である。ロト川沿いには「オルト」とついた地名が散見できるが、「オルト」はロト川の「ロト」が訛ったものであるといわれている。

気持ちのいい朝である。ブラブラと町役場のあるほうへ歩いていくと、果たせるかな、広場には朝市が立っている。その前の、カフェのテラスに腰を下ろす。パリ以来のカフェ・テラス。青空が広がり、気持ちが晴れ晴れとする。熱いコーヒーをすすりながら、久

27. フランス・ブルゴーニュ地方のオータンにあるサン・ラザール聖堂内陣の柱頭を飾っていたロマネスク期の代表的な柱頭彫刻の一つ。『エジプトへの逃避』、『三博士へのお告げ』とともに有名。

し振りに接する市井の暮らしを、物珍しい光景を見るかのように眺める。色とりどりの花々、種類の豊富な果物や野菜やチーズ、香辛料、鳥肉、牛肉、豚肉、魚などの屋台が並び、鳥肉屋さんには、はや秋の到来を告げる野鳥がその姿のままぶら下がっている。

「おはよう《ボンジュール》」、「どお、元気？《サ・バ》」と、行き交う人や店の人たちが交わす言葉、投げ返し合う表情やしぐさは、日ごろから馴れ親しんだ者同士の独特なニュアンスに満たされている。市の光景はまるで舞台を見ているようで、私たちはしばしば食べる手を止めた。レーモン・ウルセルがロト川沿いの「憩の町」というこのあたりの空気は、何か人をくつろがせるものがある。夜に日についで道を急ぐ昔の巡礼たちも、ロト川のほとりではひと息ついたにちがいない。市《いち》の立つときなどには、その賑わいのなかで旅の空にあることをいっとき忘れたかもしれないし、あるいは故郷を思い出す巡礼も多かったことだろう。

『中世の道』（ジャン・ピエール・ルゲ、井上泰勇訳、白水社、一九九一年）のなかには、大小を問わず、中世のさまざまな都市の定期市や週市の実体の片鱗をうかがわせてくれる記述があるが、祝祭的な様相を帯びて賑わう市には、周辺の農村や近隣の町の人々はもちろんのこと、諸国を旅する行商人、大道芸人、旅の修業僧などが集まり、あらゆる情報の交換の場でもあった。巡礼たちは、異郷の物珍しい事物に目を奪われながらも、これから先の道や宿場について、できるだけ多くの情報を集めたいと思ったことだろう。

　さて、私たちもそろそろ御輿《みこし》を上げて道につかねばならない。ロト川に架かるゴシック時代の橋の上にしばしたたずみ、川面にルネサンスの城館を映すエスパリオンの町に別れを告げる。

エスパリオン ──→ エスタン

（Espalion ──→ Estaing　11km）

いつになく、ゆっくりした朝を過ごしたエスパリオンを後にエスタンに向かう。薄曇りから次第に晴れてくる。今日は、どうやら久し振りに快晴に恵まれそうである。

橋を渡ってしばらくすると、道は少し上り始める。ロト川の左岸を歩くことになるのだが、GR65はいったんロト川を離れて丘陵地帯に入っていく。どのくらい歩いただろうか、もうエスタンが近いはずと思ったころに、右手前方、ロト川の対岸の向こうにオーブラックの山裾に連なる丘陵が現れてきた。丘陵の重なり合ったちょうど窪みのところに、ひときわ高く目立つ建物と、それを囲んで白い家が立つ。

そこは、もはやエスタンである。緑豊かな山懐に包まれ、ロトの川面にその姿を映すエスタンは、「ロト川の小さな真珠」と呼びたいような美しい村であった。現にエスタンは、フランスの各地方に点在する「フランスの美しい村《ル・プル・ボー・ヴィラージュ・ド・フランス》」の一つに数えられている。

「フランスの美しい村」というのは、乗り物（列車や自動車）の幹線から外れ、いまではすっかり取り残されてしまってはいるが、しかしかつては古い歴史をもち、それを物語る建造物あるいは遺跡の類が残っていて、しかも恵まれた美しい自然なり景観なりを備えた住民二〇〇〇人を超えない村のことをいう。回り道をしてでも是非立ち寄ってみる価値がある村として、現在一四二ヶ所が国によって指定されている。

ひときわ高く目立っていたのは、十字軍にまで遡るといわれる名門エスタン家の古城で

LES PLUS BEAUX
VILLAGES
DE FRANCE

「フランスの美しい村」のマーク

あった。その周りの家々は、窓という窓とテラスに、赤や白のジェラニュームが咲きこぼれている。城は小さく無骨で、フォルムそのものはお世辞にも美しいとはいえなかったが、背後の緑の山や川の流れ、村の家なみと溶け合い、愛らしいエスタンの景観の求心力になっている。

城の建物そのものはもはや廃墟に等しい。しかし、ロト川に面した慎ましい広さの無造作な庭が、村人やツーリストの恰好の憩いの場所になっている。また、そこからの眺望が素晴らしい。眼下にはロト川の流れ、対岸には緑の丘、丘に点在するピトレスクな家々、そして抜けるような青い空……。私が腰かけているベンチの傍らで、陽陰を選んで、馬鹿でかい黒い犬が巨体をゆうゆうと横たえてシエスタの真っ最中。頭の上のぶどうには、青い実をつけた房が垂れている。まったく、のどかそのものである。

エスパリオンの空気も優しくかぐわしかったが、ここエスタンは格別だ。こうした空気は、本質的にはおそらく風土に根ざすものであろうから、昔から変わらないものであろう。オーブラックやヴィアデーヌの高原を越えてたどりついた巡礼たちは、ここへ来て本当に心からホッとしたことだろう。そして、荒野

エスタンの村

を行くときの緊張がすっかりほぐれ、疲れきった体に精気がよみがえってくるのを覚えたにちがいない。

城と隣接して、これまた慎ましい教会が立っている。この地の守護聖人サン・フルーレに捧げられている。サン・フルールと同一と見做されている聖人なのだが、「花聖人」とでもいえばいいのだろうか、いかにもエスタンに似つかわしい。

古くからこの地に聖フルーレ信仰があり、一三世紀には聖人に捧げられた聖堂があったといわれるが、聖人についてはよく分かっていないという。一四世紀以来、毎年七月の第一日曜日にはサン・フルーレの祭りが行われてきて、二〇世紀に入ってから特別な豪奢さをもって祝われるようになったその日のプロセッション（祭りの行列）が見ものらしい。サン・フルーレの聖遺物箱を先頭に、聖職者たち、エスタン家が排出した枢機卿、司教、地方代官、将軍など歴代の人々に扮した人たちの列がつづき、その行列のなかに三、四人、大きいつばの帽子、帆立貝、頭陀袋と杖という巡礼の姿に扮した者が混じっているという。この村が巡礼ゆかりの地であったことが、いまに伝えられているのである。

夕方、ロト川の河岸のほとりを散策。川にかかるエスタンの橋も、エスパリオンの橋同様ゴシック時代に造られたものであるが、四つのアーチ形の橋脚をもつエスタンのほうが美しい形をしている。橋の上で周りの景色を眺めていると、川沿いの私たちが歩いてきた道を疎らな集団がやって来る。どうやら、イギリス人の一行らしい。

やはりそうであった。ダラリと両腕を垂らし、うなだれて歩いてくる。よほど疲れているのか声もなく、チラッと目だけが笑って通り過ぎていく。サン・コームから一日焼かれてきたのであろう。夜、心地よい川風に吹かれながら「音と光のスペクタクル《ソン・エ・ルミエール》」(28)を楽しんだが、そのときに彼らの姿を見かけてホッとする。(29)

エスタン ─→ エスペリャック

(Estaing ─→ Espeyrac　24・5㎞)

朝もやのなかを出発。ロト川の対岸のピトレスクな家々も、エスタンの村も、すっかり朝もやに包まれている。早立ちをする人はいないのか、宿は満杯であったはずなのに静まり返っている。村もまだ眠っているようだ。だが、川辺で糸を垂れている人が一人。橋の上から何を釣っているのだろうと身を乗り出して見下ろすが、水は褐色で魚影は見えない。

橋といえば、これまでの道中、私たちは当たり前のようにいくつもの橋を渡ってきたが、こうして水嵩の多い、速い流れを見ていると、中世の巡礼たちが川にさしかかったときに襲われただろう不安と心細さが改めて思われる。果たして橋があるだろうか、橋は頑丈にできているだろうか、渡し船だろうか、渡し守が強欲でなければよいが……などと。

あらゆることが道中では起こりうる。しかし、何といっても頻繁に出会い、そしてまた危険きわまりない難儀の一つは、まちがいなく川越えだったであろう。巡礼たちは、道中、大小いくつもの川を渡らなければならなかった。深い川、浅い川、渓谷、急流、増水、洪水など、時とところによって、川はさまざまな様相を描いて巡礼の前に立ちはだかったに

28. 夏のバカンスの時期にツーリスト向けに、その土地の古城や遺跡を舞台として、夜間に繰り広げられる音楽、音響、照明などによって構成されたスペクタクルで、その主題は土地の歴史や物語や伝説に基づいている。
29. エスタンの宿。ホテル・オーベルジュ・サン・フルーレ(Auverge Saint Fleuret)、2つ星、14室、26〜40ユーロ。
TEL：05 65 44 01 44
ホテル・オー・アルム・デスタン(Hôtel aux Armes d'Estaing)、2つ星、35室、28〜49ユーロ。
TEL：05 65 44 70 02

エスタン・ツーリストオフィス
TEL：05 65 44 03 22

ちがいない。橋そのものがほとんど皆無に等しかった時代に、それを架けるという困難な業《わざ》は何にも勝る慈善の行いの一つであった。エムリ・ピコーは『巡礼案内の書』の第五章「サンティアゴ巡礼道の修復のために働いた人々の名前」で、「神と聖ヤコブの愛ゆえに巡礼のために道をつけ、橋を架けた人たちの名をとくに挙げて、「これらの人々、惜しみない援助を捧げたすべての人々の魂が永遠の平和のうちに憩わんことを」と記している。

橋があっても、次のような歌が残っているところを見ると、川を渡るということは恐怖以外の何ものでもなかったということのようである。

われらが小さな橋を渡ったとき
一歩ごとに何という揺れ！
われらは死ぬと思った！　ああ！　平穏を！　ああ！　平穏を！
巡礼たちを助け給え、聖ヤコブよ！

（バレ、ギュルガン、二一ページ前掲書）

またエムリ・ピコーは、『巡礼案内の書』の第七章「サンティアゴ巡礼道が通過する地方の名前とそれら住民たちの気質」のなかで、川を渡る困難と危険をより増すあこぎな船頭どもに対して、激しい呪詛《じゅそ》に満ちた言葉を吐く。

……これら船頭どもは、まったく極刑に値する！　まったく狭い川であろうと、これらの連中ときたら金持ちであれ、貧乏人であれ、向かい岸に渡すのに一人ひとりから硬貨をせびりとる。……彼らは金を受け取った後、次から次と巡礼の大集団を乗せ、その結果、船がひっくり返り、巡礼が溺れ死ぬということもよくあることで、そのとき船頭たちはほくそ笑み、溺れ死んだ巡礼たちからその持ち物を奪い取るのである。

朝もやが晴れ、青い空が覗く。暑い日になりそうだ。

ロト川のほとりのこの二日間は、物見遊山の気分ですっかり緊張が緩んでしまったが、道中もそろそろ大詰め、今日の道程はほぼ二五キロ、引き締めてかからねば……。橋を渡って道を右にとる。蛇行するロト川に沿った道を一時間余り行ったところから上り坂。坂道は、何度も折れて高度を稼いだ後に展望の開けた草地に出る。水場があり、そこで一人のオバサンと出くわす。イギリス人の一行に次いで、巡礼道で初めて出会う人である。オバサンといっても、きっと私より若いにちがいないが、黒い木綿の長いスカート姿で、両足を大の字に広げて水場の傍らの岩にデーンと腰を据えている。その恰好も、髪をひきつめにした頭をこちらに向けて見据える不敵な面構えも、まさに「肝っ玉おっかぁ」といったところだ。こちらもギョとしたが、「こんなところに何者!?」と、向こうも思ったことだろう。広げた両足の間に置かれた古ぼけたリュックには、大ぶりの立派な帆立貝の貝殻が取り付けられ、身の丈を越す杖を縛りつけている。八月二日にブールジュ（フランス中部の都市）を発ってきたという。今日は二九日だから、かれこれ一ヶ月近く歩いていることになる。サンティアゴ巡礼の一人旅である。

二、三、言葉を交わした後、「今日はゴリヤック泊まり」と言ってやおら立ち上がった彼女の姿はおそろしく逞しい。しかし、歩き出した足はそれは痛そうで、八キロ先のゴリヤックは私たちが昼食をとる予定の村であるが、彼女は果たしてたどり着けるのだろうか。

コンクへの道の最後の宿泊地エスペリヤックに、夕方、比較的早く着く。村の入り口には、道祖神のような苔むした十字架のイエスの石像。村は、大きな谷に向かって突き出している岬のような地形のところに家々がへばりついていて、その背後は山である。

村に入っていくと、およそこの寒村に似つかわしくない、賑やかな、むしろ騒々しいサウンドが鳴り響いてくる。Mと顔を見合わせる。彼女も怪訝な顔。サウンドは村の唯一の宿[30]からのもので、食堂はバル（ダンス・パーティ）の真っ最中。

この日はちょうど土曜日で、村中の熟年の男女が集まってきている様子。若者は車で近在の町のディスコにでも出掛けてしまうのだろう、姿がない。皺の刻まれた顔、赤く陽焼けした胸元と腕、大きく無骨な手。着馴れない一張羅で精いっぱいお洒落をして、ガンガン鳴り響くサウンドに負けずに元気いっぱいステップを踏み、思いきりターンをして楽しむその様子は行く夏を惜しんでいるかのようだ。山間の村の冬はきっと長く厳しいのだろう。そのバルの様子を、向かいの二階の窓からじーっと見下している異様な女性がいる。私はバルの光景を楽しみながらも、登山帽を目深にかぶったその姿、あたりを払うような存在感をもった異形の人のことが気になって落ち着かなかった。

食事を終えて、窓際ぎわのテーブルから暮れなずむ外をじっと眺めていた。昼間のあの

エスペリャック村入り口の十字架像

30. ホテル・ド・ラ・バレ・エスペラック（Hôtel de la Valle Espeyrac)、星なし、15室、23～31ユーロ。TEL：05 65 69 87 61

バルの騒々しさと光景が白昼夢だったような気がする。食堂にはほかにバカンスを過ごす客が二、三組いて、ときおり話す声がするのだが、控え目で、満ちたりた静けさとでもいえばいいのだろうか、そんな空気が食堂を満たしている。

宿はちょうど岬が突き出したような地形のその突端にあって、食堂の窓は谷に向かって遠くまで眺望が開けている。谷を挟む両側の山なみが一つに重なり合うあたりが、今朝、発ってきたエスタンであろう。その奥がエスパリオン、そしてそのまだ向こうがオーブラック……と思うと、遠くまで来たものだとある種の感慨がわく。

Mもたぶん同じような思いをしていたのだろうか、突然「慎重に行きましょう」と、一言ぽつり。「エッ?」と私。「明日……」と彼女。

Mは、いつも言葉が足らない。私たちはその夜、コンクへの道の最後の夜を迎えていた。明日はいよいよ最後の詰めである。つまり、コンクに着くまではコンクに来たとはいえない。だから慎重に行きましょう、ということなのであろう。手探りの旅であったから、私たちは最初から慎重にならざるを得なかったし、実際、とても慎重であったと思う。が、このような言葉を口にすることは一度もなかった。思えば、日本からの長い道程であった。ちょっとした不注意で、築いてきた日々をフイにしたくないというのが彼女の思いであったのだろうが、私とて同じであった。

エスペリャック ──→ コンク

（Espeyrac ──→ Conques 13 km）

「その舌の根も乾かぬうちに」というのは、こういうことをいうのだろう。翌朝、出端から道を取り違えてしまう。そろそろ坂道にかからなければならないはずなのに、平坦な道がつづく。やはりおかしいので来た道を戻ることにする。約一時間のロス。Mにしては珍しい。このロスが後々たたらねばよいが……と思っていると「こんなこともありますョ」とMはうそぶいて、地図を握った手を大きく振ってクルッと身を回し、もと来た道をスタスタと戻り始める。

しばらくすると、だいぶ前を歩いていたMが突然振り返って、大声で「その車」と叫ぶ。私はわけも分からず慌てて上げた手を思い切り振ると、車は行きすぎたが停まってくれ、窓から若者が顔を出す。そこへ駆け戻ってきたMが若者にコンクへの道を尋ねたのだが、やはり取り違えていて、私たちがコンクとは逆方向になると思った宿のすぐ脇のあの道だったらしい。Mが尋ねている間、そばに立っていた私は、その小型のワゴン車の後部にリュックがわんさと積み込まれているのに気づいた。不審に思って尋ねると、コンクに向かう巡礼グループの荷物だという。「イギリス人のね《セ・タングレ》」と言い終わると、車は走り出した。思わず私たちは顔を見合わせた。「それはない！」と、私は心のなかで叫んでいた。Mも同じだったらしい。

イギリス人の彼らとは、旅の三日目にソーグで初めて出会ってから、抜きつ抜かれつしながら道中で何度か出会っている。迂闊といえば迂闊なのだが、彼らが空身《からみ》であったことに気づかなかった。そういえば、エスタンの橋を渡る疲れ切った彼らの背中には何もなかった。「見てしまった」私たちは、悔しまぎれにさんざん毒づくことでロス・タイムを忘れた。(31)

「それはない！」と、思ったことがもう一度ある。

ゴリヤックの手前の水場で出会った例の「肝っ玉おっかぁ」風のオバサンである。ようやくたどり着いたコンクでのこと、深い谷を下ってガクガクになった膝をシャンとさせて、私たちは大聖堂のなかに足を踏み入れた。そして、内陣を回って扉口のほうへ戻りかけたとき、窓から差し込む西陽が見覚えのある顔を浮かび上がらせた。オバサンである。修道士らしき人物を先に立て、さっぱりとした身なりとすっきりとした顔で、その説明に耳を傾けている。しかも、ほかの観光客をしり目に彼を独り占めしている。それを見たとき、「それはない！」、「どうして？」と思ってしまった。あんなにくたびれて、ヨタヨタとしか歩けなかったオバサンが……。しかも、ゴリヤック泊まりと言っていたのに私たちより先に着くなんて……。

しかし、考えてみればイギリス人たちはいわゆる「巡礼ツアー」の一行だし、車による荷物の別送はよくあることだろう。オバサンは、途中でダウン寸前に誰かの車に拾ってもらったのかもしれない。充分、ありうることである。昔は車こそなかったが、馬とかロバを使った巡礼は王侯貴族、豊かな商人たち、高位聖職者にとっては当たり前のことであった。現代では、車、オートバイ、自転車と、あらゆる方法がある。人それぞれに、どんな

31. 現在では、各地方の観光局や旅行会社などが1週間前後の「サンティアゴ巡礼ツアー」を行っていて、そのサービス業務のなかには、次の宿まで「荷物搬送付き」といった項目が必ずといっていいほど案内パンフレットに見られる。

行き方でも選べるわけである。だが、レーモン・ウルセルは、何千キロにもわたる巡礼道を自らの足で歩いて著した書『中世の巡礼者たち』のなかで、熱を込めて言っている。

「真の巡礼、――また、それのみが、数知れぬ多くの恵みに満たされたものとなるのだが――は、ただ、自分の足で歩くことでしか果たされぬ……」（八一ページ前掲書）

オーブラックを越えてから、風景が一変したことはすでに書いた。

オーブラックのナスビナルスの宿の夕食でこの地方の名物料理として出されたのは、「アリゴ」というジャガイモと生チーズとを混ぜて煮込んだものであった。宿のおばさんが運んできたボールのなかのそれは、見たところジャガイモのマシュポテトに似ていたが、取り分けようとするととても粘り気があって、それをパンにつけて食べるのだが、珍しさもあってか、あっさりして結構おいしかった。だが、食べすぎるときっと胃にもたれるにちがいない。

この料理が象徴しているように、ほかにこれといった食材のないこの地方は厳しい土地柄で、ただ荒涼とした野が広がるだけだった。

ところが、「南国のオアシスさながら」のロト川流域に入ってからは、たわわに実をつけた果樹が道中のいたるところで目につくようになってきた。リンゴ、プルノーという杏の一種、西洋梨などが、枝が折れそうなほど実をつけている。もぎ取ってかぶりつくとどんなに渇きがいやされるだろうと、果樹を見かけるたびにそう思ったが、取るのはためらわれた。誰も見ている人はいなかったし、仮に取ったとしても誰も咎めはしなかったかも

アリゴ

しれない。それでもやはりためらわれたのは、道中の牧草地帯で見かけた鉄線であり、低い石垣であり、ときには紐であった。初めのころは草の陰になっていたこともあって気がつかなかったのだが、それらは、所有地の境界線を明確に示すしるしであった。

境界線を常にはっきりさせておくということは、ヨーロッパにおいてはきっと大切なことなのだろう。自他を分かつ意識がはっきりとしていて、お互いにそれを尊重し合い、侵してはならない。このことは、ヨーロッパ文化の根幹にかかわる大切なことの一つの表れであると思う。だから、路傍の果樹の実といえども「誰かのもの」と思うとためらわれた。それに旅の間、常に私たちの心のなかを占めていたもの、それは説明しにくいが、異国に旅をする者の節度とでもいったらいいのかもしれない。「神のさすらい人」をなぞろうとする異邦人がもつべき、それなりの謙虚な心とでもいえばいいだろうか。

通りすがりに横目でたわわに実る果樹を見ながら、「美味しそう」と私たちはどちらからともなく何度も口にしたが、ついに手を出すことはせず、もっぱら道端に落ちている果実の拾い喰いに徹した。とりわけ、ぶどうの巨峰のような大きさと色をしたプルノーの実は、恐る恐るその果肉にそっと歯をあてると、果汁が滴り実に美味しく、小ぶりの青いリンゴはとても新鮮であった。このプルノーは、この地方の魚や肉料理、そしてデザートにと、あらゆるアレンジをされて使われる郷土料理に欠かせない食材だということを後で知った。

コンクへはもう近いはずで、県道42号と重なっていたGR65は、そろそろ県道から逸れていかなければならないのにその取りつき口が分からない。とある民家に道を尋ね、ついでに水を所望する。出てきた主婦は、快く水筒に水を詰めてくれ、庭にいた息子に道案内をさせてくれる。その少年は自転車を押しながら私たちの先に立ち、コンクの谷に至る取りつき口まで案内してくれ、谷に向かう道を指差し、「さようなら《オルヴォワール》、どうぞいい旅を《ボン・ボワイヤージュ》」と言ってしばらく手を振って見送ってくれた。

まだ一〇歳にはなっていないだろう少年……自転車が大きく見える。おそらく、東洋人なんて初めて見るにちがいない。しかし、物おじをしないその態度はしっかりしていて、堂々とさえしている。山間の村では、こんな少年といえども働き手としての役割を担っているのだろう。そのことが、一〇歳になるかならない少年に、幼さが残る顔つきに反して確固といえる態度をとらせているのにちがいない。見えなくなるまで手を振ってくれる少年を振り返りながら、いまの日本の子どもではこうはゆかないだろう、と思ってしまう。

取りつき口から草の間の道をしばらくダラダラと下っていくと、両側に山が迫り、急峻な谷間の道にさしかかる。眼下の彼方に民家がちらほら、どうやらコンクの集落らしい。山は、ところどころ地肌を剥き出しにして谷まで落ちている。周囲の緑とのコントラストもあってか、その地肌は血を吸い込んだ闘牛場のようなものすごい赤褐色をしていて、谷の深さもさることながらその強烈な色にたじろぐ。コンクの聖堂の「最後の審判」は、ロマネスク美術のなかでも白眉《はくび》であるが、この谷の風景はまさに天国と地獄を分ける境界を思わせる。左手に谷を見下ろしながら、赤褐色の土を踏みしめ踏みしめ下ってゆく。と、突然、手の届くようなところに聖堂頭部が姿を現し後陣が見える。私たちは、コンクの聖

コンクへの急峻な谷

堂の背後から近づいてきたのである。そこで立ち止まって、後陣をしばらく眺めてから聖堂にそった坂道を広場のほうへ下っていった。広場に出ると、山ふところに抱かれた双塔の聖堂が目前にそそり立っている。

私が、ロマネスク彫刻の最高傑作の一つであるコンクのタンパン（聖堂扉口上部半円形部分）の浮き彫り彫刻の図版を初めて見たのはいつのころだっただろうか。たぶん、大学院の学生のころであったと思う。その当時は、まだまだ外国が遠い時代であった。ヴェズレー(32)のタンパンやモワサックのタンパン(33)、そのほかの多くの中世の聖堂の壁面を飾る浮き彫り彫刻や柱頭彫刻の名品をモノクロームの図版で見たのもそのころのことであっただろう。石造の聖堂を飾る彫刻、それもとくにロマネスクの時代のものは、建物の構造によって制限され、そのことがむしろ幸いし、結果として建物と一体となった美をつくっているといわれる。しかし、聖堂なるものを実際に一度も目の当たりにしたことのない者にとっては、図版においてロマネスク彫刻特有の素朴な美しさや奇怪な魅力といったものが伝わってきたとしても建物全体についてのイメージに欠け、その実際のありようについてはいつもピンとこない隔靴掻痒の感が残った。

コンクのサント・フォワ聖堂（一二世紀）に背後から近づいた私たちは、建物正面《ファサード》に回るために広場に出た。山また山に囲まれたその窪地に立つ聖堂前の広場は、小じんまりとしていて、一番端っこに立っても聖堂を見上げなければならない。ちょうどその場所に、

聖堂後陣の方から近づく（コンク）

32. ヴェズレーはフランス・ブルゴーニュ地方にある大聖地の一つで、「サンティアゴ巡礼道」の出発点でもある。サント・マドレーヌ聖堂はロマネスク建築を代表し、特に、そのタンパンの彫刻「使徒たちに使命を伝える栄光のキリスト」（1125年頃）はロマネスク彫刻の白眉の一つに挙げられる。
33. 134ページから参照のこと。

腰を下ろすのにうってつけの石が注文したように二つ置かれている。私たちがリュックを下ろして腰かけてみると、そこはタンパンを見るのに恰好の場所であった。

かってモノクロームの図版で見た、あの「最後の審判」のタンパンが目前にあった。私は放心したように見つめていた。あの大学院の時代から、どれだけの歳月が流れたことだろう。目前のタンパンには微かにブルーの彩色の跡が残っており、その主題にもかかわらず、優しさに満ちているように思われた。そして、折からの西陽が聖堂に映え、双塔が天に向かって伸びるファサードは黄金色に輝いているように見えた。

心の底から沸々と湧き上がり、全身を浸してゆく歓びに、私はしばし自分をゆだねた。その昔、同じように不安と危険にさらされながら歩きつづけたどり着いた中世の巡礼たちには、このタンパンはどのように見えたのだろうか。隣に座っているMも、やはり前方をじっと見つめていた。以前、列車とバスを乗り継いでここに来たことのある彼女が、そのときポツリと言った。

「巡礼路教会は、ほんのわずかな距離でもいいから歩いてアプローチすべきですね」

コンク

『巡礼案内の書』の第八章「巡礼が是非とも訪れなければならないサンティアゴ巡礼道沿いに眠る聖人たちの遺骸」のなかで、エムリ・ピコーは次のように記している。

ル・ピュイの道によってサンティアゴに向かうブルゴーニュ人やドイツ人は、殉教

サント・フォワ聖堂前の広場

の処女・聖女フォワの遺骸を拝まなければならない。アジャンの町の丘で刑執行人によって首をはねられた後、その聖なる魂は、ハトの姿をした歌い舞う天使の一群によって天に運ばれ、不滅の月桂樹の冠で飾られた。処女にして殉教者である聖女フォワの尊い遺骸は、コンクと呼ばれる谷に、キリスト教徒たちによって丁重に葬られた。その上に美しい聖堂が建てられ、そこでは神の栄光のために聖ベネディクトゥスの戒律[34]がいまなお厳しく守られている。健やかな者にも、病める者にも、多くの恩寵が授けられる。聖堂の前には清らかな泉が湧き、その水の霊験あらたかなることは口で語ることができるものではない。祝日は一〇月六日。

コンクの起源はよく分かっていないのだが、伝承によると、もともと救世主に捧げられた小さな礼拝堂があったらしく、それが異教徒侵入のときにこの谷に逃げ込んできたキリスト教徒の隠れ家となり、その後シャルルマーニュ[35]の時代に隠者ダドンが改修して小聖堂としたといわれる。八一九年のルイ敬虔王[36]の文書によると、その小聖堂がやがて王の庇護のもと「聖ベネディクトゥスの会則」にもとづく修道院となったというのだが、それまでに何らかの修道的共同体があったものと思われる。

エムリ・ピコーは、聖女フォワの遺骸の「聖なる盗み」については触れていないが、それは聖遺物をもちたいと熱望するコンクの修道院の強い意思によるものであった。

アジャンに生まれ、三〇三年、一二歳のときに殉教した聖女フォワの遺骸は、当時、数々の奇跡で絶大な名声を得ていた。九世紀の半ば、アジャンの修道院にひそかに潜入し機

34. 「祈りと労働」の遵守。ヌルシアのベネディクトゥスが529年にイタリアのモンテカッシーノに創立した修道院のために起草した会則の二つの柱。その人間洞察の深さに基づく柔軟性ゆえ、その後の西洋修道院制の基礎となった。
35. 17ページの注（1）を参照。
36. 778～840。シャルルマーニュ大帝の息子。フランク王、在位814～840。西ローマ皇帝、在位814～840。父王の在世中より共同統治者となる。ルードヴィヒ1世（独）。

会をうかがっていたコンクの一人の修道士よってこの町から盗み出され、コンクに運ばれたのである。遺骸を抱えた修道士は、コンクまでの道程をひた走りに走ったといわれる。このころ、こうした盗みは「聖なる盗み」として頻繁に行われ咎められることはなかった。

すでにアジャンにおいてその数々の奇跡が流布されていた聖女フォワの遺骸を受け入れることによってコンクの名声は高まっていくのだが、その高まりとともに奇跡も相次ぎ、聖女フォワ信仰は急速に広まってゆく。一一世紀の初頭には『聖女フォワの奇跡の書』[37]が編纂され、それによってさらに聖女フォワ信仰は高まり、コンクは最盛期を迎える。一〇二九年にはロベール敬虔王[38]の参詣の一行を迎い入れるなど、王侯貴族の庇護のもとに修道院は拡大され、巡礼のための宿舎や救護所が整えられていく。

聖女フォワ像

救い主に捧げられた最初の聖堂（一〇世紀）の身廊に、聖女フォワの姿を形どる聖遺物箱が置かれたという。聖女フォワの遺骨が収められたその黄金の聖遺物箱「聖女フォワ像」は、黄金の全身にカメオ、アメジスト、エメラルド、水晶などの宝石が嵌め込まれ、ローマ末期のマスクあるいは人像の頭部を利用したらしい大きい不釣りあいな頭を仰向き加減にして玉座に座している。目を大きく見開き、生き生きとした怪異ともいえるその姿が、異様さゆえに人々をひきつけたにちがいない。

「聖人の力には神秘的な恐るべきものがあるということを、この像はどれだけ私たちに理解させてくれることだろう」（三八ページ前掲書）と、エミール・マールは語っている

聖女フォワ像

37. 神学者ベルナール・ダンシェが3度にわたってコンクを参詣した機会に、聖女フォワの実現した奇蹟を収集し記録して3冊の本にまとめる（1010～1020）。のちに、11世紀末頃、コンクの一修道士の加筆により4冊となる。
38. ロベール2世。972～1031。フランス王、在位996～1031。

（今日、この像は宝物庫に安置されている）。
聖女フォワの奇跡に与《あずか》りたいと願う熱狂的な巡礼たちが押し寄せ、おそらく昼も夜もなく祈って聖歌を歌い、聖堂内部がごった返していただろうと想像される。このように、コンクは聖女フォワ信仰の地として巡礼を集めていたわけだが、そこにサンティアゴ巡礼熱の高まりがいっそうの繁栄をもたらすことになる。

サント・フォワ修道院聖堂

かくして、建て替えを迫られた聖堂の建設が一〇四一年から一〇五二年の間に行われた。修道院長オルドリック（一〇三〇～一〇六五）の時代である。オーヴェルニュのロマネスク様式に発想を得て、トゥールのサン・マルタン聖堂やトゥールーズのサン・セルナン聖堂と類似性をもつ、いわゆる「巡礼路教会」とも呼ばれる十字架プラン三廊形式の聖堂が建立された。大きい身廊、祭室を備える左右に大きく張り出した翼廊、聖堂頭部に放射状祭室があって、周歩廊が内陣を囲む。その周歩廊のおかげで、押し寄せてくる巡礼を滞らせることなく、一方の入り口から他方の入り口へと導くことができた。

この時代、コンクの修道院は強大な勢力をもち、サンティアゴ・デ・コンポステラに向かう巡礼たちが、その途上において必ず立ち寄らなければならない聖地となった。ルエルグの山また山に囲まれた山峡の谷間に位置するにもかかわらず聖女フォワを詣でる巡礼で賑わい、聖堂前の広場はトルバトゥールや旅芸人や商人の活気であふれていた。しかし、一二世紀末に少しずつ翳《かげ》りを見せ始め、一四世紀と一五世紀に衰退し、ついに修道院は活

サント・フォワ修道院聖堂

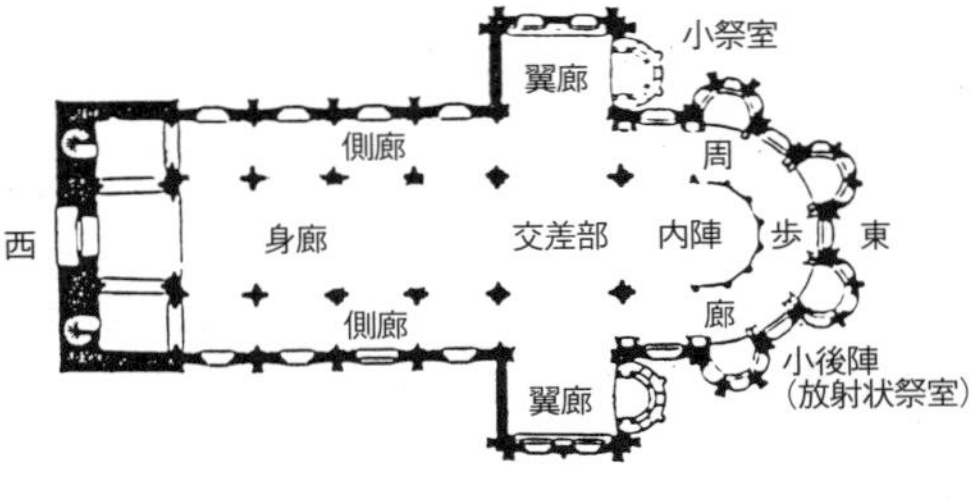

ロマネスク聖堂の平面図

動を終える。

コンクが再び見いだされるのは一八三七年のことである。史跡調査官であったプロスペール・メリメ(39)によって歴史的記念建造物として復興させられたのが、今日、私たちが目にする聖堂である。

タンパン「最後の審判」（一一三〇年〜一一三五年）

聖堂西正面入り口上部のタンパンの浮き彫り彫刻は、フランスが誇るロマネスク彫刻の白眉《はくび》である。いみじくも、ジョルジュ・デュビー(40)がいうところの「誰にでも分かる言葉」で見事に表現されているこの浮き彫り彫刻は、平明でありながら厳しく、またその主題にもかかわらず、素朴で温かくユーモラスでさえある。

昔の色彩がところどころに残っているが、色彩に覆われて輝くばかりであったに違いないそのころ、この山深い地にたどり着いて目にした巡礼たちの驚きはいかばかりであったろう。

『マタイ福音書』第二五章に言う。

「人の子が天使に囲まれてみずからの栄光に包まれるとき彼は栄光の玉座につき、すべての民がその前に集められるであろう。そして、羊飼いが羊とやぎを分けるように、彼らを二つにより分け

タンパン「最後の審判」

……そのとき王は自分の右側の者に言う。『わが父に祝福された者たちよ、世の初めからあなたがたに用意された王国を受け継ぎなさい』……それから左側の者に向かって『呪われた者たちよ。われを離れて、悪魔とその使いたちのために用意された永劫の火に焼かれよ……』。こうして、この者たちは永遠の刑罰に、義《ただ》しい人たちは永遠のいのちを与えられるであろう」

タンパン中央には、右手を高くかかげ左手を下にさげて「栄光の座」に座すキリストがいる。その右手は右側の義《ただ》しき人として選ばれた人々への祝福を、左手は呪われた者たちへの怒りを示している（1）。「審判者」と書かれた光背の上には、二人の天使に持たせた大きい十字架があり、一人の天使の手は、地上にあった「人の子」の手を打ち抜いた釘を持ち、もう一人の天使は胸を貫いた槍を持つ（2）。その右手には選ばれた人たちの集団があり、まず聖母、次いで天国の門を開く鍵を持った聖ペテロ、三人目は聖アントニウスとも隠者ダドンともいわれ、その手に隠者を示すT字型の杖を持っている。次いで、修道院長オドリックに手を引かれている王冠をかぶったシャルルマーニュ大王、そしてその後に続くのは光背を持つ聖人たち、その最初に、かの「聖なる盗み」を働いた修道士（3）。

印象的なのは、中段と下段の天上の国エルサレムを分けている部分に刻まれた「天上に」という文字の真下、神の手の前に恭しく額《ぬか》ずいて合掌する幼い聖女フォワの姿である。彼女の後ろには教会堂のアーチが並び、その主祭壇の上に聖杯が置かれている。アーチには、彼女によって解き放された囚人たちが奉納した鎖が下がっている（4）。この神の手、

神の手の前に跪く聖女フォワ

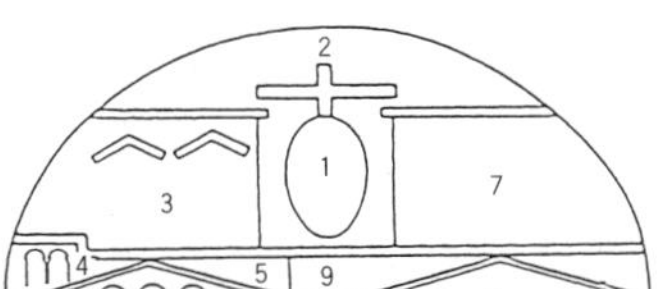

コンク、タンパンの図

聖女フォワ、教会堂と対になり、向かって右側部分に彫られているのは石棺から甦る死者たちであるが（5）、聖女フォワは彼らのとりなしを神に祈っているのであろうか。

キリストの右の下段には、「栄光と平和と休息と永遠の光が与えられている」天上のエルサレムで憩うアブラハムを中心とした神に選ばれた人々がいる（6）。

右側の全き静謐な世界とコントラストをなしているのが、天使たちによって押しとどめられている呪われた者たちの地獄のカオスである（7）。左の下段には、天上のアブラハムに対して中央に悪魔の王サタンが座し、その周りには、喜々として彼らに課された仕事にいそしむ悪魔たちがいる。「怠惰」、「傲慢」、「物欲」、「嘘つき」、「盗み」、「淫乱」など、あらゆるこの世の罪により堕ちた地獄で彼ら悪魔たちの餌食になっている人々の群の阿鼻《あび》叫喚《きょうかん》はすさまじい（8）。

中央のキリストの真下には、秤で善と悪の重さを量る聖ミカエルと悪魔のドラマティックなやりとりが繰り広げられている（9）。この悪魔は、聖ミカエルの注意をそらしながら、そっとその左手の指で秤を自分のほうに傾けさせようとしている。その下では、天国と地獄の境目で大きな鉄槌を振り上げ、地獄に振り分けられた人々をレビアタン（水棲巨大怪獣）の口に追いやっている髪を逆立てた悪魔。彼は天国に入る人の姿を未練ありげに目で追っている（10）。

その昔、遠く山々を越え、気の遠くなるような道をやっとの思いでこの深いコンクの谷にたどり着いた巡礼たちは、目前で繰り広げられる、来る「審判の日」のドラマを前にし

39. 39ページの注（8）を参照。
40. 1919～1996。フランスの歴史家。ブザンソン大学、エクスニマルセイユ大学教授を経て、コレージュ・ド・フランスの教授として中世社会史の講座を担当。アナール学派から出発するが、歴史を「具体的なものからではなく、観念から生じる他の枠組をも」再現しようと試みる。

てどのような思いを抱いたであろうか。神、王侯、聖人、悪魔たち、これら天国と地獄の住民でありながら自分たちに奇妙に近しく思える登場人物たちの仕草や表情に自らや仲間たちの姿を重ね、「最後の審判」というその主題の重さにもかかわらず、なぜか素直に納得させられホッとしたことであろう。そのリアルさに漂うユーモアに、思わず笑みをもらしたかもしれない。

このゆとりともいえる思いを抱けるのは、経てきた巡礼のその労苦の日々が来世での救いを保障してくれるにちがいないという祈りにも似た望みが彼らを支えていたからであろう。やはりこのタンパンの彫り手の神業ともいえるその腕の冴えと人間洞察の深さとがこのタンパンに普遍性を与えると同時に、また人間への温かい眼差しに満ち満ちているからでもあろう。

コンクには、一九九三年五月に文化省によって「ヨーロッパ中世文化・芸術センター」が創設され、ヨーロッパ中世文明研究の機関として発足した。センター内の図書館には、中世ヨーロッパ一般、ロマネスク芸術、サンティアゴ巡礼、コンクおよびその周辺地方に関する中世の貴重な資料、文献・図書が収蔵され、研究者をはじめ、ヨーロッパ文明に関心をもつ人々に広く開かれている。また同時に、建築、彫刻、絵画、工芸などの技法に関する実践的な教育も行っている。

センターでは、シンポジウム、中世文化講座、映画、演劇、コンサート、展覧会などが数多く企画され、毎年七、八月には中世に捧げられたフェスティバル「コンク・ロマネスクの光」が大々的に催される。また、重要な活動として、スペイン、ドイツ、アイルランド、ギリシャなどと「世界遺産」保存のための情報交換を密に行っているという。

私たちは、夕食をすませてから(41)聖堂に隣接する回廊跡に行った。やわらかい照明に照らし出された聖堂と回廊は、黒々として迫る山を背に浮かび上がっているように見える。聖堂と回廊を残してあたりは暗闇につつまれ、静寂そのものであった。ほの暗い回廊をめぐりながら、歓びと安堵感が広がっていくのを感じていた。

旅は終わった。ひたすら西に向かって歩きつづけた二週間、雨に降られたり、雹に出合ったり、道を取り違えたりしたこともあったが、あのオーブラックの山々を越えて無事にたどり着くことができた。夢のように思える。振り返ってみると、私たちは「ついていた」の一言に尽きるように思う。それにしても、若いMは私をよくフォローしてくれた。また、彼女の地図を読む確かさには舌を巻くものがあった。一〇万分の一の地図で、ほとんど人と出会わない道中をよくここまでやってこられたと思う。優れたナビゲーターであった。感謝のほかはない。

一夜が明けて、朝一本しかないというバスでMはパリへ発った。彼女を乗せたバスは、朝霞のなかへ消えていった。私はその日一日、コンクの村の散策と聖堂および回廊の見学で過ごした。何度見ても、タンパンは飽きることがなかった。そして、そのときはまだ、今回の旅が実は終わりではなく始まりであるとは思ってもみなかった。

41. コンクの宿。グラン・ホテル・サント・フォワ（Grand Hôtel Sainte Foy）、4つ星、17室、80～175ユーロ。
TEL：05 65 69 84 03
オーステルリー・ド・ラベイ（Hostellerie de l'abbaye）、3つ星、8室、66～88ユーロ。
TEL：05 65 72 80 30
オーベルジュ・サン・ジャック（Auberge Saint-Jaques）、2つ星、11室、34～57ユーロ。
TEL：05 65 72 86 36

コンク・ツーリストオフィス
TEL：05 65 72 85 00

コンク ——→ モワサック

Conques ——→ *Moissac*

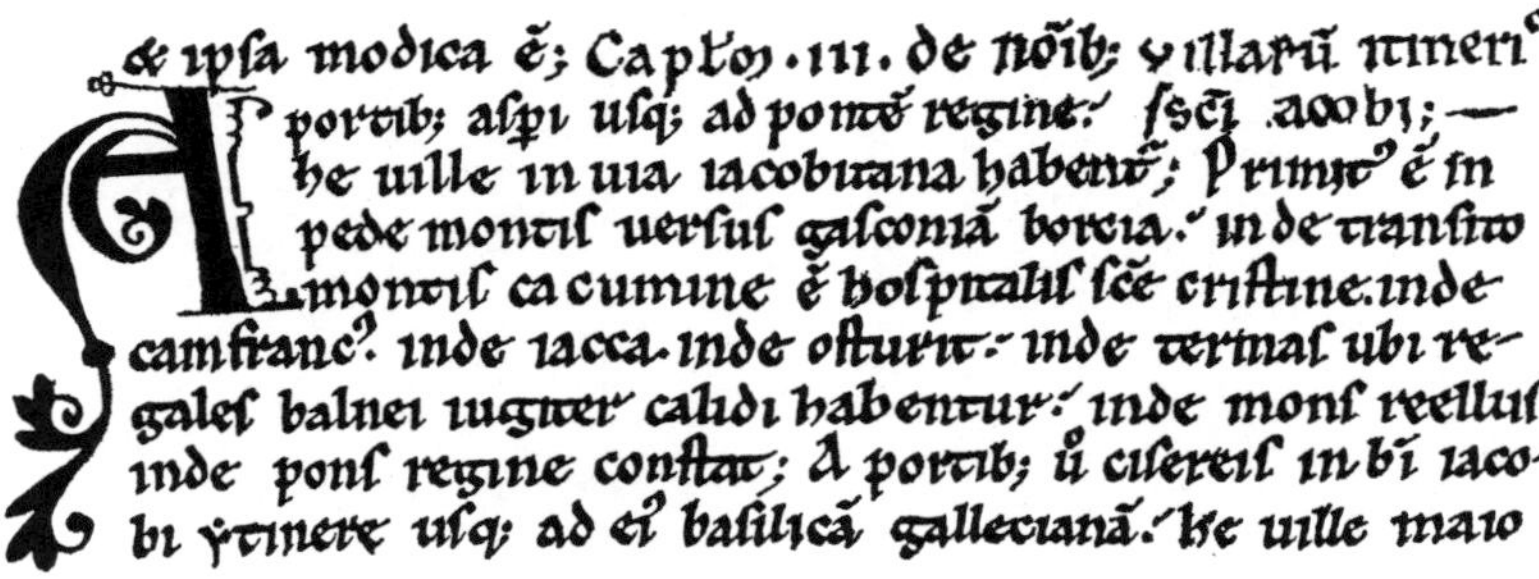

& ipsa modica ē; Capl̄m .III. de nōib; villarū itineris
portib; aspi usq; ad pontē regine. sc̄i iacobi; —
he uille in uia iacobitana habent; Primit' ē in
pede montis uersus gasconiā borcia. inde transito
montis cacumine ē hospitalis sc̄e cristine. inde
camfranc'. inde iacca. inde osturit. inde termas ubi re-
gales balnei iugiter calidi habentur. inde mons reellus.
inde pons regine constat; A portib; ū cisereis in bī iaco-
bi ytinere usq; ad eī basilicā gallecianā. he uille maio

1989年　夏　7月

フランス・オーヴェルニュ地方の聖地ル・ピュイをスタートした一九八七年は、できるだけ中世の昔のままにと、復旧されつつあった旧巡礼道をたどったのであったが、道中、ほとんど人に出会うことはなかった。巡礼とおぼしき人にはまったく出会わなかったといえる。村人や宿の主人にとっては、ちょっと毛色の変わったハイカー（おまけに、東洋の女性二人）とぐらいにしか写らなかったであろう。みんな、温かく親切であったが、「巡礼」に関してはまず無関心のようであった。しかし、一般の人々のこのような無関心の裏側では、ヨーロッパ各地でこの「サンティアゴ巡礼道」の歴史・文化における重要性を掘り起こす作業が、一部の献身的な人々の手で着々と進められていたのである。

一九五〇年代からサンティアゴ（フランス語では「サン・ジャック」）巡礼研究において大きなイニシアティヴをもって動いていたフランスについていえば、一九五〇年に、「サン・ジャック・ド・コンポステラ友の会」(1)が歴史文書研究所所長ジャンヌ・ヴェイヤール女史を中心とする中世史学者たちによってパリに創設された。このヴェイヤール女史こそ、待望久しかったエムリ・ピコーの『巡礼案内の書』のラテン語を転写しフランス語に翻訳出版した人である。この本は、フランス・アカデミーから賞を受け（一九三八年）、その後のサンティアゴ巡礼研究に欠かせない基本文献となった。

「サン・ジャック・ド・コンポステラ友の会」は、出版、シンポジウム、講演会、展覧会などの歴史的な研究活動および巡礼者への実際的な相談を展開し、一九六五年には、国立古文書館で「巡礼とサン・ジャックの道——一一世紀から今日まで——」展を開催する。一九七〇年代の終わりには「ヨーロッパ・コンポステラ学センター」を立ち上げ、のちに

1．La Société Française des Amis de Saint-Jacques de Compostelle et Centre d'Etudes Compostellanes.
8, Rue des Canettes 75006 Paris.
TEL：01 46 05 80 50

国立古文書館館長となるルネ・ド・ラ・コスト＝メスリエールが率いることになる。この精緻な古文書学者は、古文書の山に埋もれるだけでなく自ら行動する人でもあった。若き日に実際に巡礼道を歩いた彼は、「歩く人を知るには、歩かなければならない」という信念を抱くようになり、生涯に幾度となく、徒歩で、また馬で巡礼道をたどっている。そして、サンティアゴ巡礼道こそ「最初のヨーロッパ文化の道」であると確信を抱くに至る。

一方スペインでは、一九八二年の「大祭の年」を契機に聖職者や研究者の動きが活発となり、彼らの活動が初めて一般的に表面化するシンボリックな集いが、「アルルの道」のルート上にあるかつてのアラゴン王国の首都ハーカで開かれた。それが一九八七年の秋に行われた「サンティアゴ友の会、第一回国際会議」である。まだスペインではサンティアゴ巡礼への一般の関心はないに等しく、サンティアゴ友の会もほとんど存在しなかった時期にもたれたこの会議は、各地で地道に活動（研究・調査）をつづけていた人々や、かつての巡礼者がそれぞれの体験を語り合う画期的な出会いの場となった。この会議開催の中心となったのが、それまでサンティアゴ巡礼復興に献身的な働きをつづけてきたガリシアはヤブレイロの司祭エリアス・ヴアリーニャ・サンベドロ師である。

そこでは、サンティアゴ巡礼に関するシンポジウム（その歴史と現状）、研究発表、調査報告、討論などが行われ、また各国の「友の会」の交歓会ももたれた。これを機に創刊されたのが、サント・ドミンゴ・デ・ラ・カルサダに本部(2)をもつサンティアゴ友の会発行の雑誌「ペレグリーノ」である。その後、国際会議は三年ごとに行われている。

そして、言及しておかなければならないのは、スペインの古文書学者ルイス・バスケ

2．1999年、ログローニョ市に移転。
Rúa Vieja3 26001 Logroño(La Rioja) ESPAÑA
TEL：941 245 674／FAX：941 247 571

ス・デ・パルガ、ホセ・マリマ・ラカーラ、ファン・ウリア・リウの三人による徹底的に渉猟された古文書にもとづく精緻きわまりない労作『サンティアゴ巡礼』[3]三部作である。一九四八年から一九四九年にかけて出版されたこの「記念碑的」著作は、現在でもサンティアゴ巡礼に関する研究および道をたどる人々の実際的な案内書の基本的参考図書となっている。

私たちが歩き始めた一九八七年という年は、あとから振り返ってみると、図らずも二〇世紀末の爆発的な「サンティアゴ巡礼ブーム」のスタートともいえる年であった。そして、体力的にも時間的にも（夏しかまとまった休暇は取れなかった）、一気にたどることができなかったことがコンポステラへの道程に一〇年近くを要した理由だが、それは文字通り、この世紀末の巡礼ブームの興隆と歩みをともにする年月でもあった。

コンク ──→ ドゥカーズヴィル

（Conques ──→ Decazeville　21・5 km）

一昨年の巡礼の終着点であったコンクにやって来る。最初の年のル・ピュイからコンクへの「歩き」の旅で、ロマネスクの美の奥深さに初めて身をもって触れた思いを強くした私たちは、車の旅では抜け落ちるものがあまりにも多すぎるのではないかという恐れから、再びそのタンパンと回廊の美しさで知られるモワサックへの巡礼道に入ることになった。

パリは珍しく連日三〇度を超えていたが、ここコンクも山あいの村とは思えないような

3．Vásques de Parga(L.), Lacarra(J.M.), Llria(J.), *Las Peregrinaciones a Santiago de Compostela,* 3 vols., Madrid, Consejo superior de investigacion cientifica, escuela de estudios medievales, 1948～1949.
第１巻「巡礼の諸相と文化」、第２巻「コンポステラへの行程」、第３巻「史料・参考文献・図版」。

暑さである。その暑さのなかに、サント・フォワ聖堂が静かに立っている。二つの塔は、青い空に吸い込まれそうだ。一昨年と同じように、聖堂広場の端っこに座ってタンパンの前でしばらく時を過ごす。中世の巡礼たちの眼にはどのように映ったのだろうか、という思いに相変わらずつきまとわれながら。

聖堂内部に入る。修復が終わったのか、一昨年覆われていたトランセプト（交差部）の部分のカバーがとれ、後陣までまっすぐに見通せる。高くゆったりとした内部空間は、山の斜面という立地条件にかかわらず雄大さを感じさせる。

一昨年には静謐そのものであった回廊跡には数名の男女の若者がいて、それぞれに何やらパントマイムのような身振りを繰り返していた。なかには、白いマスクを被っている者もいる。白いマスクは、中世の柱頭彫刻の人物像を形どったものだ。傍らには衣装と思われるドンゴロス（麻袋）が小山のように積み上げられ、そこにもマスクが無造作に置かれている。どうやら、どこかの演劇グループが練習をしているらしい。あとで分かったことだが、モワサックを中心に活動をしている劇団であった。

翌朝、宿の中庭でゆっくりと朝食をとってからコンクを後にする。二年振りの歩きである。心地よい緊張……朝からやけに暑い。

霊験あらたかだったといわれる泉を右に通り過ごし、村の家なみが両側にせまる細い石畳の道、シャルルマーニュ通りを下っていく。下りきったところにドゥルドゥ川に架かる橋、「シャルルマーニュの橋」とか「ローマ人の橋」とか呼ばれているが、一四一〇年に建造されたものという。霧のかかる橋の上では、昨日の若者たちのグループがマスクをかぶり例のドンゴロスを身にまとい、橋の袂に据えつけられたカメラに向かって何やら身振りをしているが、映画でも撮っているのだろうか。

橋を渡るとすぐ、林のなかの小道の急な上りに入る。三〇分ばかりのところに、庵のような小さい聖女フォワ礼拝堂。そこから、二つの塔が伸びるサント・フォワ聖堂を中心とするコンクの村を展望することができる。村の背後には、一昨年越えてきたカンタルの山なみが重なり合っている。オーブラックを越える前夜と雨となったその日の緊張が、鮮やかによみがえる。

小道を上りつづける。今年も、地図を片手に握るMが先を行く。パリのアウト・ドア専門店「ヴィユ・カンプール」の地図・図書部門で求めた『サン・ジャックの道GR65 コンク→カオール』(トポ・ギッド・シリーズ)も持っていた。

稜線に出ると、四方が開けた畑のなかの道。昼食をあてにしていたノアイリャックの村には食堂もカフェもない。村の鍛冶屋のおじさんが、七キロ先のベスノワの部落にカフェがあると教えてくれる。

その部落の入り口にカフェらしき家。やっているのかどうか半開きの戸口に座っている老婆に声をかけると、すぐに奥からずいぶんコケットリーなあか抜けた中年の女性が現れる。バカンスを故郷の家で過ごしているのだろうか、ビールとジュースとビスケットならあるという。とりあえず、それらを昼食の代わりとする。

途中、アニャックの部落で小休止。リュックを下ろして教会横のベンチに腰掛ける。私は木陰でのびていたが、近所の家に水を所望にと戸口を叩いたMはコーヒーの振る舞いを

サント・フォワ聖堂とコンクの村

受け、「おばさんのご喜捨」と水とクッキーを持ち帰ってくれる。彼女はいつも元気だ。

アスファルト道を、相変わらず西陽に焼かれながらドゥカーズヴィルの町に着く。かつては、炭田の石炭産業と精錬産業でとても活気のあった町のようだが、いまはさびれている。町の中心の宿「オテル・ド・フランス」に投宿。(4) 久し振りに一日中西陽に焼かれたせいか、体が熱くてなかなか寝つけない。横では、Mも寝返りを繰り返している。

ドゥカーズヴィル ──→ フィジャック

（Decazeville ──→ Figeac　27km）

早朝、ドゥカーズヴィルを後にし、GR65に従う。足が痛く、体が重い。そのうえ胃も痛む。「加齢と使いすぎ（一九八七年の歩き）」というのが医師の診断であったが、梅雨のころから私の右膝はジクジクと痛んでいた。加えて、翻訳の仕事の英文をさらにフランス語の原典にあたるという作業に根を詰めていたストレスからか胃痛を抱えみ、日本出発前から私の体はきしんでいた。

ロト川に架かる橋を渡りリヴィニャック・ル・オーの村に入る。歩くことわずか四キロでダウン……。足がどうしても前に出ない。

川のほとりでゆっくり休息した後、リヴィニャックの村を後にする。「七月一四日広場」を横切り、県道637号から巡礼道に入っていく。どこまでもつづくなだらかな丘陵地帯を約一時間ほど行き、アヴェイロン県からロト県に入る。ロト県最初の村モンルド

4．我々の泊った「オテル・ド・フランス」は今はない。
ホテル・モデルヌ（Hôtel Moderne）、2つ星、19室、38〜45ユーロ。
TEL：05 65 43 04 33
ホテル・フルキエール（Hôtel Foulquier）、2つ星、21室、34〜43ユーロ。
TEL：05 65 63 27 42

ドゥカーズヴィル・ツーリストオフィス
TEL：05 65 43 18 36

ンは、昔、聖ミカエル聖堂があった丸い丘の上に広がっているが、モンルドンという名は「丸い丘」に由来しているという。古くからの泉の湧き水で喉を潤す。

小さな森や麦畑、牧草地のつづく展望の開けた道をたどり、いくつかの集落を抜けて、何かが食べれるはずのサン・フェリックスの村に着く。粗末なカフェが一軒あり、そこでバゲットのサンドイッチを水で流し込む。

相変わらず暑い。今年の暑さは格別なような気がする。中世には、フィジャック修道院の所有であったといわれるロマネスク様式の聖堂前の草地の木陰でシエスタをとり、夕方、サン・フェリックスを後にする。

道がフィジャックへの国道2号に出たところでにわか雨に遭い、しばらく納屋の軒下で雨をやり過ごすが、止む気配がないのでGR65をとるのをあきらめて、そのままアスファルト道をフィジャックまで行く。そして、フィジャックの町のセレ川のほとりで投宿(5)。夜、雨は本降りとなる。

フィジャック

フィジャックは、ル・ピュイやコンクからやって来た巡礼たちが、モワサック、さらにはサンティアゴ・デ・コンポステラへと向かう重要な中継地点であった。したがって、巡礼を受け入れる多くの救護所があったが、たどり着いた巡礼たちは、まず名高いサン・ソヴール修道院に赴いたという。この修道院については、時の、きわめて信仰心の深かったペピン短躯王(6)がこの地に訪れた折、空に十字架を描くハトが現れ、それに神意を見た王が

フィジャックの古い町並み

5．ホテル・オーポン・ドゥ・パン（Hôtel au Pont du Pim)、２つ星、23室、29～55ユーロ。
TEL：05 65 34 12 60
ホテル・デ・バン（Hôtel de Bains)、２つ星、20室、28～60ユーロ。
TEL：05 65 34 10 89

6．カロリング王朝初代のフランク国王。在位751～768。シャルルマーニュ大帝の父。

フィジャック・ツーリストオフィス
TEL：05 65 34 06 25

その建立を命じたという話が伝えられている。九世紀に修道院の門前町として開けたこの町は、一一、一二世紀に拡張された修道院の発展とともに栄えていった。

コンクの修道士たちによって建てられ、彼らが住まいしていたこの「新しいコンク」は、当然のことながら当初はコンク修道院の傘下にあった。ところが、フィジャックの修道院が次第に勢力をもつようになって両者の緊張関係が高まり、その争いがクリュニー修道院の介入を招き、ついにフィジャックはクリュニーの庇護のもと一〇七四年に独立することになった。

一二世紀の建立になる現在のサン・ソヴール聖堂は、かつての修道院付属教会である。今日、われわれが目にすることができる建物は、一二世紀初めころに着手され、コンクのサント・フォワ聖堂やトゥールーズのサン・セルナン聖堂と同じように周歩廊をもつ、いわゆる巡礼路教会のプランをとっているが、工事が中断されたことや、百年戦争や宗教戦争で痛めつけられ、一二世紀に遡れるものは部分的にしか残っていない。

セレ川の右岸にあるこの町は、オーヴェルニュ地方やケルシー地方やルエルグ地方を結ぶ要衝の位置を占め、古くから巡礼、旅人、商人の往来が激しく、また物資の集散地としても栄えていた。その往時の面影は、町の古い界隈に偲ぶことができる。細く曲がりくねった道に美しいベージュ色の砂岩の石で建てられた高い館の家なみがあり、その一角にはかつてのテンプル騎士団(7)の館も残っている。また、その界隈に、ロゼッタ・ストーンの古代エジプト文字を解読したことで有名なジャン・フランソワ・シャンポリオン(8)の生家があり、記念館になっている。

7．1119年、エレサレム神殿守護のために設立された騎士修道会。修道会の役割と騎士の身分の役割を一つにした中世の独創的な所産の一つ。聖ヨハネ騎士団およびドイツ騎士団と並んで三大騎士団の一つで、ソロモンの神殿跡と信じられていた所に立っていた城館を本拠としたところから「テンプル」の名で呼ばれるようになる。
8．1790～1831。フランスのエジプト学者。エジプトの象形文字を解読する道を拓く。

夜、胃痛が激しくなり、「歩き」をつづけることができるかどうか不安な思いがする。その思いを敏感に察知したMは、終始寡黙である。この寡黙さが、彼女なりのいたわりであることを理解するには時間がかかった。

フィジャック ──→ ブレング

（Figeac ──→ Brengues　27km）

七月二五日、「聖ヤコブの祝日」にフィジャックを発つ。胃痛は抑まっている。

昨日の雨で気温が一気に下がり、歩きやすい。フィジャックからベドゥエまで約一三キロはノンストップで行き、村で一軒の食堂に飛び込む。辛うじて昼食の時間（フランスのレストランでは、原則として午後一二時から一四時まで）に間に合い、オムレツぐらいしかできないと言われるが食べられるだけありがたい。

眺望の開けた窓際で遅い昼食。青い空に雲が浮かび、木々は雨に洗われて美しく輝いている。ベドゥエからGR65は南に大きく迂回してカオールに入っていくので、私たちはGR65のヴァリエーションであるセレ渓谷沿いのGR651をとることにする。そのほうが歩く距離も短いし、それに渓谷沿いの道は気分がいいだろうと思ったからである。

途中のブサックの村で小休止。河原で、キャンパーたちが楽しんでいる。水着姿の子どもたちのなかに、フィジャックで見かけた幼い兄妹の姿を見つける。水深が浅いらしく、大人たちが甲羅干しをしている傍らを、子どもたちがはしゃぎ回って水遊びをしている。

河原のキャンパーたち

大人も子どももビニールのサンダル履きだが、河原や川底の石で足を傷めないためだろうか、それにしても泳ぎにくいだろうに。

ブサックからセレ渓谷に、付かず離れずの道をブレングまで行く。畑のどまんなかの民宿に投宿。イギリス人の家族と一緒になる。夏休みをセレ渓谷で楽しんでいるのだろうか。ブッサックの河原を見ていたときにも思ったことだが、彼らの楽しみ方は日本人とはだいぶ違っている。河原には、アイスクリーム屋の屋台はおろか、ジュースや水などの飲み物を売る小さい売店の一つもない。もちろん、そうした店がよく流す音楽もない。あの静かな、スーラの『アニエールの水浴』[9]を見ているような気がする。

四〇代くらいだろうか、子ども三人を連れたイギリス人夫婦の家族は、これといった眺めも景色もない簡素そのものの宿[10]のテーブルを囲んで夕食をとっている。身を乗り出して話をしようと競い合う子どもたちの躍動感のある表情や身振り、それを傍らでにこやかに受け止めている両親。場が活気づいているのは明らかなのだが、パントマイムを見ているような静けさである。彼らは決して大きい声で話さないし、粗野な振る舞いもない。和気あいあいとした家族の幸福感が伝わってくる。

近くでとれるのか、夕食には皿いっぱいに盛られたカエルの足の空揚げ！　デザートはハニーメロンが半分。これも、歩く道に見かけたものだ。

9．フランスの新印象主義の画家ジョルジュ・スーラ（1859～1891）の絵画（ロンドン・ナショナルギャラリー蔵）。市井の人々の川辺での休息の時を描いた静謐そのものの絵。

10．ホテル・レストラン・ラ・ヴァレ（Hôtel Restaurant La Vallée）、２つ星、７室、32～37ユーロ。
TEL：05 65 40 02 50

ブレング ⟶ カブルレ

（Brengues ⟶ Cabrerets　26 km）

暑さが戻る。ブレングを後に、県道41号に沿った道は上りとなり、サン・シュルピスまで渓谷を離れて山のなかの道を行く。村の城跡で小休止。

昼食をとる予定であったマルシヤック・シュール・セレに着いたのが二時を少し回っていたので、食事時間は終わっていた。仕方なく、公園のベンチでパテのサンドゥイッチとメロンで腹の虫を抑える。

マルシヤック・シュール・セレはセレ渓谷の可愛い村。かつてのベネディクト派修道院跡と一二世紀の回廊が残っている。下のほうのセレ川の水面には、色とりどりのビニール製カヤックの群れ。この地方特有の白っぽい黄灰色の断崖が続く、どちらかといえば色彩の乏しいセレの渓谷に鮮やかな花が咲いたような賑やかさで、大人も子どもも夏の日を目いっぱい楽しんでいる。

GR651はここからセレ渓谷を大きくそれるので、県道41号をカブルレまで行くことにする。両岸が迫る美しい渓谷沿いの道である。カブルレの渓谷の傍らに投宿。(11)

この村の目と鼻の先に、先史壁画で有名なペシュ・メルル洞窟がある。(12)一九二二年に二人の若者によって発見された長さ一二〇〇メートルに及ぶ洞窟は、マンモス、ビゾン、ウマなどが描かれた七つの洞窟があり、「コス地方のシスティーナ礼拝堂」と呼ばれる旧石

セレ川のカヤック

器時代の洞窟壁画の素晴らしいモニュメントの一つである。ここで連泊することに決め、洞窟を訪ねることにする。洞窟への入場は一日七〇〇人と制限されており、一回の人数も二五人にかぎられているとか。

翌日、朝食後に出掛けるが、午後二時のグループになる。夏休みとあって、この洞窟を有名にしている壁面に押しつけられた先史人の手型と、そこに描かれている斑馬《まだらうま》、いわゆる旧石器時代の美術を見ようとバカンス客が押し掛けている。ブッサックの河原の人たちも、イギリス人の家族も、ここがお目当ての一つであるにちがいない。

カブルレ ──→ ブジエ

（Cabrerets ──→ Bouziès　7㎞）

カブレル村の対岸の山肌も、生々しい焼け跡をさらしている。今年はともかく異常な猛暑。自然発火か、ポイ捨てタバコの火が原因か、その山火事の跡を見ながらセレ渓谷右岸の県道41号を行く。コンドゥシェで、セレ渓谷とロト渓谷が一つになりロト川となる。この合流点から、道は県道662号に入る。しばらくして、ロト川に架かる吊り橋を渡って対岸のブジエへ。村で唯一の宿に投宿(13)。

ここで、道中に出会ったミュルーズ（フランス東部の町）から来た中年の夫婦に再び会う。「自分自身を変えるためにサンティアゴ巡礼道を少しずつ歩いている」、と言う彼らの今回の歩きはここまで。明日、フィジャクを経てミュルーズに帰るという。

ペシュ・メルル洞窟壁画（カブルレ）

夕方からロト川を四キロほど遡ったサン・シルク・ラポピーを訪ねる。「フランスの美しい村」に指定され、「ロト川の真珠」と謳われる村である。村は中世の面影が見事なまでに保存され、多くのツーリストで賑わっていたが、そのモニュメント的村づくりには土地に根ざした人々の暮らしがあまり感じられず、何か納得できないものがあった。

夜、部屋のなかは熱気がこもり息苦しい。今年の暑さは格別である。安眠できない夜がつづく。若いMは、ホーローびきの浴槽のヒンヤリ感に救いを求めて体をくっつけてしばらく過ごしたそうだが、ついにシーツの上に水を撒いてようやく眠りに就くことができたとか。

ブジエ ―→ カオール

（Bouziés ―→ Cahors　27km）

いくぶん涼しくなる。それでも三〇度は超しているだろう。

吊り橋を渡ってブジエを後にし、ロト川右岸を県道に沿ったり、村道を行ったりしながらサン・シェリまで行く。このあたりではロト川はゆったりとして、ほとんど流れを感じさせない。県道脇のドライブ・インで昼食をとる。

午後、ヴェールの村で川を渡って県道を離れ、「白いケルシー《ケルシー・ブロン》」地帯に入っていく。その名の通り、この地方特有の石灰岩の白い石くれがゴロゴロとする賽《さい》の河原のような丘の上り下りがつづき、やがて稜線に出る。そこは、三六〇度開けた眺望をもつ草地。山肌の

村と村の境界線に立つ十字架

11. ホテル・レストラン・オーベルジュ・ド・サーニュ（Hôtel Restaurant Auberge de Sagne）、２つ星、10室、46～53ユーロ。
TEL：05 65 31 26 62
12. 入館時期：４月１日～11月１日（毎日）、９：00～12：00、13：30～17：00。
TEL：05 65 31 27 05
13. ホテル・レストラン・レ・ファレーズ（Hôtel Restaurant les Falaises）、２つ星、39室、40～56ユーロ。
TEL：05 65 31 26 83

黄灰色とその山稜を覆う灌木の緑色とが、縞模様を描きながら空の彼方までつづいている。レモンを齧《かじ》って喉を潤し、小休止。

白い石くれの野原をすぎて、道はカオール近郊の新興住宅地に入っていく。そこを抜けてから町までの二キロの何と遠かったことか。ジャコバン通りからカベスゥ橋を渡って町の中心に入り、宿[14]にたどり着いたのは九時を回っていた。ブジエから三〇キロ近い道程。西陽に焼かれ放しの長い一日であった。宿の近くの軽食堂《ブラッスリー》で、ステーキと付け合わせのバター炒めのニンジンで遅い夕食をとる……満足。

この地方はグルメの土地として知られ、その産物フォワグラ、トリュフ、チーズ、豊かな果実からとれる種々のリキュール酒、それに何といってもカオール・ワイン、これらは国内だけでなく国際的にも名高い。とくに、カオール・ワインは名実ともに評価が高く、そのなかでも一五年以上樽に寝かしたものは最高級品とされている。フォワグラやトリュフは、この地方のあらゆる料理に何らかの形で用いられている。また、名産の山羊チーズ「カベクウ」は、デザートの一品として愛好されている。

この豊かな土地に足を踏み入れたにもかかわらず、疲れ切った私たちは美食を楽しむゆとりはまったくなかった。しかし、その昔この土地を通りすぎていった巡礼たちが必ず飲んでいったというカオール・ワインについては、翌朝、ふと立ち寄ったカフェで注文した一杯のワインでその魅力をかいま見ることができた。ギャルソンはカウンターに二つのグラスを並べ、新しい瓶の封を切ってなみなみと注いでくれた。その「赤」は、剛気で喉元

14. インター・ホテル・ド・フランス（Inter Hôtel de France）、3つ星、78室、38～60ユーロ。
TEL：05 65 35 16 76
ホテル・レストラン・ル・メルシオール（Hôtel Resautrant le Melchior）、2つ星、20室、33～40ユーロ。
TEL：05 65 35 03 38

カブルレ・ツーリストオフィス
TEL：05 65 31 27 12
サン・シルク・ラポピー・ツーリストオフィス
TEL：05 65 31 29 06
カオール・ツーリストオフィス
TEL：05 65 53 20 65

にしっかりとした手応えを感じさせるなかに、強い芳醇さが立ち上ってくるものであった。

ロト川が大きく湾曲してU字形をした石灰岩の台地の上にあるケルシー地方の古都カオールには司教座が置かれており、ロト県の県庁所在地でもある。カオールの名は、「カデゥルキ族の聖なる泉」から由来するといわれるが、カデゥルキ族とは、南仏ケルシーを占有していたガリア人のことである。

ガロ・ロマン時代の遺跡が残り古い歴史をもつこの町は、中世のその昔には、サンティアゴ・デ・コンポステラに赴く巡礼たちの重要な宿場町であり、現在のガルデマール広場には、その名も「サン・ジャック」と呼ばれていた救護院があった。

ロト川にU字形に囲まれた自然の要塞をなすカオールの町には、ロマネスクからゴシック様式を経た、ひときわ高くて大きいサン・テェティエンヌ大聖堂がある。このカテドラルを際立って特色づけているのは、周りの家なみの赤い屋根と見事なコントラストをなす、銀鼠色をした二つの大きいドームである。

一一世紀の末に、かつての聖堂跡に新しい聖堂を建てることが着手され、そのころ、エレサレムをはじめ東方のさまざまな国を巡って帰ってきた当時のカオールの司教によって、この地方では珍しいオリエント的なドームを二つもつバジリカ式聖堂が建てられた。アキテーヌ地方最初の、ドームをもつ聖堂である。一一一九年には、時の教皇カリクトゥス二世[15]によって聖別されている。

タンパン「キリストの昇天」

15. 21ページの注（12）を参照。

一二世紀前半のものである大聖堂北扉口タンパンは、もとは西正面を飾っていたが、改修（一三世紀）のときに現在の場所に移された。「キリストの昇天」を主題とするこのタンパン中央には、アーモンド形をした栄光の光輪のなかに、右手を上に上げ、左手に書物を持ったキリストが立っている。キリストの両側を天使が囲み、そして両脇の仕切りの浮き彫りは聖エティエンヌ[16]の殉教が物語られ、またその下のアーケード列の内部には、その出来事を驚きとともに見守る聖母と使徒たちが、美しい流れるような浮き彫りで刻まれている。

カオール ──→ ロスピターレ

（Cahors ──→ L'Hospitalet　15km）

翌朝、大聖堂を訪れて、昼すぎにロト川に架かるヴァラントレ橋を渡ってカオールを後にする。中世フランスの橋の完璧な例といわれるカオールの町を象徴するこの石の橋（一四世紀）は、当時のままの姿をいまにとどめ、橋脚は六つのゴシック式アーチを描き、狭間のある三つの高い方形の塔をもつ美しい姿をロト川に映している。

橋を渡ると道は上りにかかる。上り切ると平らな畑が広がる。ほぼ一〇キロ地点のタバスティド・マルニャックの村からGR65を離れ、県道を行く。約一時間で今日の宿ロスピタートレに着く。畑のどまんなかの農家を一部民宿にしている。およそ客商売とは無縁な、大地に根を張って生きる朴訥そのものの、農家の主婦らしき初老のおばさんが応対してくれ

ヴァラントレ橋（カオール）

16. ステファヌスのフランス名。エレサレム原始教会における最初の助祭の1人で、ユダヤ人たちによって石打ちにされ、キリスト教最初の殉教者となった。祝日は12月26日。

る。夕食はフランスの田舎の典型的な家庭料理、ドロリとした野菜スープ、パテ皿のまま出された自家製パテ、噛みごたえのあるステーキ、自家菜園のサラダ、これまた自家製のチーズ、そしてデザートにもぎたてのネクター、人柄も、料理も、素朴そのもの。

ロスピターレ ──→ モンクー

（L'Hospitalet ──→ Montcuq　20㎞）

宿のおばさんに「道中ご無事で《ボンヌ・ルート》」と励まされ、ロスピターレを発つ。

石灰質の白い石がゴロゴロする、まさに「白いケルシー」の名に相応しい、荒々しい自然のなかの道を行く。珍しく、今日は雲が低くたれこめて大地を覆っている。そのせいか、荒涼とした感じには凄味がある。

ひたすら足元を見つめてGR65を急ぐ私たちの前に、突然、隊列を組んだハイキング中の乗馬のグループが現れる。曇天下でありながら、静かに悠々とすぎていく彼らの何か晴れやかな姿を見てほっとする。ケルシー地方は、いまではフランスでも有数のバカンス地帯になっていて、その大自然のなかでの休暇に人々はあらゆる野外スポーツ（ハイキング、自転車、カヤック、フィッシングなど）にチャレンジする。そのなかでも、乗馬による野の散策は一番人気のあるこの地方を代表するスポーツである。

途中の村ラスカバンヌにはカフェも食堂も雑貨屋もなく、村人に水を乞うとヴィッテルのボトルに水を詰めてくれる。喉を潤しながら、村の教会の階段で小休止。

17. ホテル・レストラン・ル・パルク（Hôtel Restaurant le Parc）、２つ星、12室、42～50ユーロ。
TEL：05 65 31 81 82

モンクー・ツーリストオフィス
TEL：05 65 22 94 04

少し晴れ間の見えたなかを、針葉樹の間の道を抜けて、「白いケルシー」を彩る黄金色のカーペットのような刈り入れの終わった麦の切り株畑のなかの道を行く。モンクーまで二時間余り。町の少し手前でとうとう降り出した雨に追いかけられるように小走りで宿に駆け込む。庭の広い宿に投宿[17]。

モンクー ──→ ロゼルト

(Montcuq ──→ Lauzerte 11km)

今日は、暑くなりそうである。

この町は小さな丘の上に広がっていて、緑が多く晴れやかな気分を誘う。「白いケルシー」に浮かぶ緑の島ともいうべきここが、「緑の地休暇村《スタション・ヴェール・ド・ヴァカンス》」という名をもつのもうなずける。

町全体が小高い丘になっているその頂きの城塞跡には、町のシンボルといえる一二世紀の方形の立派な物見櫓(三〇メートル)が町を見下ろしている。その町をブラブラしながら広場に向かう。褐色の木組みと白い漆喰がハーモニーをなす中世の面影を色濃く残す家なみの通りをはじめ、通りという通りはフランス革命二〇〇年記念祭の三色旗がはためき華やいで見える。町の中心にある広場は大きなプラタナスが心地よい木陰をつくっており、傍らの公園の砂地ではおじさんたちがペタンクに興じている。

散策の途中に見つけた「デザイン美容室」という看板にひかれて、フラフラと入ってし

ケルシーの「白い道」

12世紀の物見櫓(モンクー)

まう。二人とも長く伸びてきた頭髪がうっとうしくなっていたのである。髪をカットしてもらう。あまり代わり映えはしないが、ともかくスッキリとする。それにしても、並んで鏡に映る二人の顔はすっかり陽に焼け、元気このうえない。「もっと遠くへ、前へ《ウルトレイア》」である。

ペタンクのおじさんたちに「さよなら」をして出発。モワサックへ最短距離の道を行くために、県道953号をとることにする。両側は、なだらかな丘陵が広がるヒマワリとトウモロコシ畑。そして、黄金色の麦の切り株畑のパッチワーク。ロト県からタルン・エ・ガロンヌ県に入る。

左手前方に、小高い丘の上の教会が見え始める。ロゼルトの村である。県道からそれて坂道を上っていく。斜面に立つ丘のとっかかりの宿に投宿[18]。部屋からの眺望が素晴らしい。リュックを下ろしてから、丘の頂きにある教会に行く。村の中心はそこにある。教会はもちろんのことであるが、村を挙げて「中世の村」づくりに力がそそがれていることが、一劃の修復されたばかりの家なみに見て取れる。

ロゼルト ──→ モワサック

（Lauzerte ──→ Moissac　21㎞）

最後の詰め。ロゼルトから県道2号をとり、ノンストップの二時間半余りでラカペレトの村に着く。昼食には早い時間だったが、人の良さそうな食堂の夫妻が特別にオムレツを

18. ホテル・ドゥ・ケルシー（Hôtel du Quercy）、1つ星、9室、28～46ユーロ。
TEL：05 63 94 66 36

ロゼルト・ツーリストオフィス
TEL：05 63 94 61 94

つくってくれ、パスタ入りスープと一緒に出してくれる。

ラカペレトからは、最短距離をとるためにぶどう畑のなかの県道を気遣いながら行く。モワサックに近くなって県道957号は県道927号と合流し、俄然車が増え、超大型トラックもひんぱんに走る。プラタナスの並木道の両側にはぶどう畑が広がる。

モワサックの町に入る。その足で、まっすぐサン・ピエール聖堂に向かう。聖堂扉口上部のタンパンが見え始める。近づくにつれて「黙示録のイエス」の二四人の長老たちの像がやにわに動き出し、身を乗り出して私たちを迎えてくれているように見える。幻視だろうか……。


ロマネスクの聖堂は、人里離れたところにある場合が多い。コンクのように山なみの連なる谷間であったり、山や丘陵の頂きであったり、広い野っ原のただなかであったりする。そうしたなかにあって、タルン川のほとりのモワサックには鉄道の駅があり、訪れやすい。かつてトゥールーズから鉄道でこの町を訪れたときは、閑散とした駅前から左手の道をしばらく歩いて町なかに入り、商店街を通って聖堂のタンパンの見える広場に立った。あのときと、二〇〇キロ近い道を一歩一歩踏みしめてたどり着いたいまとでは、タンパンの様相がすっかり違って見える。

二週間の旅を背負って近づく私たちをあたかも出迎えてくれるかのように、石に刻まれたタンパンのどの像も身を乗り出しているかのようであった。まず、二四人の長老の姿が目に飛び込んできた。そして、かつて感じたキリストの厳しい荘厳なたたずまいには、威

モワサックのタンパン

厳に包まれたなかにもかぎりない優しさを感じ、私たちに微笑みかけてくれているようにさえ見えた。内部に入り、灯明をあげて無事を感謝する。

聖堂を出て西に回って回廊に入る。今日、フランスにある「もっとも美しく詩的な」といわれる回廊も、夏の陽に焼かれて回廊のレンガは乾き、「生命の木」ともいうべき一本の大樹も芝生も生気に欠けている。ひと雨欲しいところだ。

モワサック

モワサックに修道院が開かれたのは、一説には六世紀、あるいは七世紀半ばともいわれる。ノルマンディーからやって来たベネディクト派の修道士たちによって建立されたとされるその修道院は、八世紀半ばにイスラム教徒の侵入を受け、九世紀の後半にはノルマン人の、ついで一〇世紀にはマジャール人（ハンガリー人の先祖）の襲来に遭い、当初のものは若干の壁を除いてほとんど何も残っていない。

やがて一一世紀に入り、クリュニー修道会の傘下に組み込まれることによって、修道院は黄金時代を迎える。新しい運命を開くことになったのは、クリュニー修道院の院長オディロン(19)がケルシー地方に赴いたときにモワサックに立ち寄ったことに始まるともいわれている。なぜなら、当時、サンティアゴ巡礼を強力に推し進め、それを梃にしてその勢力をイベリア半島に展開させていたブルゴーニュのクリュニー修道会は、かねてよりこの地がサンティアゴ巡礼道の幹線上にあり、カオールとレクトゥール、オスタバ、ひいてはピレネーへと巡礼たちを導く重要な中継地点に当っていたことからこの修道院に目をつけてい

19. クリュニー修道院第5代院長。在位994～1049。86歳没。教皇、ドイツ皇帝、フランス、ナバラの王たちとの親密な関係により、地上における「神の王国」＝クリュニー修道会の実現を目ざし、その権力は教皇と皇帝に並ぶほどで傘下の修道院の数を倍にし、次期修道院長ユーグ（在位1049～1109）の時代の驚異的発展の礎を築く。

モワサック・ツーリストオフィス
TEL：05 63 04 01 85

たからである。

このようにしてクリュニー修道会と結び付いたモワサックは、クリュニーから迎えた院長ドランドゥス（在位一〇四八～一〇七二）の時代に修道院聖堂（サン・ピエール大聖堂）が再建され、繁栄の時を迎える。その事業を受け継いだ後継者アンスキティウス（在位一〇八五～一一一五）の時代に回廊と聖堂正面扉口《ファサード》のタンパンの彫刻は完成し、その後、正面扉口は南側に据え変えられた。

聖ペテロの名をいただくこの修道院は、当時、修道士の数や写本、金・銀・宝石細工による聖具類などの財産の豊かさにおいて群を抜き、その素晴らしい聖堂と回廊の芸術的影響力は他を圧し、クリュニー修道会に次いでベネディクト修道会の強力な修道院となる。だが、不幸なことに、一二一二年に反「カタリ派[20]」のアルビジョワ十字軍[21]による略奪に始まり、相次ぐ不幸がモワサックを襲い、繁栄の息吹きが絶たれてからというものは往年の輝きが再び蘇ることはなかった。百年戦争のときには二度にわたってイギリス人に支配され、宗教戦争では修道院が決定的な打撃を被り、ついに一六二八年、世俗の手にわたった。さらに追い打ちをかけたのがフランス革命である。だが、やがて国の所管するところとなり、聖堂と回廊が修復されて、今日ではヨーロッパ・キリスト教芸術の最高傑作の一つに数えられている。

タンパン　『栄光のキリスト』と南扉口（一一一〇～一一三〇頃）

『ヨハネ黙示録』第四章に言う。

20. 11、12世紀に広がったキリスト教の異端の一派。禁欲的・使徒的生活を追求。その呼称は、「清浄」を意味するギリシャ語に由来するが、南フランスでは「アルビジョク」と呼ばれた。
21. トゥールーズ伯領やフォワ伯領など南フランス一帯に広がった中世の異端カタリ派を征伐するために向けられた十字軍。

「……わたしが見ていると、見よ、開かれた門が天にあった。そして、ラッパが鳴り響くようにわたしに語りかけるのが聞こえた。すると、見よ、天に玉座が設けられていて、その玉座の上に座っている方がおられた。その方は、碧玉や赤めのうのようであり、玉座の周りにはエメラルドのように虹が輝いていた。また、その玉座の周りに二四の座があって、それらの座の上には白い衣を着て、頭に金の冠をかぶった二四人の長老が座っていた……この玉座の中央とその周りに四つの生きものがいた……第一の生きものは獅子のようであり、第二の生きものは若い雄牛のようで、第三の生きものは人間のような顔を持ち、第四の生きものは空を飛ぶ鷲のようであった。この四つの生きものはそれぞれ六つの翼があり……彼らは昼も夜も絶え間なく言い続けた。

『聖なるかな、聖なるかな、聖なるかな、
　全能者である神、主、
　かっておられ、今おられ、やがて来られる方』」

まさしく「天に開いた門」を表した南扉口のタンパンには、ヨハネの幻視による光景が繰り広げられている。

タンパン『栄光のキリスト』

中央の大きな玉座に座し、頭上に東方の王冠をいただいた「神の出現」であるキリストは左手に「生命の書」を持ち、右手は祝福を与えている。大きく見開いて彼方を見つめる両眼、左右相称の頭髪とたっぷりとした髭、その姿態は威厳に満ち、畏怖の念を抱かせる。

中央の、キリストを囲む象徴の姿の四人の福音書記者たち。すなわち、キリストの右肩上方に若者のような姿の聖マタイ、身体をよじって、キリストのほうへ向けられたその顔は恍惚の表情をたたえている。聖マタイと対をなしてキリストの左肩上方に、鷲の姿の聖ヨハネ、鷲は二つの脚の爪を突きたて鱗状の羽毛で被われた弓なりの長い胴体をしっかりと支え頭をかぎりなく神に近づけ、その嘴《くちばし》からは片時もやむことなく「聖なるかな」が発せられている。キリストの足元には牡牛の姿の聖ルカと獅子の姿の聖マルコ、牡牛も獅子もともに前肢で聖なる書物を抱き、後肢を強く踏ん張って胴を弓なりにして思い切り首を伸ばしてキリストの顔を仰ぎ見ている。「神の出現」を目の当たりにして、歓喜と興奮の極みにあるその躍動感に溢れたそれら「四つの生きもの」たちのダイナミックな動きは、中央に座すキリストのあたりをはらう厳しい静謐《せいひつ》さと見事なコントラストをなしている。そして、神と「四つの生きもの」を挟むようにして、長いシルエットの衣の襞《ひだ》が流麗な線を描く二人の智天使が立つ。

神、四人の福音書記者、二人の智天使、この静と動、そのドラマティックな見事な構成は、彼らを左右、下手三方から囲む白い衣を着て、頭に金の王冠をいただいた二四人の長老たちの、自然で、ときにはユーモアをたたえた動きで完璧なものとなっている。長老たちは、それぞれが竪琴と香鉢を持っていることにおいて共通しているが、そのポーズと表情は一つとして同じものはなく、驚くほど多様でありながら、みんなの顔は一斉に神を仰ぎ見ている。彼らの凝視する眼差しは等しく強く、無垢である。

　タンパンと繊細な彫りの八つのバラ文様の並ぶまぐさ石をしっかりと支えているのが四角の中央柱《トリュモー》と左右の側柱であり、それら側柱は四つの鋭い波状を描きスペイン・アラブ様式を想起させる。神の真下、大きなタンパンを支える中央柱正面には、二頭ずつその身体がX形に交差して三組が重なり、爪を立てて後肢で凛と立ち、神のおわす上部によじ上っているかのような力強い六頭の獅子たち。その右側面には預言者エレミア、そして左側面には使徒聖パウロ。柱という枠組みに従って、胴体も脚部も極端に長く引き延ばされている。これら二つの彫像は、その建築上の制約を転じてプラスとした石工の見事な技により、預言者や使徒たちにふさわしい高く深い精神性が与えられている。

　右側には預言者エレミアと向かい合う形でイザヤの、また左側柱には使徒パウロと向かい合う形で天国の門の鍵を持つ聖ペテロの立像。いずれも、タンパン中央のイエスのほうに、つまり「救いの門」のほうに人々を導くかのように上体を傾けていることが、歳月による石の摩滅――とくに預言者イザヤの――にもかかわらず充分にうかがうことができる。

　扉口の右側の側壁には聖書からのいくつかの場面が彫られているが、いずれも腐食が甚だしく、案内書を手がかりにしなければ分からないものもある。

　私たちがこの年の巡礼最終地点であるモワサックの南扉口に近づいていったとき、まず目に飛び込んできたのは二四人の長老たちの姿であった。彼らは中央に座すキリストを仰ぎ見ているにもかかわらず、あたかも身を乗り出し、手を差し出して私たちを出迎えてく

中央柱の預言者エレミア

れているように見えた。二四人の長老だけでなく、キリストもかすかに微笑み、「四つの生きもの」や二人の智天使、そして中央柱をよじ登ろうとするかのような六頭の獅子たちや長く引き延ばされて身体をよじる預言者や使徒たちも、まるで首を長くして私たちを心から待ち受けているかのようだった。長い道程を歩いてきて疲れ切った心と体がそのような幻を見せたのかもしれないが、あのときの石の彫像の誰もが私たちを歓びもって迎えてくれているという印象はとてつもなく強烈で、私たちも歓喜の集団の一人なのだというほとんど確信に近いものがいまもしっかりと心に根付いている。

中世の巡礼たちの心性《メンタリティ》を推し量る術は現代の我々にはほとんどないが、おそらく彼らは、我々の想像をはるかに越える素直さと素朴さで、中世の彫刻師の信仰とすぐれた技によって現前化された「神の国」の前に立ったのではないだろうか。そして、使徒や預言者や天使、長老たちとともに「神の出現」を歓喜したにちがいない。

「花咲き乱れ、大きな木立が清澄な影を落とすこの回廊は、現在フランスに残る修道院回廊のなかで最も詩情にみちたものであろ

モワサックの回廊

う」（田中仁彦他訳『ロマネスクの図像学』上巻、図書刊行会、一九九六年）と、エミール・マールは語っているが、この回廊がもつ性質を言い尽くしているような気がする。

どこか東方的な香りのする、ロマネスクの優れた柱頭彫刻を丹念に見る歓びは聖書の知識に負うところが多いと思うが、そうでなくとも動物文様や植物文様や抽象文様など、それらが織りなす石の多彩な織物の世界を追いかける歓びは、ここモワサックでは格別なものがある。だが、柱頭彫刻を追いかけるのに疲れて、回廊のどこでもいい、好きな一隅《いちぐう》に座ってその光のなかにすべてをゆだねるときに至福の時間が訪れたら、それはまさに恩寵ともいえるかけがいのない瞬間であるだろう。

　聖堂からほど近い広場にある宿[22]に落ち着き、胃痛に苦しめられた道中ではあったが、今年の「歩き」を終える。

回廊の柱頭彫刻

22. ホテル・ル・シャポン・ファン（Hôtel le Chapon Fin）、2つ星、28室、25～51ユーロ。
TEL：05 63 04 04 22

モワサック ⟶
Moissac

エール・シュール・ラドゥール
Aire-sur-l'Adour

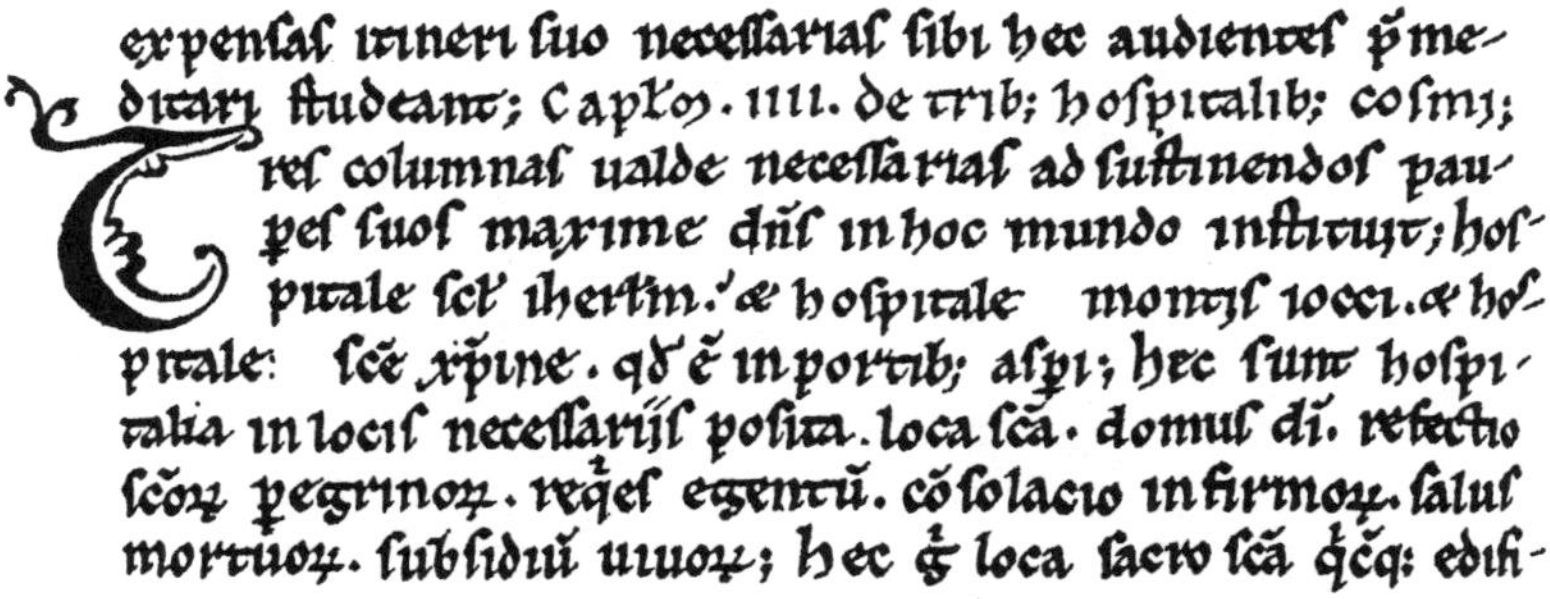
expensas itineri suo necessarias sibi hec audientes p̄meditari studeant; Capl̄m. IIII. de trib; hospitalib; cosmi;
Tres columnas ualde necessarias ad sustinendos pauperes suos maxime dn̄s in hoc mundo instituit; hospitale scī ihertm. & hospitale montis iocci. & hospitale scē xp̄ine. qd̄ ē in portib; aspi; hec sunt hospitalia in locis necessariis posita. loca scā. domus dī. refectio scōꝝ pegrinoꝝ. requies egentiū. cōsolacio infirmoꝝ. salus mortuoꝝ. subsidiū uiuoꝝ; hec ẽ loca sacro scā quicūq: edifi-

1990年　夏　8月

モワサック ——→ オーヴィラール

（Moissac ——→ Auvillar　21 km）

サン・ピエール大聖堂の前に再び立つ。三人の娘を連れたフランス人の家族がいる。こうした光景はフランスの旧所名跡や美術館ではよく見られるのだが、母親がタンパンを見上げながら、ミシュランの例の『ギッド・ヴェール』(1)を片手に熱心に説明している。中学生と小学生くらいであろうか、少女たちが頷きながら、これまた熱心に見上げているのが微笑ましい。父親は写真を撮るのに夢中。

昨年の夏、コンクを後にしたときのように、サン・ピエール聖堂のタンパンを振り返り振り返りしながら歩き始める。風が心地よい。一歩一歩踏みしめながら、歓びが満ちてくるのを感じる。大木のプラタナスが陰を濃く落とす運河沿いに進み、モワサックの町を抜ける。ぶどう畑の丘陵地帯を行くのだが、雨が降っていないせいか地割れがひどい。

一時間余りでブゥドゥーへ。ここからの眺めは本当に素晴らしい。ガロンヌ川のたっぷりとした流れと豊かな畑が広がる、起伏のなだらかな丘陵が一望できる。ガスがかかっていなかったらピレネー山脈が見えるはずだ。

昼食を予定していたマローズに昼すぎに着く。まず教会へ行き、灯明を上げて道中の無事を祈る。さて食事と思ったが、食堂は閉鎖中。バカンスにでも出掛けているのだろうか。次の村に（四キロ先）食堂があるというが、ともかくパン屋でクロワッサンを買い求めて

サン・ピエール大聖堂

1．フランスのタイヤ会社ミシュランが出版する旅行ガイド・ブック。『ギッド・ヴェール』（グリーン・ガイド）と『ギッド・ルージュ』（レッド・ガイド）との２種類があり、前者は名所旧跡の知見に溢れて詳しい観光案内書であり、後者は厳正に格付けしたホテルとレストランの案内書でフランスは各地方別になっており、またヨーロッパの国別や、パリ、ロンドン、ニューヨークなど世界の大都市だけを扱ったものもある。版によっては仏語だけでなく独語、西語、英語版もある。同社出版の「道路地図」とともに自動車旅行の三種の神器である。

カフェで小休止をとる。ここまで、GR65の標識はしっかりしている。

エスパレまで二つのガロンヌ運河を渡る。簡易舗装の道を行く……暑い。トウモロコシ畑、リンゴ畑、ぶどう畑、野菜畑がモザイクを描くはるか前方に原子力発電所。巨大なコンクリートの円筒形の建造物は、およそこのあたりの風景にそぐわない。その先端から吐き出されている白い煙りとともに、不気味この上ない。

エスパレには食堂もカフェもなし、教会の広場の木陰で小休止。

小高い丘の上にある、ガロ・ロマン時代(2)からの町オーヴィラールに着く。「時計塔」をくぐって町に入っていく。中心には古い円形をした種物市場があるが、こういう形の市場は珍しい。かつて陶器と鵞鳥ペンの産業が栄えていたというが、その面影は町の博物館で偲ぶことができるらしい。オーヴィラールというのはラテン語で「高いところ」を指したようだが、まさに見晴らし台である。

眼下に、水量をたっぷりと湛えた雄大なガロンヌ川の眺め。ピレネーに発する水が幾筋かの谷を穿ち、その谷あいよって挟まれたなだらかな起伏の丘陵が波打ちながら空の彼方に広がっている。そのはるか向こうはピネレーである。明日は犬の品評会があるとかで賑っている。町で唯一の宿(3)に直行。

宿の「フィガロ」紙の「イラク徹底抗戦の構え」という見出しが目に飛び込んでくる。

2．カエサル（前100？～前44）によるガリア征服後のローマ植民地時代。現在のフランス、ベルギー、オランダ、スイスに当たり、5世紀まで続く。

3．ホテル・レストラン・ド・ロルロージュ（Hôtel Restaurant de l'Horloge）、2つ星、10室31～49ユーロ。
TEL：05 63 39 91 61

オーヴィラール ──→ レクトゥール

（Auvillar ──→ Lecteure 30km）

昨夜は、暑くてよく眠れなかった。ひと雨来そうな変な空模様。曇天のもとオーヴィラールを後にする。アラ川を渡り、タルン・エ・ガロンヌ県からジェール県に入る。豊かなガロ・ロマンの歴史的遺産が残り、また『三銃士』のダルタニャンの故郷でもあるガスコーニュ地方に入ってきたのである。

エムリ・ピコーは、『巡礼案内の書』の第七章「サンティアゴ巡礼道が通過する地方の名前とそれら住民の気質」のなかで、荒涼とした厳しいランドの地をすぎてきて見いだしたガスコーニュの地について、次のように記している。

白いパン、赤いワイン、川や泉の澄んだ水、林と牧草地……ガスコーニュ人は話が巧みで饒舌、からかい好きで、放蕩、飲んべえにして大食漢、ぼろ着をまとい、文無しである。しかしながら、彼らは戦いにおいては素晴らしい戦士であり、貧しい人々を手厚くもてなすことでよく知られている。火の周りを囲んで座り、テーブルなしにものを食べ、みんなが同じコップで飲む習慣がある。彼らは驚くほどたくさん食べ、酒を飲み、身なりはだらしない。夜には、腐ったワラの上に、使用人も主人も女主人も、みんながいっしょに寝てそれを恥とも思わない。

ダルタニヤンの像

ガスコーニュ地方を生まれ故郷とするダルタニャンも、そして『シラノ・ド・ベルジュラック』のシラノも「ゴーロワ魂」を体現している人物にほかならないが、勇敢にして才知に長けて陽気で辛辣、野放図なほど開けっぴろげで行動力に富む豪放磊落《ごうほうらいらく》な、彼らガスコーニュ人をはるか遡る先祖の面影をこの記述に読み取ることができるのではないだろうか。

かつてのサンティアゴ巡礼道が県道23号と重なっている。つまり、舗装道路であるためGR65からは少しそれるが、私たちは本来の巡礼道であるこの県道（歴史街道）を取ることにする。二時間ほど行ったサン・アントワーヌの村にはかつて巡礼のための救護所があったというが、いまは廃墟になっている。

ヒマワリ畑とヒエ畑の広がる道を行く。小雨のなか、小高い丘の上にあるフラマランの村に入る。一二世紀に遡る廃墟の城跡で小休止の後、ミラドゥに向かう。ミラドゥには、宿はもちろんのこと、民宿も簡易宿泊所もなければ食堂もなし。カフェで手持ちのチーズとビスケットの昼食をとった後、宿のあるレクトゥールまで一五キロの道程を行く。

レクトゥールにやっとの思いでたどり着く。墓地の前を通って坂を上っていくと、町の入り口に立つブローの塔が迎えてくれる。長い長い一日であった。

かつて司教座のあったこの町は、フランス南西部でも文化遺産の豊かなもっとも美しい中世の町の一つといわれるが、丘の上に築かれていて四方が開け、町の通りのどこからでも波打ってつづく丘陵が遠望できる。南フランス特有の赤い瓦を葺いた白い家なみの通りは、軽やかな空気が流れ、空の青さによくマッチしたおしゃれな小さな町である。

二つ星の近代的なホテル・バスタール(4)に投宿。眺望のよい明るい部屋。私の疲れぶりを見取ってMが連泊を決める。依然として胃痛がつづいていたので、とてもありがたい。今年も胃痛と同行なのだろうか。ホテルのレストランは『ゴーミヨ』(5)おすすめなのに、ピレーンオムレツだけを食べて、ただ眠る。

翌朝、ゆっくりと起き、朝食を部屋でとる。散歩がてらにサン・ジェルヴェ・エ・サン・プロテ大聖堂を訪れる。方形の塔をもつゴシック風の大聖堂は、宗教戦争による破壊以来、修復が重ねられてきた。内陣のステンド・グラスの一枚には巡礼姿の聖ヤコブ。

メインストリートを端から端まで歩いても一〇分とかからないのであるが、革命のときまで司教館であった現在の町役場《オテル・ド・ヴィル》を中心に、デュ・マレシャル・ランヌの館やマロニエの庭園、ダイアナの泉（一三世紀）、いまに残る城壁の一部など、町全体の美しいたたずまいがこの町をいっそう晴れやかにしている。町役場にある「ガロ・ロマン博物館」の豊かな考古学的コレクションは、ガロ・ロマン時代に遡るこの地の繁栄と重要性を物語るものである。とりわけ「聖牛の犠牲台」（一五四〇年発見）は、この地方のジュピターやキュベレ崇拝の中心地を示すものとして有名である。

オーシュの方向にジェールの渓谷がなだれ落ち、隆起して波状形につづくガスコーニュの野が一望できる。晴天の日にはピレネー山脈が遠望できるとか……。

夕方から黒い雲、そして雷鳴。久しぶりの雨で少し涼しくなる。

4．ホテル・ル・バスタール（Hôtel Le Bastard）、２つ星、29室、42～60ユーロ。
TEL：05 62 68 82 44

5．ミシュラン社の『ギッド・ルージュ』と並ぶレストランガイドブック。評価はホークの数ではなく、20点満点でなされている。本のタイトルは、料理評論家であり、最初の本書の発行者であるアンリ・ゴーとクリスティヤン・ミヨーの二人の名前から来ている。

レクトゥール・ツーリストオフィス
TEL：05 62 68 76 98

レクトゥール ──→ コンドン

(Lecteure ──→ Condom　24・5 km)

朝もやのなか、レクトゥールを発つ。

ぶどう畑、トウモロコシ畑、果樹園が広がるいかにも豊かそうな緑の沃野《よくや》。アルマニャック地方の中心に入ってきたのである。波打つヒマワリ畑がずっとつづく畑のなかの一本道を歩きつづける。昨夜の雨のおかげで涼しくて歩きやすい。丸一日休息もできたし、ピッチが上がる。

バイーズ川のほとりの町コンドンに着く。早く町に着いたにもかかわらず、最初に訪ねた宿は満室。明日（八月一五日）が「マリア被昇天祭」[6]だからか。宿の女主人がもう一つの宿に電話をかけてくれて、ＯＫ。アルマニャックのボルドーへの積出港のあったバイーズ川を渡って、ブゥケリ地区にある宿[7]に入る。

コンドンは、一〇世紀にはすでにベネディクト派修道院による巡礼のための救護所があり、その後シトー派のフララン修道院の門前町として開け、交通の要衝でもあったため、巡礼にとって重要な宿場であった。

一三一七年に司教座が置かれ、その前後に相次いでコンポステラ巡礼のための救護所が建てられた。一つはコンドン出身の枢機卿によって、もう一つはサンティアゴ兄弟団[8]によってブゥリケ地区に建てられたものである。したがって、一四世紀にはこの町は巡礼にとっていっそう重要性をもったという。

6．８月15日は聖母マリアが天に召された祝日で、フランスでは祭日にあたる。
7．ホテル・ル・コンティネンタル（Hôtel le Continental)、２つ星、37～112ユーロ。
TEL：05 62 68 37 00
8．14世紀頃ヨーロッパ各地に誕生した、巡礼行および巡礼者を支援し、かつまた相互扶助的な役割をもった組織。団員は、社会的出自には関係なく自発的に行った巡礼体験者からなり、慈善、信仰、兄弟愛をうたい実施する。

コンドン・ツーリストオフィス
TEL：05 62 28 00 80

中心に方形の塔をもつ堂々とした立派なゴシック様式の大聖堂（一六世紀に再建）が、赤い屋根の町なみの上に聳え立つ。この古い界隈は宗教戦争のときに破壊されたにもかかわらず、古い城壁、テンプル騎士団の塔、かつての司教館、貴族の館など、過去の歴史を語る多くのものをもつ。また、アルマニャック酒の最初の積出港であったことを誇るこの町には「アルマニャック博物館」があり、醸造と蒸留の伝統的技法を伝えている。

ピレネーとガロンヌの間に落とされた神々しい涙から生まれたといわれるアルマニャック酒は、実は、三つの文明、ケルトによって伝えられた樽をつくる技術、ローマによってもたらされたぶどう、アラブによる蒸留器の出会いの賜であった。この三つをぶどう畑に降り注ぐ太陽と樫の木（樽）のタンニンと結びつけて天の恵みとしたのがほかならぬガスコーニュで、フランスでもっとも古いぶどうの蒸留酒アルマニャックを誕生させたのである。巡礼たちはここコンドンで必ずこの酒を賞味したといわれるが、ヨーロッパ中にその名が知られるようになるのは、ほかならぬジャケ（フランス語でサンティアゴ巡礼者のこと）のおかげだったという。

ちなみに、アルマニャック酒は、コニャックと同様、アルマニヤック地方で収穫された白ぶどうからつくられたものにのみ許される名称である。私たちも一本求めて賞味をしたが、コニャックの風味より野性的で剛直である。Mのリュックのサイドポケットに収まったアルマニャックは、道中の気力の源となった。

アルマニャックの酒蔵

フララン修道院

シトー修道会(9)が勢力を伸ばしていた一二世紀には、傘下の八つの修道院がこの地方に建てられたが、コンドンから八キロばかり南のところにあるフララン修道院は、そのなかの最後のものにあたる。この地方の気っぷのいい領主たちの喜捨によって、この修道院は急速に発展を遂げる。ついで、イギリスとフランスとの支配を交互に受けるが、宗教戦争や革命の嵐に見舞われた時代にも建造物は破壊をまぬがれ、建造当時の純粋なシトー派様式の本質的なものを損なうということはなかった。今日、ジェール県におけるロマネスク芸術のもっとも素晴らしいモニュメントの一つになっている。

本道をそれて修道院に通じる気持ちのいい並木道《アレー》を行くと、森を背後に控えた空き地に立つフララン修道院の褐色がかったベージュ色の明るい建造群が見える。祈りと労働を厳しく守り、修道士自ら畑を耕すなど農業に従事し、自給自足を旨としたシトー会修道院は、川や泉や谷間など水量と水質に恵まれた、水利のいい土地に建てられるのが常であったが、ここフララン もバイーズ川にほど近いところにある。

前庭正面に、いまでは入場する際の受付になっているかつての来訪者のための宿舎があり、左に聖堂が立っている。教会正面は上部に小さな丸窓があるほかは一切の装飾が排除され、また筒形穹窿の三廊形式の内部も柱頭も簡素そのものである。いわゆる「感覚の歓び」は剥奪されて、シトー派の精神である「清貧、禁欲、簡素」が現前化させられている。

フララン修道院

9．豪奢、奢侈に傾いていたクリニュー修道会に対して、「ベネデクトゥス戒律」の厳守に回帰することを求めてブルゴーニュ、シトーの地に1098年に創設された修道会。

フララン修道院文化センター
TEL：05 62 28 50 19

しかし、フララン修道院はいまではこの地方の文化センターとなり、展覧会、コンサート、シンポジウムなど、一年中何かしらの企画があり、情報発信基地として新しい生命を生き始めている。また、サンティアゴ巡礼に関する展示や資料もあり、この地方のサンティアゴ巡礼センターでもある。

コンドン ──→ モンレアール

（Condom ──→ Montréal-du-Gers　17 km）

朝、青空にぽっかりと白い雲、そろそろ秋の気配。ブゥケリ地区に残るサン・ジャック教会の前を通ってコンドンを出発。

オス川にかかる五つのアーチをもつ美しいロマネスク様式の橋ポン・アルティーグを渡る。そして、GR65を忠実に歩く。途中で私有地の狩猟場に迷い込むが、そのなかの道を下り切ったところで標識を見つけてホッとする。相変らず道の両脇に、ヒマワリ畑、ぶどう畑、トウモロコシ畑、大豆畑が広がってつづく。今日は、大根畑も見つける。

三日前の雨のおかげで土ぼこりが立たないので助かる。いつのまにか朝の青空は消え、雨がパラつき始める。

城塞都市《バスティード》モンレアールに午後一時に着く。ガスコーニュ地方でもっとも古いバスティードの一つであるこの町は、両側を谷が挟むかつてケルトの地であった丘陵の上にある。バスティードはこの地方に多い。今日の歩きは一七キロ。はやく着いたおかげで、ちゃんと

モンレアール・デュ・ジェール・ツーリストオフィス
TEL：05 62 29 42 85

した昼食をとることができる。胃にやさしく、ポタージュ、オムレツ、デザートにプリン。Mはステーキ定食。蒸しジャガ、セロリーが盛りたくさんで、野菜好きのMは御満悦。夕方になって、本格的に雨が降り出す。

「バスティード」とは、中世に開墾によって誕生したフランス南西部に固有のいわば新興集落のことである。一三世紀以降の一五〇年間に、三〇〇近い（一説には五〇〇とも）バスティードが建設されるが、もっとも密度が高いのがガスコーニュ地方とギエンヌ地方であるといわれている。人口増加に対応するために、また財政的必要性、さらには政治的、軍事的要求にこたえるため、領主たちは未開の土地を切り開いていわば一種の市外化計画を構想した。そのために、土地の開墾を引き受ける者たちに自由と特権を与え、この新興集落に労働力を引きつけようとした。「城塞都市」と訳語がついているが、最初から必ずしも要塞として計画されたわけではなかった。たしかに、中世の異端カタリ派対策という面もあったようだが。

この新興集落の特徴は、それまでの教会中心の村づくりとは異なって、人々の直接の暮らしの場である住居、商店、市場などが道路沿いに整然と立っているところである。ヨーロッパの町や村ではたいていが教会とその広場が中心を占めているが、バスティードではむしろ中心を形成しているのが商店の入ったアーケードが囲む広場であり、そこに立つ方形の市場である。教会は必ずしも中心近くにあるとはかぎらず、そういう意味で近代都市のはしりといえるかもしれない。

モンレアール

モンレアール ──→ オーズ

（Montréal-du-Gers ──→ Eauze　17㎞）

昨夜からの悪天候がつづいているようだ。いまにも雨が降り出しそうな空模様。朝食をゆっくりとりながら、青い空が徐々に広がってきたのを見て出発。

GR65はジグザグしているので「アルマニャック街道」（国道29号）を取る。陽差しは強いが、空気がひんやりとして気持ちがいい。緑のぶどう畑が広がる。いかにも豊かな土地柄であることが、農家の敷地の広さやその家屋のたたずまいにもうかがわれる。

かつてコンポステラに向かう多くのブルターニュの巡礼を受け入れたといわれるブルターニュ・ダルマニャックで小休止。

ジェール地方一帯が見渡せる丘の上の町オーズに、昼すぎに着く。私の胃痛のため行程の刻みを短くしたので、今日も昼食に間に合う。大聖堂前広場の食堂、私は相変らずプレーン・オムレツだが、Mはフルコースにワイン。ポタージュ、魚料理、ジャガイモ、セロリ添えステーキ、プリン、ワイン、二人分合わせても四六・五フラン（約一一〇〇円）、田舎ではこんな値段でたっぷりとした食事ができる。

ガロ・ロマン時代からの歴史あるオーズの町は、今日、アルマニャック地方の産業と行政の中心地。ゴシック様式の大聖堂の足元に家々がうずくまるように塊りをなしている。アーケードのある広場には、白い漆喰壁に木組みが露出したいかにも歴史を感じさせる古いピトレスクな家なみがあるが、そのなかでひときわ美しい家がジャンヌ・ダルブレ(10)の家

アルマニャックのぶどう畑

といわれ、若きアンリ四世[11]とその妃マルゴが滞在したところという。「アンリ四世」という宿に投宿[12]。大きな黒い犬がぬーっと現れる。名は「サラ」という。

オーズ ──→ ノガロ

(Eauze ──→ Nogaro 20km)

雲一つない快晴のもと、出発。

GR65をたどる。トウモロコシ畑のなかの細い荒れた道でイバラがチクチクと肌を刺す。その道は、私有地である牧場へとつづいている。私有地の囲いの門の掛け金をはずして扉を開け、閉めてなかの道をたどる。子ジカが遊んでいる! そこをそろりと通過してぶどう畑のなかの道を行くが、標識が見あたらない。トラックターで散薬中の農夫に道を聞き、シダの生い茂げる道を掻き分けて進む。

三時間ほど行ったマンシエの村のカフェで、サンドイッチとビスケット、そして水で小休止。Mはコーヒー。巡礼のためのかつての救護所は廃墟となっていた。マンシエからは県道522号を行く。軽い上り下りの、まっすぐな一本道がつづく。夏が戻ってきてとにかく暑い。

ミドゥール川のほとりにある、ノガロの町はずれの新しい宿[13]に午後二時ごろに入る。昼食は終わっていたが、ミックスサラダを食べることができた。夕食にスズキの炭火焼きを食べる。これで熱いご飯でもあれば……。

10. ジャンヌ3世。1528〜1572。ナヴァール女王、在位1555〜1572。フランス国王アンリ4世の母。
11. 1553〜1610。フランス・ブルボン王朝の祖。フランス国王、在位1589〜1610、ナヴァール王、在位1562〜1610。
12. ホテル・アンリ4世(Hôtel Henri Ⅳ)、1つ星、9室、28〜35ユーロ。
TEL:05 62 09 75 90
13. ホテル・レストラン・ソレンカ(Hôtel Restaurant Solenca)、2つ星、48室、45〜53ユーロ。
TEL:05 62 09 09 08

オーズ・ツーリストオフィス
TEL:05 62 09 85 62

朝食を運んできてくれた宿の人のノックで目覚める。Mの調子が悪そうだ。背中に鈍痛がするという。次の行程はハードな歩きになりそうなので、連泊することにする。私の胃のためにもありがたい。洗濯、靴の泥落とし。昼食は宿の食堂のランチ。

ノガロ ──→ エール・シュール・ラドゥール

（Nogaro ──→ Aire-sur-l'Adour　25km）

宿を発ち、一一世紀にオーシュのオスタンド大司教によって建てられたノガロの教会に立ち寄る。タンパンには、四人の福音書記者のシンボルを従えた荘厳のキリスト。イエスの顔は削り取られている。内部は三廊形式の聖堂。堂守のおばあさんが灯をつけてくれる。内陣、柱、丸天井は彩色の跡が残る。廃墟になっている回廊に残るロマネスクのアーチと柱頭の彫刻は美しい。

一日休んだせいか、Mの体調もまずまず戻った。ノガロを抜けて、県道からGR65に入っていく。道端の草いきれでむせかえるようだ。空気が湿気を含んでいるせいか、体が重い。途中休める村もなく、ただただ喉が渇く。昼食は、道端の木陰でビスケットとレモン。

バルスローヌに向かって歩きつづける。喉の渇きに堪えられず、途中ポツンと一軒だけ立っている農家に水を所望する。バルスローヌまでの、最後の一時間の何ときつかったことか。村のカフェに飛び込んで、Mは水、私はティエール（薬草茶）を注文する。もちろん、冷たい水を一気に飲みたいところだが、胃の調子がいまひとつ、用心するに越したこ

ノガロ・ツーリストオフィス
TEL：05 62 09 13 30

とはない。何とかひと息をつく。

バルスローヌで休んだ後、二キロ先のエール・シュール・ラドゥールまで足を延ばす。ジェール県を抜け、アキテーヌ地方のランド県に入る。エール・シュール・ラドゥールには列車の駅がある。途中駅に立寄り、明日のパリ行きの夜行列車を予約してから宿[14]に入って、今年の「歩き」を終える。

14. ホテル・レ・プラターヌ（Hôtel Les Platanes）、2つ星、10室、29～45ユーロ。
TEL：05 58 71 60 36

エール・シュール・ラドゥール

Aire-sur-l'Adour

──→ パンプローナ

Pamnplona

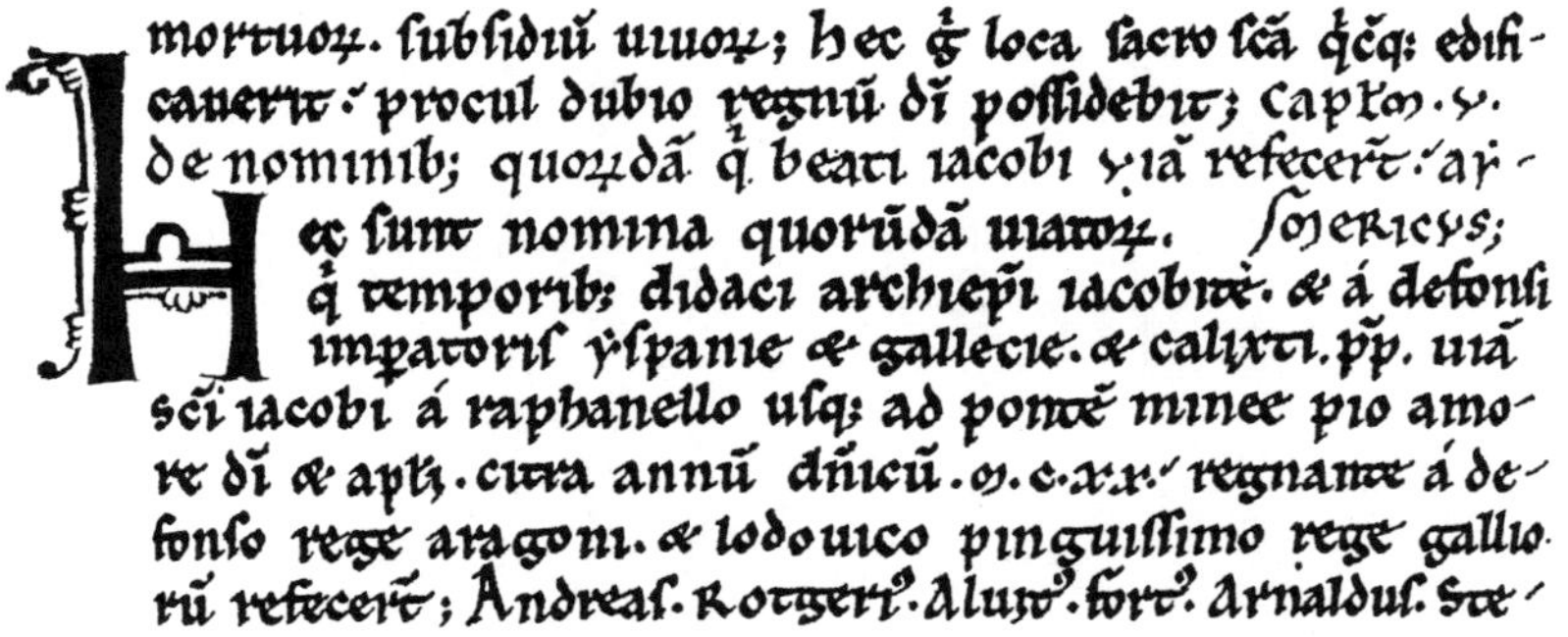

1991年　夏　8月

エール・シュール・ラドゥール ──→ ミラモン
(Aire-sur-l'Adour ──→ Miramont-Sensacq　16km)

ピレネー山麓のさわやかな大学都市ポオを経て、エール・シュール・ラドゥールに入る。巡礼姿で再び現れた私たちに、宿の主人夫婦は少々驚いた様子。日本人なんて見かけることはまずないのであろう。

ローマ時代に遡るというこのアドゥール川のほとりの落ち着いた小さな町は、いまではこの地方有数のバカンス村になっている。のんびりと夏を過ごす短パン姿のツーリストが目立つ。川を渡り、町はずれの小高い丘の上に立つサント・キテリー教会を訪れる。二世紀にこの地で殉教したスペインの聖女に捧げられたという一二世紀の教会内部は、全体に彩色されていて密教の世界を思わせる。古い石のすえた臭いがする。クリプトには聖キテリーの墓と彼女の奇蹟の泉。いつものように灯明を上げ、道中の安全を祈る。

昨夜からの雨は止み、低い雲がたれこめている。宿の夫妻に「頑張って!《ボン・クラージュ》」と励まされて出発。例年のように、地図を手にしたMが先に立つ。まだ扉の閉まったままのサント・キテリー教会の前を通ってバラやジェラニュームなど、色とりどりの花が庭先に咲く町はずれの住宅地を抜け、トウモロコシ畑のなかの道を行く。坂を上っていくが、昨夜の雨でぬかるむ道に足をとられそうになる。Mの持つ杖を借り、慎重に歩を進める。

一五キロ地点あたりで足にマメができ、両足が痛む。右膝もおかしいし、両足全体がや

サント・キテリー教会

たら重い。ミラモンの村を目前にピッチがぐんと落ちる。一日目だからだろうか、しかし、これまでにこのようなことはなかったように思う。年齢の節目節目には体調のバランスを微妙に崩す時期があるといわれるが、加齢によるどうしようもない体力の衰えは気力でカバーするより仕方がないのだろう。六〇歳を目前にしてそれを改めて思い知らされる気がする。

途中で心なごむ光景。ほとんど泥水のような流れで遊ぶ家鴨をしばし無心に眺める。

雨に降られながらミラモンに着く。村で一軒の宿はすでに満室で、今夜はジット・エタップ[1]泊まりとなる。小学校（といっても、村の分教場のようなもの）の向かいの農家に尋ねると、ごく自然に鍵を持った老人が先に立ち、校庭の片隅の四角い小屋に案内してくれる。コンクリート造りのいかにも殺風景な建物で、ちょっと離れたところにトイレとシャワーのあるバラック小屋。これが、巡礼のための村のジット・エタップである。入ったところは流し台と冷蔵庫のあるキッチン、奥の部屋に鉄製のペンキが剥げ落ちた四つのベッドが置いてあるだけで、最近使った気配はない。天井の四隅にたっぷりとクモの巣が張っている。とにかく夜露がしのげるだけでもありがたいが、ガランとした部屋にとりつくしまもなく、リュックを下ろし、しばしぽつねんとベッドに腰掛ける。万事に活発なMも、所在なげに並んで座る。

ベッドにはマットだけで何もない。毛布を借りることにするが、忘れられたかと思うほどしてから例の農家の少女が届けてくれてホッとする。

夕方、ドイツ人女性二人が到着し、それにつづいてフランス人の中年男女が現れる。女

1．gîte étape。フランスにおける歩き、乗馬、自転車、オートバイなどによる自然散策者のための簡易宿泊施設。

エール・シュール・ラドゥール・ツーリストオフィス
TEL：05 58 71 64 70

性二人組が残りのベッドを占領し、フランス人男女も先客があると分かると、いとも気安く校庭に簡易テントを張る。そして、早速、地べたに携帯コンロを据えて湯を沸かし始める。私たちとドイツ人女性組は、村で唯一の宿の食堂でいっしょに夕食をとる。

安眠はまず無理と思っていたので、私は睡眠薬の助けを借りて早々と眠りに落ちる。夜、猛烈な蚊の襲来で、Mはほとんど眠れなかったという。

ミラモン ―→ アルザック

（Miramont-Sensacq ―→ Arzacq-Arraziguet　16km）

朝食をすでに終えていたフランス人男女は、紅茶の香りを残して発っていった。ドイツ人女性たちはまだ寝ている。私たちは昨夜の食堂で朝食をとり、老人に「さよなら」を言い、心ばかりのお礼（五〇フラン）をして出発。

涼しいのは、歩くのにはありがたい。どこまでもつづくトウモロコシ畑のなかのGR65を行く。ランド地方のもっとも古いバスティードの一つであるピンボの村の入り口に、守り神のように十字架が立っている。この村にはかつて三つの教会があったらしいが、いまは聖バルトロメオ（キリストの一二使徒の一人）に捧げられた教会のみが残っている。扉口のタンパンは、ほとんど磨滅していてよく分からないが、二四人の長老らしき姿が描かれている。アーチ部分には、ケルト風の渦巻文と組紐文らしきものとぶどう唐草。ここで、昨夜のフランス人中年男女に再会する。女性のほうがケルト風の渦巻き文様を指さしなが

フランス人夫妻

ら「永遠のシンボル」と説明してくれる。

彼らはTシャツに短パンという軽装だが、トウモロコシの葉やイバラの下草で脚や腕を痛めないのだろうか。

アルザックの村に着く。(2) ピレネー・アトランティック県に入り、もうバスク地方は近い。村のサン・ピエール教会のステンドグラスの一枚に、聖ヤコブの姿が描かれている。

アルザック──→ポンス

(Arzacq-Arrraziguet ──→ Pomps　17・5㎞)

朝、教会に立ち寄り、五年間お世話になった「メフィスト」(靴)を捧げてアルザックを出発。新しいスニーカーで足元が軽い。

GR65の標識に従っているにもかかわらず、トウモロコシ畑のなかに迷い込む。背丈ほどもあるトウモロコシ畑を掻き分けて進むが、次の標識が見あたらない。元の地点に戻ろうとする途中に、地面に大きく矢印が描かれている。先発したフランス人男女が杖で印してくれたものにちがいない。彼らも同じく迷ったのだろう。トウモロコシ畑を抜け、そして牛の放牧場を抜け、小さな集落も過ぎたところでフランス人男女に追いつく。地図を出して道を教えてくれるが、Mは間違っていると言って別の道をとる。彼女の地図の読み方が確かだったことが後で分かる。

ポンスの村の手前の集落の入り口に「クローネンブルグ」(ビールの名)の看板を見つ

2．アルザックの宿、ホテル・ラ・ヴィエイユ・オーベルジュ(Hôtel La Vieille Auberge)、1つ星、7室、23～28ユーロ。TEL：05 59 04 51 31

アルザック・ツーリストオフィス
TEL：05 59 04 59 24

け、飛び込む。カフェであったが、食べるものは何もないという。少し行ったところの村でたった一軒の食堂に駆け込む。もう昼食はとっくに終わっていた時間にもかかわらず、にこやかに応対してくれた若い女性のつくってくれたオムレツで人心地がつく。

はからずも、その夜、この食堂で再びドイツ人女性二人組とフランス人男女といっしょになり、中庭に設けられた夕食のテーブルを六人で囲むことになる。まだ外は明るく、庭木の間を抜けてくる涼風が陽に焼けた身体に心地よい。言葉少なく、食事が進行する。やがてデザートとなりカフェが運ばれてきたころ、フランス組の奥さん（であることが、このときに分かる）のほうだったと思うが、おもむろに口を切る。

「どうして巡礼なのか？」

巡礼同士で、まともにこの「問い」に向かい合ったのはこのときが初めてである。何しろ、これまでの道中、ほかの巡礼に出会うことはほとんどなかったのだから。

グルノーブルから来たという五〇代前後のこのフランス人夫婦は、一人息子の自殺が切っ掛けで救いを求めて歩き始めたとのこと。息子の行為への止むことのない問いかけ、そして何とかその答えを見いだしたいという願いは、自然に宗教・哲学など、思いつくあらゆるものに彼らを向かわせ、いまはチベット仏教にひかれるものを感じ、そのためにグルノーブルで小さなサークルに参加しているという。ドイツ南部のシュバルツバルト（黒い森）地方にある古都、大学都市でもあるチュービンゲンからというドイツの女性二人は、かつての学校の同僚で、一人はいまインドのデリーで働いているという。日々の生活は忙しすぎる。歩きは二人の再会の好機であり、きつい日常から解放されるために歩いているという。昨夜のジット・エタップでもそうだったが、一人は暗く重く厳しい表情を崩さず、ほとんど口をきかなかった。ところで、私たちは?……。

もちろん言葉の問題（日・仏・独）もあったが、それぞれがそれぞれの思いを抱えていて会話は途切れがちであった。「夏の夕べの野外の食事」という申し分のないセッティングに相応しいとはいえなかったが、同じ「道」をたどる者同士というベースが私たちを融和させ、寡黙ながら和やかなうちに食事を終えた。

夕陽も落ち、日、独、仏の合同夕食会もお開きとなって、彼らは村の体育館の簡易宿泊所に戻っていく。ポンスには宿がないし、私たちは寝袋をもたない。様子を見かねた食堂の若奥さんが（昼食にオムレツをつくり、夕食のサービスに心を配ってくれた女性）、二階の自分たちの部屋を使えばいいという。どこの馬の骨とも分からない私たちにである。その無私の好意とさりげなさにただただ驚くばかりだが、遠慮なくその好意に甘えることにする。そして、深く感謝する。気持ちのよい、清潔で広い、いかにも若夫婦らしい調度と雰囲気の部屋である。お風呂まで使わせていただく。

ポンス──→マスラック

（Pomps ──→ Maslacq　17・5 ㎞）

翌朝、彼女に見送られて出発。生い茂る草を分けて進む。午後からぐーんと暑くなる。アルテスの村の手間に、かつての聖ヨハネ騎士団(3)の建物に附属していたコーバン礼拝堂

3．第一次十字軍を契機として創設されたテンプル騎士団およびドイツ騎士団と並ぶ三大修道騎士国の一つで、最初につくられた聖ヨハネ騎士団（1099年）は聖都エレサレムに病院を設置し、巡礼者たちに奉仕する。

が立つ。十字軍から戻ったときのベアルンの領主の命により建てられたこのロマネスクの礼拝堂は、すっかり修復されて、周りを可愛いい庭が囲んでいる。

アルテスから二時間、今日の宿[4]はマスラックの村。昼食にかろうじて間に合う。

マスラックにはその昔、ベアルン地方でもっとも古い聖域の一つがあり、エムリ・ピコーの時代には、コーバンの礼拝堂からこの「ムレの聖母」に捧げられた聖域に詣でる道はサンティアゴ巡礼道とも重なり、賑わいを見せていたといわれている。GR65沿いの小高い丘の上のかつての聖域の場所に、現在では一九三六年に建てられた礼拝堂が立っている。

マスラック ——→ ナヴァレンクス

(Maslacq ——→ Navarrenx　20km)

昨日は右足の裏にできた水ぶくれが痛んでつらかったが、何とか歩けるだろう。朝曇りのマスラックを出発。

GR65に従い、上り下りすること二時間余りでソーヴラード。村の入り口にイエスの十字架磔刑像が立つ。村のサン・ジャック教会の後陣はロマネスク様式のもので、サン・ジャック像が安置されている。

この村には食堂はない。坂を上り切ったところにある小さな村の学校で、若い工事人たちがビスケットをくれる。それを、コンクリート敷の地べたに座って食べる。例のフランス人夫婦が通りすぎていく。

コーバン礼拝堂

4．ホテル・モーグベール（Hôtel Maugouber）、2つ星、19室、48～57ユーロ。
TEL：05 59 38 78 00

針葉樹が増える。上り下りが激しく……暑い。ソーヴラードから約三時間、やっとの思いでオロロン川のほとりの町ナヴァレンクスに入る。町は、行く夏を惜しむ夏祭りの最後の日。メインストリートは歩行者天国となり、子どもたちのローラースケート大会が開かれている。親も子も、賑やかに楽しんでいる。それを横目に、Mの肩を借りながら、マメだらけで激しく痛む足をひきずって宿(5)へと向かう。部屋で治療に専念したが、ほとんど歩けない状態だ。

夜、オロロン川のほとりで打ち上げ花火大会。いつ果てるともしれない祭りの喧騒を耳にしながら、いつしか眠りに入る。

ナヴァレンクス――→サン・パレ

（Naavarrenx ――→ Saint-Palais　25㎞）

身体中が痛み、朝、起きるのがつらい。マメは何とか治まりそうなので、郵便局で両替をして出発。素晴しく晴れた日、しかし暑い。

GR65に従ってひたすら森のなかの道を行く。下草の茂みのなかに線路を見つける。これは廃線か？　それをたどるとオロロン川に架かる鉄橋に出る。おそるおそる渡った対岸がすぐ農家の庭先で、そのとき、ヒゲをはやした中世の化石のようなおばさんが現れ、お互いにギョッとする。「わが土地」とばかし傲然《ごうぜん》と立つおばさんを尻目に、そこをすぎて再び森のなかへ。

村の入口に立つ十字架象

5．ホテル・ドゥ・コメルス（Hôtel du Commerce）、2つ星、27室、38～43ユーロ。
TEL：05 59 66 50 16

ナバレンクス・ツーリストオフィス
TEL：05 59 66 14 93

アルー村の学校の校庭のプラタナスの木陰で、ビスケットと水の昼食をとる。いったい何度くらいあるのだろう。暑い！　木陰がありがたい。朝の遅れ（両替）はあとあとこたえる。それにこの暑さ。ピッチが上がらず、サン・パレの町に着いたのは午後五時を回っていた[6]。

バス・ナヴァール地方のかっての首都であったこの町は、いまは「緑のバカンス村《スタション・ヴェルト・ド・ヴァカンス》」とうたうこの地方きってのリゾート地となっている。家族連れのバカンス客が多いのか、町を入ってすぐにあるプールもテニスコートも、夏を楽しむ少年少女や子どもたちで賑わっている。

サンティアゴ巡礼の主要な宿場町サン・パレには、かつて一つの救護所と六つの宿屋があったという。町のツーリスト・オフィスに併設しているナヴァール博物館は巡礼博物館と民俗博物館を兼ねていて、この地方のロマネスク浮き彫り彫刻のパネルや木彫の聖ヤコブ像などが集められている。また、壁面には今世紀の初めのころと思われる町や近在のサンティアゴ巡礼グループの写真が掛かっている。写真のなかの人たちの、中世の巡礼そっくりのいで立ちに彼らの気迫が伝わってくる。

初めての「巡礼博物館」だったので興味をそそられたが、日本でも、ときに地方の「博物館」とうたいながらもいろいろなものが未整理のまま雑然と並べられ充分にその体をなしていないところがあるが、ここも巡礼の集合写真のほかは少々期待はずれであった。

6．サン・パレの宿、ホテル・ド・ラ・ペ（Hôtel de la Paix）、２つ星、27室、44～46ユーロ。
TEL：05 59 65 73 15
ホテル・ドゥ・ミディ（Hôtel du Midi）、２つ星、13室、39ユーロ。
TEL：05 59 65 70 64

サン・パレ・ツーリストオフィス
TEL：05 59 65 71 78

サン・パレ ──→ ラルスヴォ

（Saint-Palais ──→ Larceveau-Arros-Cibits　15・5 km）

朝、晴れているが大気は水分を含んで重く、とても暑い。

サン・パレの町はずれから丘へのゆっくりとした上り下り。一時間ほどでイリブリア村へ着く。ここに、一つのモニュンメントが立っている。三つの巡礼道の合流地点の記念碑である。つまり、パリ、ヴェズレー、ル・ピュイからの三つの道が出会う場所として、かつての大宿場町オスタバの村の名は名高いが、実際にはここが合流地点だったのである。貝マーク（巡礼のシンボル）のついたその立派な石碑は、台形の礎石とその上に置かれる大きい円盤からなり、円盤は方向指示板にもなっている（サンティアゴ大祭の年の前年、一九六四年八月建立）。

ここから、農場とトウモロコシ畑が広がる向こうの丘までは急坂の一本道。リュックを背負った体が前に折れ曲る。息が苦しくなる。左右、左右と一歩、一歩……見つめているのは地面だけ。しかし、一気に上りきる。

たどり着いた峠、そこは開けた平な草地となっていて中央に十字架が立っている。草地の一隅《いちぐう》に白壁の小さなチャペル。リュックを下ろし、足を投げ出す。孫を連れた老夫婦に、近くで湧く泉から汲んできたばかりだという水をいただく。生き返る想いだ。遠くに、ピレネーの山々がぼんやりと見える。チャペルのなかにあるノートに記帳するが、これは集印帳を持たない私たちの歩いた証となるだろう。

三つの道の合流点に立つ石碑

森のなかの下り、かつてベネディクト派の施療院があったアランベルツの村をすぎ、かの有名なオスタバの村へ向かう。サンティアゴ巡礼道において重要な宿場町であったオスタバは、いまではすっかり寂れて、緑豊かな美しいバスク地方の静かな小村にすぎないが、巡礼最盛期の一一、一二世紀には、いくつもの救護所、施療院が立ち並び、五〇〇〇人の収容力があったという。村役場と向い合って立つ新しい教会のそばのカフェで、チーズ・サンドイッチの昼食をとる。

草地のなかを掻き分けて進み、アスファルト道（県道９３３号）に出ると、そこはラルスヴォーの村。街道沿いの宿に投宿[7]。夕食は八時からと聞き（フランスの田舎では通常七時から）、夕食の遅いスペインに近づいたことを実感する。

ラルスヴォ ⟶ サン・ジャン・ピエ・ド・ポー

（Larceveau-Arros-Cibits ⟶ Saint-Jean-Pied-de-Port　17km）

八月一五日、聖母マリア被昇天の日、曇っている。ほとんど高低のない森のなかの道を行く。

エニスの村の手前で、ポンスで夕食をともにした例のフランス人夫婦に再び出会い、しばらく同行する。夫のほうは高等中学校《リセ》の先生、奥さんはグルノーブルの新興住宅地にある幼稚園の先生をしているという。来年の夏には、中国医術を学びに北京と上海に行くといっていたが、チベット仏教への関心と何の関係があるのだろうか。彼らにとって、中国

オスタバの村

7．ホテル・エスペレ（Hôtel Espellet）、２つ星、20室、34～40ユーロ。
TEL：05 59 37 81 91
ホテル・トランケ（Hôtel Trinquet）、２つ星、10室、34～43ユーロ。
TEL：05 59 37 81 57

8．ホテル・ル・サントラル（Hôtel le Central）、２つ星、13室、54～80ユーロ。
TEL：05 59 37 00 72
ホテル・デ・ピレネー（Hôtel des Pyrennes）、３つ星、20室、89～145ユーロ。
TEL：05 59 37 01 01

オスタバ救護所
TEL：05 59 37 83 17

もチベットもいっしょになってしまっているほどアジアは遠い国なのであろう。あるいは、何であれ救われるものを求めているのだろうか。丘を下った草地の木陰で昼食をとるという彼らと別れて、先を急ぐ。

GR65が県道933号と出会うところに、一一世紀に建てられたサンティアゴ巡礼のための救護所の名残であるサン・バレーズ礼拝堂がある。サン・ジャン・ル・ヴューの村で昼食をとったあたりから足の痛みがひどくなる。ここで泊まりたかったが、あいにくと宿は満室とのこと。仕方なく、サン・ジャン・ピエ・ドゥ・ポーまで足を延ばすことにする。

私たちがやっとの思いでたどり着いたとき、町は今日から三日間の夏祭り（守護聖人祭）で大変な賑わいようであった。中心にある宿[8]の一室をかろうじて確保したが、フランス側最後のこの町で、かつての巡礼がしたように、私たちもピレネー越えを目前にして態勢を整えなければと、とりあえず連泊することに決める。

中世にあっては、このフランス側最後の宿場町において巡礼たちのグループは再編成され、隊列が整えられた。ピレネー越えを前にして心を引き締める意味もあったのであろう。一つのグループの出発が告げられると、町は興奮に沸き立った。鐘が打ち鳴らされ、司祭たちは祈祷を唱える。灰色のマントを羽織り、手に杖を持つ巡礼たちの列に子どもたちがつきまとい、町の住民たちは待ち構えていて食物などの喜捨をしたという。旅立つ巡礼たちは、歌いながら遠ざかっていった。しかし、疲れ果ててこの地で動けなくなった者は、ロンセスバージェス修道院が委託した「帆立貝の家《カサス・デ・ラス・コンチャ》」[9]にとどまることができた。

サン・ジャン・ピエ・ド・ポー

昔、町の中心であった一部に城壁が残る古い地区にゴシック様式のノートルダム教会が立つが、かつては、この教会に隣接して救護所があった。南北に一本の通りが走り、北にあるサン・ジャック門を通って、巡礼たちは町に入ることになる。一六、一七世紀の古い家なみが残るニイヴ川まで下りになり、橋を渡りきるとシャルルマーニュもナポレオンも通ったといわれるスペイン門がある。ここから、スペインのピレネー越えが始まる。

夜八時を回ってもまだ外は明るい。ベレー帽に白いシャツとズボン、首には赤いスカーフ、腰に赤い巻き布の若者男女の群が通りを闊歩している。赤と白のコントラストの鮮やかな伝統的なバスク・スタイルの楽隊のパレードが窓の下を通っていく。陽がとっぷり暮れて、町の広場は打ち上げ花火とダンスが華やかに繰り広げられる長い夜となった。音楽と騒音を聞きながら、深い眠りに落ちる。

翌日、町を散策する途中、ふと立ち寄ったレストランで思いがけなく素晴らしい料理に出くわした。私たちの巡礼の旅のなかでも、もっとも印象に残るレストランの一つであったといえよう。

バスク料理の評判はしばしば耳にしていたが、本格的なそれを食したのは初めての体験であった。未来の王アンリ四世の洗礼に際して用いられたことで有名なワイン「ジュランソン」をすすめられ、そのワインとともに供せられた料理は、ザリガニのスープとサラダに始まり、アドゥール川で捕れるサーモンのグリエなど、いずれも日本人の口には少し重いと感じられるかもしれないが、コクがありながら洗練された味で、思わずうなってしまった。三つ星ホテル「ピレネー」に併設されたこのレストランが、この地方きっての名レ

楽隊のパレード

ストランであることを私たちはあとで知った。オーブラック越えを前にしてのオーモン・オーブラックの料理旅館で偶然味わったロゼール県の素晴らしい料理を思い出しながら、「これは、スペインへ発つ私たちへのサンティアゴ様からのはなむけのフランス料理なのかしら?」と冗談を言い合った。

私はこれまで、少しでも身軽で動きやすいようにと思い、杖を持たず、必要に応じてMのものを拝借していた。しかし、明日のピレネー越えに備えて杖を求めることにする。これからは絶対に必要になると思われたからであった。杖というよりステッキで、把手の部分が丸くなっていて使いやすそうである。かってピレネー山中で手に入れたというMの杖は、木の幹を上手に利用して彫られた小鳥が把手になっている。おそらく、ピレネーの樵《きこり》の手になるものだろうが、木肌をむいただけの白い素朴なその杖は、把手の小鳥の愛らしさと珍しさからか人目をひいた。Mは、その杖をずっと肩に担いで歩いていた。

ピレネー越え

ヨーロッパのあらゆる隅々からフランスを横切り、サンティアゴ・デ・コンポステラへ向かう巡礼たちはすべて峻険なピレネーの峰々を越えなければならない。高度二〇〇〇～三〇〇〇メートル級の山々が連なるこのアトランティクから地中海へとつづく長い山脈は、スペインに立ちはだかる壮大な壁といえる。「まことにその高きこと天にとどくばかり」とエムリ・ピコーが記すピレネーを、中世の巡礼たちは主に二つの地点、ソンポール峠と

9．帆立貝はサンティアゴ巡礼のシンボルであり、巡礼たちを慈善のもと手厚く受け入れる民間の家。

サン・ジャン・ピエ・ドゥ・ポー・ツーリストオフィス
TEL：05 59 37 03 57

シーズ峠で越えたが、これらのルートは現代の巡礼たちがまたたどる道でもある。

フランス側ピレネー山麓アスプの谷から長く険しい道を上り、ソンポール峠を越えるルートには、峠から少しスペイン側に下ったところに、その昔、名高いサント・クリスティーヌ救護院があった。いまは石塊だけの廃墟が残るのみだが、中世においてこの救護院が巡礼保護に果たした役割は計り知れない。

エムリ・ピコーは『巡礼案内の書』の第四章「キリスト教世界における三大救護院」で、神の手により、貧しき者たちの擁護のために建てられた救護院を讃えて美しい言葉を残している。

神がこの世に貧しき人々を支えるべくつくりたもうたとりわけ重要な三つの柱、すなわちエルサレム救護院、モン・ジュー山（つまり、グラン・サン・ベルナール峠）の救護院、そしてソンポール峠のサント・クリスティーヌ救護院。これらの救護院は、まことに必要とされる場所に建てられている。そこは神聖な地であり、聖なる巡礼たちへの励まし、貧しい人々の休息、病人への慰め、死者たちの救い、生きている者たちへの援助のための神の家である。これら聖なる家を建てるだろう人々は、いかなる者であれまちがいなく神の国を得るであろう。

ソンポール峠をやっとの思いで越えた巡礼たちは、この救護院で一息つき、また再び、きつい下り道、深い谷をたどり、ようやくアラゴン王国の首都ハーカにたどり着いたのである。ロマネスクの印象的な大聖堂が当時のままに残るこの町は、現在では、冬のスキー、夏の避暑と、ピレネー山麓のさわやかなリゾート地として人気を集めている。

ハーカからかつてのクリュニー修道会の大きな拠点であったサン・ファン・デ・ラ・ペーニャ修道院、そしてナバラ王国建国の歴代の王たちの霊廟であった由緒あるレイレ修道院（ここでは、いまでもその雄大な自然のなかに修道士たちの歌うグレゴリオ聖歌が流れている）を経て、あのフランシスコ・ザビエル[10]が生まれた城のあるハビエル、サングエサ、プエンテ・ラ・レイナへとつづくこのアラゴンからナバラ地方を横切る巡礼道は、昔同様、現在でも道の険しさに加えて宿泊施設やそのほかの設備が充分整っていないということもあって、シーズ峠を越え、ロンセスバージェス（ロンスヴォー＝フランス語）からパンプローナに至るルートに比べてまだまだたどる巡礼の数は少ない。

私たちはためらいなく、ル・ピュイからコンク、そしてモワサックを経てシーズ峠でピレネーを越え、ロンセスバージェス修道院へ至る「ル・ピュイの道」を選んだ。それはル・ピュイ、コンク、モワサックというフランス・ロマネスクの白眉《はくび》といえる聖堂をもつ町の圧倒的な魅力に抗し難かったからであるが、しかしやはり、どこかにシャルルマーニュの伝説にひかれる気持ちも潜んでいたのであろう。

レイレ修道院

10. 1506～1552。スペインのナバラ王国の貴族として生まれる。日本に最初に渡来したイエズス会士。

サン・ジャン・ピエ・ド・ポー ──→ ロンセスバージェス

（Saint-Jean-Pied-de-Port ──→ Roncesvalles　22km）

私たちも、いよいよピレネーに向かって出発。

思わしくない天候をながめ、安全を第一と考えて、県道933号、バルカルロスの谷沿いの道をとることにする。幾度となくカーブするアスファルト道、ダラダラ坂の上りがつづく。アルネギーという集落で小さな橋を渡ると、そこはもうスペインである。あっけないほどの国境越え。一応、通関というわけかフランスとスペインのポリスがいるが、パスポートのチェックも何もなし。スペイン側の道は国道135号となる。スペインに入り最初の村バルカルロスに着く。サン・ジャン・ピエ・ド・ポーからここまで一一キロ。ピレネー峠越えの取っつきの村である。

山は高く　渓《たに》は暗し
岩は黒ずみ　狭道はすさまじ。
その日フランス勢、困難重ねて過ぎたり。
そのざわめき、十里の彼方《かなた》より聞こえぬ。

（『ロランの歌』有永弘人訳、岩波文庫）

七七八年、シャルルマーニュ（カール大帝）がイスパニア遠征の帰途、この地で後方に残した甥でもある重臣ロランの吹く角笛を聞き、急きょ、陣営を立て直して救援に駆けつけたとされるバルカルロス（カールの谷の意）。村の教会のバロック様式の祭壇には、白馬にまたがるマタモロス姿のサンティアゴが彫られている。

「その高きこと天のごとく、そこを登るものは己自身の手で天に触れ得ると思う」と、エムリ・ピコーは一一三〇年ごろにピレネー越えの印象をこのように記しているが、彼の通ったであろうその尾根道よりは少々楽かもしれないとはいえ、やはりピレネー越えは難所中の難所、私たちも気持ちを引き締めてバルカルロスを後にする。

国道135号を一時間半ばかり行ったところで左に折れ、本格的な山道に入る。荒れてはいるが、一メートルほどの道幅はしっかりしていてありがたい。グングン高度を稼ぎ、森林のなかの急峻な上りを休みなく無我夢中で上る。一時間余りで突然、視界に「ロランの碑[11]」が入ってきた。イバニェータ峠（一〇五七メートル）である。振り返ると、バルカルロスのほうへ深い谷が切れ込んでいる。

「難所中の難所」というのが緊張を強いていたせいか、たっぷり汗はかかされたというものの、思いのほかたやすくたどり着けたようでホッとする。「ロランの碑」を中心に広がる草地でひとときを過ごす。傍らで羊の群が無心に草を食んでいる。ようやく、ピレネーを越えた……。

エムリ・ピコーは、ピレネー山脈を越えるとき、やっと完成したばかりだったロンセスバージェス（救護院）修道院には滞在していないようだが、中世初期から長きにわたって語り歌い継がれた敬虔なシャルルマーニュ王を讃えて、次のように記している。

ロランの碑

11. 武勲詩『ロランの歌』に謳われた豪雄の騎士ロランは、三たび振り下ろして大岩を切り裂いたといわれるが、その愛剣デュランダルを模した巨大な剣と鎖鎌を岩面に交差させて立つ岩の記念碑。

山の頂上には『シャルルマーニュの十字架』と呼ばれる場所がある。というのは、その昔、イスパニアへ遠征途上のシャルルマーニュ王が斧、つるはし、鍬、そのほかの道具を使って道を開き、そこに、まず王が象徴的に神の十字架を立て、それからガリシアに向かって跪き、神と聖ヤコブに祈りを捧げたからである。それゆえ、ここにたどり着いた巡礼たちもまた跪き、聖ヤコブの地へ祈りを捧げるのが習わしであり、それから、それぞれが神の軍旗である十字架を打ち込むのである。そこに立つ一〇〇〇本にも上る十字架を見ることができる……。

二〇世紀末の巡礼たちの心意気というわけだろうか。「ロランの碑」の周辺には、木ぎれでつくられた小さな十字架がたくさん置いてあった。エムリ・ピコーはつづける。

頂上から下る途中、救護院と聖堂が目に入ってくる。この聖堂のなかでは、かの超人的な英雄ローランが剣を三たび振りおろし、その真ん中を上から下まで真っ二つに断ち割った大岩が見られる。それにつづいてかのロンセスバージェス、その昔マルシル王、ロラン、オリヴィエが四万人のキリスト教徒とイスラム教徒とともに討死にした戦場が現れる。(12)

峠からゆるやかにカーブを描いて下っていく林のなかの自動車道は、気分のよいプロムナードといったところだ。しばらく行くと、修道院の聖堂の塔が木陰越しに見えてくる。

12. 778年８月15日、ロンスヴォーの戦い。
13. 1076～1134。在位1104～1134。レコンキスタの最前線で戦った知勇に秀でた信仰心あつい武将。1118年、サラゴサ奪回。巡礼守護のため献身する。カスティーリヤ・レオン女王ウラカの２番目の夫。コンポステラ大司教ディエゴ・ヘルミレスとの不仲にもかかわらず、エムリ・ピコーはその『巡礼案内の書』の中で（第５章）王のサンティアゴ巡礼への献身を賛えている。

少し下った草地に立つと、目の前にその全容が現れた。修道院棟、聖堂、来訪者用棟（かつての救護所）、そして少し離れて一三世紀のサンティアゴ礼拝堂、その横に現存するもっとも古いロマネスク期の方形の礼拝堂と一軒の宿……その集合体はピレネーの山々に囲まれた「森のなかの小島」とでもいえばいいのだろうか、別天地の趣である。建物は、一七世紀前半に大々的に改築・再建されたとはいえ、その全体のインパクトは中世のころとそんなに変わってはいないだろう。深い森から抜け出し、この全貌を目の当たりにした巡礼たちは、思わず驚きと歓喜の声を上げて駈け出したにちがいない。

　峠をようやくの思いで越えて疲労困憊しきった巡礼たちの前には、まだ当時の通常の宿場であったブルゲーテの村まで三キロの道程が残っていた。昼なお暗いピレネー山中の深い森のなかで、いつしか迷い、ある者は雪嵐に倒れ、またある者は賊に襲われ、そして恐ろしいことに、生きながらオオカミの餌食になる者も多かった。夥しい数の巡礼たちの、このような有様を嘆き憂えた時のアラゴン王アルフォンソ一世[13]とパンプローナ司教サンチョ・デ・ラローサは、峠の下にあった簡素な救護所を拡大すべく、一一二七年から一一三二年にかけて救護院建設にとりかかる。

　このようにして設置された救護院は、聖堂、修道院、施療院、宿泊所、巡礼のための墓地からなり、その建物群は豪壮とでもいえるものであった。ロンセスバージェス救護院は、ソンポール峠のサント・クリスティーヌ救護院と同様、その運営はアウグスティノ会修道士[14]の手に委ねられたが、彼らはまるで兄弟同士が競い合うように「神の貧しき人々」のために身を挺して尽くした。

ロンセスバージェス修道院

14.　アウグスティヌスが原則を定めた戒律に従う修道会の総称。ヨハネ修道騎士団、ドミニコ会、プレモントレ会その他を含み、清貧と祈りの共同生活では協調の精神と愛徳の実践が重じられ、やがて観想と宣教活動の両面を追及する托鉢修道会が創設される(1256年)。中世全体を貫く修道運動の流れの中で、根本的な変化をもたらす。

冬は雪深く、またしばしば霧がすべてを覆い尽くすこの遠く人里離れた山中に建てられた救護院は、その戸を叩いた貧しい人々、病人、巡礼たちすべてを分け隔てなく受け入れて手厚くもてなしたのであるが、その慈善《シャリテ》の名声は、またたくまにキリスト教世界に広がっていった。

一三世紀にロンセスバージェスの修道士が書き残したとされる資料のなかには、巡礼最盛期における救護院のありよう、またあるべき姿が見事に語られている。

「サンティアゴへ赴く人々にとって当院に並ぶものなし、これ以上にあまた人の出入りする救護院はなし、（……）その扉は、病める者、壮健な者にあまねく開かれたり、カトリック教徒のみならず、異教徒、ユダヤ教徒、異端者、怠惰の徒、軽薄者、一言で言うと、善人にも不敬の輩にも開かれたり。この家で、人々は貧者の足を洗い、顔を洗い、髪を切ってやり、靴の革をつくろう。女たちはこよなく貞淑にて、汚れも醜さもとがめようなし。ここにて病人たちへの奉仕の任を帯び、変わらぬ敬虔さをもって世話するなり。病人の家は、昼は昼間の光により照らされ、夜は朝の光のごとく輝くランプにより照らされたり。病人たちはふっくらと良き寝具の入りたるベッドで休息し、なんびとも再び健康を取り戻さずして出ていく者とてなし」（バレとギュルガン、一二一ページ前掲書）

救護院に入ると、巡礼たちはまず足を洗われ、その使い古した靴を修理してもらうことができた。巡礼の足を洗うという行為は、救護院に奉仕する人々にとっては非常に深い意味をもっていた。イエスが弟子たちの足を洗ったことを思い起こそう。それは、愛と謙譲を身をもって示す行いであり、気の遠くなるような道程を歩きつづけてきた巡礼たちがよく休息できるようにとの願いを込めた行為であった。また、不運にして道半ばにして倒れた巡礼たちは、この地に手厚く葬られたのである。

修道院の後方から坂道を下った私たちは、まず聖母マリアに捧げられた聖堂に入り、ピレネー越えの無事を感謝する。一四世紀の「ロンセスバージェスの聖母」が優しく微笑んでいる。黄金色の立派な天蓋を頂いたあでやかともいえるこの聖母の存在は、ロンセスバージェスの建物群のなかでもパッと明るい、ひときわ華やかな空間を形成している。少し離れてひっそりと立つ慎ましいサンティアゴ礼拝堂には、その昔、雪や霧で難儀する巡礼たちを励ますために昼夜休みなく打ち鳴らされた「迷い人の鐘」が吊されている。

修道院には最近整えられた巡礼受け入れ用の宿泊施設があるのだが、要塞を思わせるようなそのよそよそしい堅牢な建物群にはなぜか馴染めないというMのすすめに従って、サンティアゴ礼拝堂の傍らの一七世紀の建物を改築したペンションに投宿を決める。[15]その名も「ポサーダ」(旅籠)という、山小屋風の簡素だが落ち着ける部屋で一息をつく。何年か前の冬、雪の降りしきるなか、ブルゲーテの村から旅行カバンを引きずりながらすべてが静まり返った林のなかの雪道を歩いてきたというMは、雪まみれになって転がり込んだこの宿の階下のバルに赤々と焚かれていた薪の炎に生き返る心地がしたという。そして、宿の主人が差し出してくれた一杯の赤ワインにも。

夕方七時、修道院内の立派な礼拝堂でミサに与《あずか》る。その後、司祭館の執務室で、ボル

サンティアゴ礼拝堂

15. オスタル・ラ・ポサーダ(La Posada)、星なし、18室、33～42ユーロ。
TEL：948 76 02 25

ロンセスバージェス・ツーリストオフィス
TEL：948 76 03 01

ドーから歩き始めたというベルギーの若い男女四人とスペイン男性三人とともに、「聖別」された集印帳《クレデンシャル》を司祭自ら恭しく手渡してくださる。歩き出して五年目にして、やっと集印帳を手にすることができて感無量であった。

ロンセスバージェス ──→ ズビリ

（Roncesvalles ──→ Zubiri　22km）

ロンセスバージェス修道院を出てすぐの街道脇に、巡礼の道中を加護するシンボリックな「巡礼の十字架」が立つ。ここから、ブルゲーテへまっすぐ伸びる並木道。いよいよあと八〇〇キロ余りのスペイン巡礼道、いわゆる「フランス人の道《カミーノ・フランセス》」の始まりである。並木道に沿った雑木林のなかの小道をたどる。

ヘミングウェイ(16)が魚つりに夏を過ごしたというブルゲーテの村(17)をすぎ、エスピナルの村へ向かう。白壁の家が連なり、窓やバルコニーには赤やピンクのジェラニュームの華が咲きこぼれている。スペインの「美しい村コンクール」でも賞を受けたこのピトレスクな村から県道を離れて大牧草地を横ぎり、森のなかへの上り道。ハシバミとイバラの茂る丘陵。

途中、ビスカレの村で立ち寄った雑貨屋の娘さんが案内してくれた家で、ロンセスバージェス修道院でいただいた「サンティアゴ巡礼集印帳」に初めてスタンプを押してもらう。いまにも降り出しそうな空模様。遠くで雷鳴、自然に足が速くなる。

巡礼の十字架（ロンセスバージェス）

16. アーネスト・ヘミングウェイ（1899～1961）。アメリカのノーベル賞作家。いわゆる〈失われた世代〉の一人。代表作『武器よさらば』、『誰がために鐘は鳴る』、『老人と海』など。この世代の生態を描いた『日はまた昇る』（1926年）は、前半のパリから後半ではスペインのパンプローナの「サンフェルミン祭」が舞台となっている。
17. ブルゲーテの宿、ホテル・ロイズ（Loizu）、3つ星、27室、48～63ユーロ。
TEL：948 76 00 08

緑の牧草地、樹海のなかの上り下り、エッロの峠をすぎたあたりから岩盤の地層が露出した道なき道、スペイン側最初のステージは変化に富み、最後の急な下りで足が相当痛めつけられる。

ようやく、アルガ川に架かる小さな橋を渡ってズビリ村（バスク語で「橋の村」の意）へ。この村に宿はない。通りで出会った少年に民宿の有無を尋ねると、先に立って一軒の家に案内してくれる。一階部分が昔は家畜小屋だった、この地方独特の農家の二階の一室を使わせてもらえることになる。小さな窓が一つの、天井が覆いかぶさるような部屋であったが、ベッドがあるだけでもありがたい。(18)

ズビリ ──→ パンプローナ

（Zubiri ──→ Pamnplona　21㎞）

翌朝早く、たくさんの南京虫のかまれ跡をおみやげに、ズビリ村からパンプローナ街道の県道をとる。五キロほどでララソアーニャの村に入る。

集印帳にスタンプをもらうために村役場に立ち寄ると、向かいの自宅から転がり出てきた村長が、小太りの小柄な体に喜びをいっぱいにして私たちを迎え、先に立って村役場のなかの巡礼の救護所に案内してくれる。建物の一階には裏庭に面したまだ真新しいキッチン兼サロンがあり、七、八人が使えそうなその部屋には、コーヒーカップや皿、スプーン、ホーク、ナイフ、インスタントコーヒーなど必要なものが揃っている。タイミングよく売

18. 新しいホスタルができている。オステリア・デ・ズビリ（Hosteria Zubiri）、10室、48～58ユーロ。
TEL：948 30 43 29

ズビリ・ツーリストオフィス
TEL：948 30 40 71

りに来たパン（スペインの田舎でその後もよく目にし、お世話にもなった、車にパンを積んで小さな村々を走るパン屋さん）と熱いコーヒーで、庭を眺めながらゆっくりと朝食をとる。久し振りに寛いだ朝食だ。

朝食後、村長は、隣が巡礼の休憩室になっている階上の彼の執務室に招き入れてくれる。サンティアゴ巡礼関連の品や資料が、所狭しと置いてある。執務机に座って、集印帳にパンと勢いよくスタンプを押してくれ、一緒に記念撮影となった。七月二五日（聖ヤコブの祝日）生まれの「サンティアゴ」という名前をもつ村長は、自分の名を誇らしく思い、巡礼受け入れを天職と考えている様子がありありとうかがえる。

別れ際に、一九八九年に翻訳出版されたスペイン語版のエムリ・ピコー著『サンティアゴ巡礼案内の書』を二人にプレゼントしてくれる。彼は、真ん丸い赤ら顔をひきしめ、小さい黒い目をまっすぐ私たちのほうに向けて、サンティアゴ巡礼が、信仰はもちろんのこと歴史、美術、文化においていかに重要な意味をもっているかを熱っぽく語り、そして和やかな会話のなかにも巡礼の心構えのようなものを教え訓した言葉を添え、「あなたたちが本当の自分に出会いますように」と付け加えてくれたその言葉は真摯で心を打った。いただいた本の見開きには、「旅に祝福を！　サンティアゴ・ズビリ」と書かれてあった。

アルガ川沿いに県道を行く。埃っぽく、塵っぽい。都会に近くなってきたこともあるだろうが、この埃っぽさはスペイン独特のものである。

パンプローナの手前数キロの、ウルザマ川のほとりのサンティシマ・トリニダ聖堂修道会の尼僧は私たちを快く聖堂内に導き、これからの巡礼道のご加護を祈ってくださる。そ

ララソアーニャ村の村長サンティアゴ氏と筆者

村長からいただいた『巡礼案内の書』

して、スタンプもいただく。ここも、かつてはサンティアゴ巡礼のためのオスピタルがあったところだ。

ヴィヤバの町、通りに格安の「巡礼メニュー」を出す食堂《バル》。一息いれようと入ったバルに、今年のツール・ド・フランスを制覇したミゲル・インデュランのポスターが貼ってあった。「この町出身なんだぜ！」と、うれしそうなカウンターのお兄さん。インデュランは、その後、一九九五年まで五年連続のツール・ド・フランス制覇という前人未踏の偉業を成し遂げることになる。

ミゲル・インデュラン、このナバラ出身の寡黙で意志強固な選手の活躍は、一九九一年にピレネーを越えてスペインに入ってからの私たちの巡礼とちょうど歩みをともにし、七月末の彼のパリでの勝利のゴールインは、スタート地点の「GO」サインのピストルのように巡礼に赴く私たちの気持ちを奮い立たせてくれた。

アルガ川を渡り、城壁に沿ってパンプローナの町に入っていく。カテドラル近くのいかめしく立派な大司教区本部で、公務員ふうの係の人から巡礼・集印張にスタンプをもらう。偉いお坊さんたちの集団には、やはりどうしてもなじめない。

この夏の歩きは、七月六日から一週間つづく牛追いで有名な「サンフェルミン祭」で名高い歴史の重層するこのナバラの首都で打ち止め。

ララソアーニャ・ツーリストオフィス
TEL：948 30 42 42

Camino
de
Santiago

Itinerario Cultural Europeo

サンティアゴ巡礼道（ヨーロッパ文化の道）

ある聖堂

モワサック回廊

ピレネー山中の教会

サント・ドミンゴ・デ・シロス大修道院の回廊

ある回廊

雪のロンセスバージェス修道院

口絵に掲載されたものは巡礼同行者Mこと幾島美和子の作品である。

スペイン

パンプローナ

いまでは日本でも名高いサンフェルミン祭の「エンシエロ」（牛追い）で知られるようになったこの町は、ピレネー山脈を越えてスペインに入った巡礼たちが初めて出会う異国の都市である。

このパンプローナは、紀元前七五年ごろ、ポンペイウス(1)によって築かれたローマ古代都市に遡り、その名前も彼の名に由来するといわれる。八世紀初めからイスラム教徒に占領され共存の体をとっていたが、一〇世紀に入り、時のレオン王オルドーニョ二世（在位九一四〜九二四）によって承認されたナバラ王国の名のもと、サンチョ・ガルセス一世を中心に国土回復運動《レコンキスタ》を始める。その後、レオン王国のイスラム教徒との戦いやカスティーリャ貴族勢力との確執にいや応なしに組み込まれて内紛を繰り返していたが、偉大なサンチョ大王(2)の登場とともに、バスク語で「イルーニャ」と呼ばれるナバラ王国の首都パンプローナの真の意味での歴史が始まる。紀元一〇〇〇年ころのことである。

サンチョ大王の時代には、すでにサンティアゴ巡礼においてその後大きな役割を果たすことになったクリュニー修道会の勢力は、ピレネーを越えてナバラ王国にも浸透しつつあった。大王は巡礼の促進と組織化に積極的に与《くみ》していき、やがてその息子、孫の治世には、クリュニー修道会とその後ろ盾となって当時権勢を誇っていたブルゴーニュ家との強力な血縁関係が結ばれ、その関係を通して国体強化（国土回復運動《レコンキスタ》・領土拡大）の柱でもあっ

1．前106～前48。古代ローマ共和制末期の将軍・政治家。軍事面において多大な功績を納めて名声を高め、前60年第一次三頭政治の一角を担うが、のちにカエサルと対立し暗殺される。

2．サンチョ・ガルセス３世、在位1000～1035。カスリィーリャとアラゴンなどへその覇朷を伸ばす一方、ピレネーの北に目を向け、南仏の諸侯や当時のキリスト教世界における朷勢並ぶものなきクリニュー修道院に深く結びつき国体の強化を図る。サンティアゴ巡礼とレコンキスタは、彼の国家建設の大きな柱となっていく。

たサンティアゴ巡礼の擁護・推進運動が、あたかも国家事業のごとく大々的に繰り広げられていくのである。このように、古くから司教座のあったこの都市は、一一、一二世紀には全ヨーロッパからやって来る巡礼たちによって著しい発展を遂げることになる。

そのころ、町は土着の人々が住む古い「ナバレリア地区」と、新しく住民となった、つまり特典を与えられて入植したフランク人の住む城外の「サン・セルナン地区」および「サン・ニコラス地区」との三つに分かれていた。

マグダレーナ橋を渡り、ユリの紋章のかかげられた城門、その名もフランス門を通ってこの町にたどり着いた巡礼たちは、あとの二つの地区に向かった。というのも、同郷の人たちに出会えるこれらの地区に、巡礼を受け入れる種々の設備が整っていたこともさることながら、故郷を遠く離れて「異郷」の地に初めて足を踏み入れた者にとって心から憩える場所であったからであろう。エムリ・ピコーのナバラ人に対する呪咀はすさまじく、誇張を差し引くとしても、口から口へと伝えられた噂を耳にしていた者にとってナバラの国を通過することはどれほどの恐れと緊張を強いられたことであろうか。以下に、『巡礼案内の書』の第七章のナバラ人について記している一部分を紹介しておこう。

彼らはまったく野蛮な民族であって、ほかのあらゆる民族とは人種においても、習慣においても異なっている。この民族は悪意に満ち、色黒く、顔は醜い。放埒にして邪悪、不実なことこの上なく、好色で大酒を喰らい、堕落しきっている。あらゆる暴力に長けて見境なく、残酷無比、不正直、無知蒙昧、不信心、野卑、冷酷で喧嘩早く、

アルガ川に架かるマグダレーナ橋

フランス門

あらゆる善きことには無縁で、悪しきことのみに通じている。

（中略）

とにかく、われらフランス人にとっては敵であって、必要とあらば、わずか一スゥーのためにフランス人を殺すのである。

いまも町の北東アルガ川沿いに城壁の一部が残る高台のそのあたりは、市民の憩う緑豊かな公園になっていて、アルガ川を一望することができる。私たちもそうだったが、中世の巡礼たちも城壁沿いになだらかな坂を上り、フランス門をくぐってこの高台に立ち、越えてきたピレネーの遙か彼方の故郷のほうを振り返って見たことだろう。もう、町の中心は目と鼻の先である。

やがて、大聖堂が姿を現す。ロマネスク期の建物が一五世紀と一八世紀に全面的に増改築された大聖堂の正面《ファサード》はヴェントゥーラ・ロドリゲス[3]によるネオ・クラシック様式で、威風堂々としている。ゴシック様式の回廊は、ヨーロッパ中世建築のなかでも見事な例として挙げられるが、フランスの職人たちに依頼して建てさせたこの回廊は、かの地からの巡礼たちにとっては故郷に戻ったような思いを誘うかもしれない。

私がこの町を初めて訪れたのは一九八〇年代後半の早春のころであったが、大聖堂を中心とする旧市街に足を踏み入れた最初の印象は「暗鬱」なものであった。黒ずんだ古い建物が軒を連ねて立ち並ぶ商店の多い通りは、人が行き交い、ゴタゴタし雑然とはしているが、そのなかに歴史が重層する町がもつ、あの特有の魅了するものが漂っていた。しかし、

3．1717～1785。18世紀ブルボン朝におけるスペイン新古典様式の代表的建築家。

このどこから来るのか分からない暗鬱な気分は払拭されなかった。これは晴れやかな南フランスを経てやって来たからだろうか、とそのときは思ったが、どうもそうではないような気がする。その後訪れたスペインの都市や町、それも権力や富が集中した古い歴史をもつ都市や町で同様の気分を味わうことがあった。とはいえ、権力や富の集中する都市や町はスペインにかぎったものではない。だとすると、この国特有の自然も人も強烈なコントラストをなす風土と何かかかわっているのだろうか。

いま思えば、四〇年近くつづいたフランコ[4]独裁政権の終焉から民主主義体制移行への長い厳しい道程における、社会や人々の混乱、変貌、それらが織りなす光と影の重さだったのだろうかと思う。

それはともかくとして、サンチョ大王時代より長きにわたってヨーロッパ全土からやって来た巡礼の受け入れに力を注いできたこの町には、いたるところにサンティアゴ巡礼の思い出が漂っているような気がする。

4．フランシスコ・フランコ・バアモンデ（1892～1975）。スペインの軍人、政治家。1936年7月、人民戦線政府に対してモロッコ軍を率いて蜂起、国民戦線の旗印の下、ドイツ、イタリアの援助を受けてスペイン内戦（1936～1939）に勝利し、1939年から死去するまで国家元首（1939～1947）、総統（1947～1975）として君臨し、独裁政権を築く。

パンプローナ ⟶ ベロラード

Pamnplona — *Belorado*

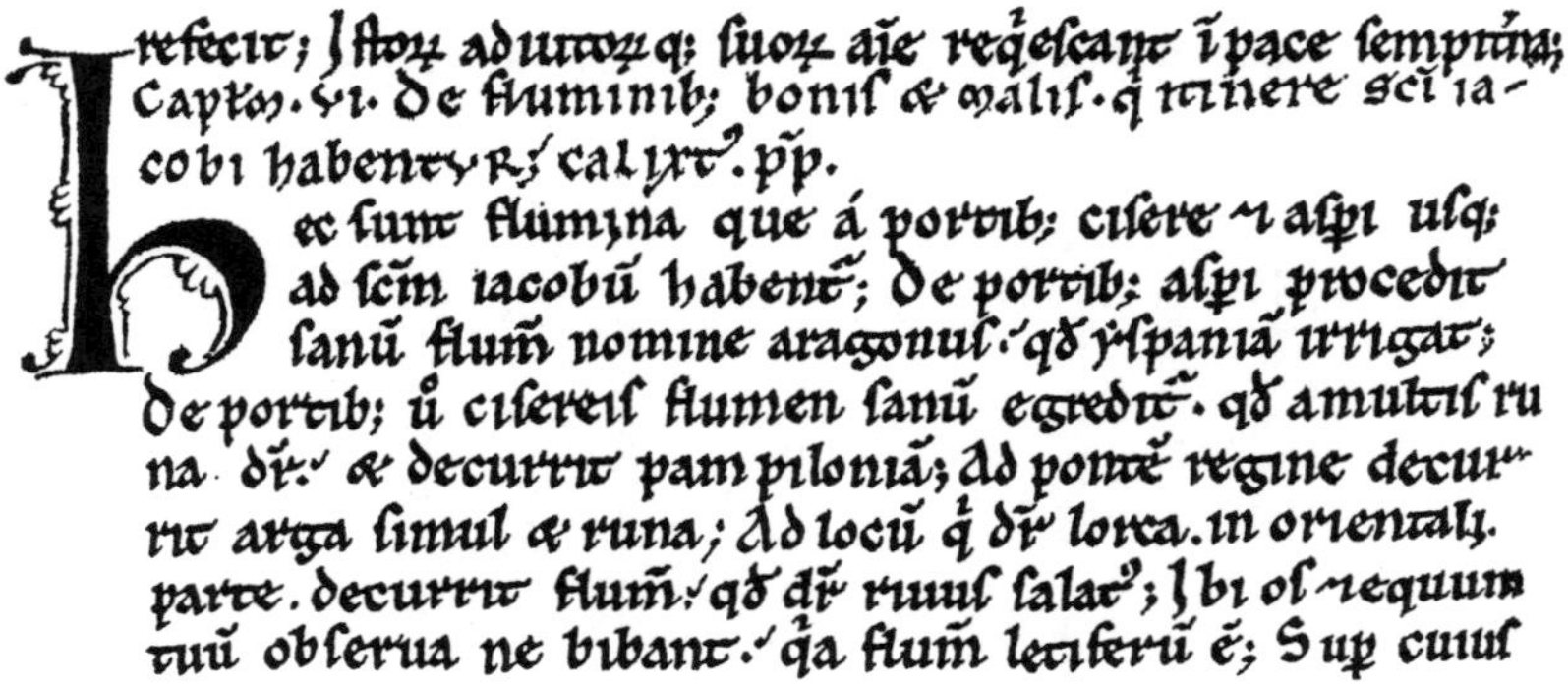
refecit; Istor adiutor q; suor aie requiescant i pace sempitna;
Capl'm. VI. De fluminib; bonis & malis. q itinere sci ia-
cobi habentur; calixt'. pp.
Hec sunt flumina que á portib; cisere & aspi usq;
ad scm iacobu habent; De portib; aspi procedit
sanu flum nomine aragonus. qd yspania irrigat;
De portib; u cisereis flumen sanu egredit. qd amultis ru
na dr & decurrit pampilonia; Ad ponte regine decur-
rit arga simul & runa; Ad locu q dr lorca. in orientali
parte. decurrit flum. qd dr riuus salat'; Ibi os & equum
tuu obserua ne bibant. qa flum letiferu e; Sup cuius

1992年　夏　8月

スペインの「道」に入ってから私たちを導いてくれたのは、スペイン・エベレスト出版社刊行の『サンティアゴの道・巡礼案内』という実用ガイドブックであった。一九八五年に発刊されたこの本は、現代のサンティアゴ巡礼者たちのために中世の道を甦らせることを目的とし、スペイン政府観光省の全面的な協力のもとに編纂されたのであった。

エムリ・ピコーの『巡礼案内の書』をもとに一三の道程を設け、各地方ごとの歴史、文化、風土を網羅したこの本は、ガリシアの一司祭を中心に各地方に結成された編集チームによって踏破・探査されて実現したのであった。当時にあっては、スペイン側の「道」の唯一の詳細な実用ガイドブックであったのではないだろうか。スペインをしばしば訪れていたMは、たまたまこの本に出会って入手していたのである。

この本の最大の特色は、「トポ・ギッド・シリーズ」がフランス国土地理院の五万分の一の地図に依っていたのに対し、地図がイラスト風、あるいは見取り図的なところにある。七五枚の地図は道程図と重要な町の案内図からなり、一目見て分かるように単純明快に図示されている。そして、通過する地名、距離数、目印となるものなど、最低不可欠な情報が細大漏らさずきわめて精緻に、しかし決して煩瑣《はんさ》にではなく記載されていて実に分かりやすく、スペイン語がろくにできない私たちが大過なくその日その日の目的地にたどり着くことができたことは、ひとえにこの本のおかげであったといえる。

縦に長く変形判（一五・五×三〇・五）で、「トポ・ギッド」のように分冊になっていないぶん分厚く、持って歩くには少々扱いづらいのが難点であった。一九九三年のカスティーリャ・レオンの長丁場を歩くときには、Mは本をばらしてベロラードから最終地点ま

『サンティアゴの道・巡礼案内』

で六区間に分けて、必要なところだけをポケットにねじ込んでいた。そして、出発の朝、いつものように地図をにらみ、頭に叩き込んでから歩き始めるのであった。

パンプローナ ─→ プエンテ・ラ・レイナ

（Pamplona ──→ Puente la Reina　23km）

パンプローナを発つ前夜、宿[5]のテレビでバルセロナ・オリンピックの閉会式を見る。スペインがこのオリンピックで獲得した金・銀・銅のメダルの数は、近代オリンピックが始まってから約一〇〇年間にこの国が得たメダルの総数とほぼ同じだという。この一九九二年を目指しての、スペインのインフラ整備に注ぎ込まれた国を挙げてのすさまじいまでの努力は、いやが上にも選手たちの士気を高め、驚くべき成果を挙げることになったのであろう。日本の東京オリンピックのときのように、この国も、この年をきっかけに大きな変貌を遂げていくのだろうか。

翌朝七時、出発。ようやく明るくなり始める。町はずれにあるナバラ大学の美しいキャンパスを横に見て、巡礼道に入っていく。シズル・メノールの村をすぎるとダラダラ坂の上り、麦の切り株を残した黄金色の畑が広がる。気温は何度ぐらいだろうか、涼風が心地よい。

サンティアゴの大祭[6]（一九九三年）が近いためか、巡礼の姿が急増した感じがする。ス

5．ホテル・イルーニャ・パレス・トレス・レイエス（Tres Reyes）、４つ星、160室、168～330ユーロ。
TEL：948 22 66 00
ホテル・マイソンナーベ（Maisonnave）、３つ星、138室、88～110ユーロ。
TEL：948 22 26 00

パンプローナ・ツーリストオフィス
TEL：948 20 65 40

6．聖ヤコブの祝日７月25日が日曜日と重なる年を「聖年」とし、この大祭の年の巡礼者は、大贖宥を得るとされる。1122年、時の法王カリストゥス２世が聖ヤコブの年を設定し、後のアレクサンドル３世が、1179年の教皇教書によりこれを定める。最初の「聖年」は1182年であった。21世紀最初の「聖年」は2004年。

イスからという父と息子、「ボン・ジュール」と声をかけて追い抜いていくリュックに貝をつけたフランス人の単独行の女性、そしてスペイン人の若者三人組。ザリキエギの村からペルドン峠への、片側が崖になった狭い登りでは、アリカンテ（バレンシアの南の地中海に面した町）からの六人のサイクリストグループと一緒になる。彼らは、日本のシマノの自転車がご自慢だ。昨年のツール・ド・フランスの覇者インデュラン熱の高まりとともに、この年から自転車《ビチ》によるサンティアゴ巡礼組が驚くほど増加した。ようやく登りきった峠から、再び自転車に飛び乗った彼らの姿はアッという間に消える。

眼下にナバラの広大な野。快適な下り。ウテルガ、ムルサバルの村をすぎ、もうここからは中世の伝説・聖史劇で有名なオバノスの村も近い。いつのころからか、オバノスの村に語り伝えられてきたフェリシアとギレームの物語。これが一九六〇年代に村の一司祭によって掘り起こされ、村民総出の聖史劇『ミステリオ・デ・オバノス』として甦った。その後しばらく中断していたが、この一〇年余りのサンティアゴ巡礼道興隆を機に再開され、現在では二年ごとに、サンティアゴの祝日（七月二五日）前後の一週間、村の広場で上演されている。

ナバラの広大な野の丘の上の村、この住民八〇〇人ほどの静かな村の教会前広場、そこには一面砂利が敷き詰められて、夏のひととき満天の星のもと、馬上の騎士たち、市井の人、僧、聖人、旅芸人、乞食、罪人、追いはぎの輩が行き交う路上「サンティアゴ巡礼道」となり、中世の昔に返る。

オバノスの村遠望

『ミステリオ・デ・オバノス』

サンティアゴ巡礼道が賑わい、このオバノスの村をコンポステラへ向かうヨーロッパ各地からの巡礼たちの群れが行き交っていたその昔、フランス・アキテーヌ公の王女フェリシアは多くの従者を引き連れてサンティアゴ巡礼に旅立つ。巡礼道には社会のさまざまな人間が溢れ、まさに人生の縮図であった。無事巡礼を果たした彼女は、神とともに新しい人生を生きるべくナバラの地にただ一人残り、恵まれない人々の献身の生活に入る。

一方、アキテーヌから妹の消息を尋ね探し、騎士、従者たちとともに各地を奔走していた兄ギレームは、ある日、偶然彼女と遭遇する。アキテーヌへの帰還を懇願、説得するが、彼女は拒絶する。ひたすら神に仕え、奉仕の生活を選んだ彼女の生き方と、富と権力闘争に明け暮れる兄との論争は決して交わることはなく、あくまでも自分の運命は神のもとにあるという妹の固執に憤怒した彼は、彼女を刺し殺してしまう。

我に返り、自らの業に茫然自失したギレームは、年老いた巡礼者のすすめにより、自分もサンティアゴ人となり悔悛《かいしゅん》の道をたどる。

コンポステラからの帰途、まだ迷い人であり、自分の犯した罪に責めさいなまれつづける彼は、オバノス近くのアルノテギの聖母の祭りに出くわす。そこで聖母の前に跪き、ただひたすら罪を悔い祈ることによって聖母の深い慈悲に触れ、そして救われる。

その後、彼はアキテーヌには戻らず、聖母の小さな御堂に籠もり、そこですぐ近くを通るサンティアゴ巡礼や土地の貧しい人々に献身的に仕える一生を送る。

『ミステリオ・デ・オバノス』の上演場面（2002年）

これが、聖史劇の粗筋である。兄妹の話が軸に舞台は展開していくが、各場面を構成する重要な役割を担っているのは、時代を越えてオバノスを通りすぎていった巡礼の群れと村人たちであり、この舞台の主人公は、実は道を行き交う人々の諸様相を浮かび上がらせる奇跡に満ちた「サンティアゴ巡礼道」そのものともいえる。

オバノスの村から三〇分ほどでプエンテ・ラ・レイナに着く。ヨーロッパ各地からの巡礼たちは、フランスから、主に四つのルート（トゥール、ヴェズレー、ル・ピュイ、アルル基点）をたどって西に向かったが、ピレネー山脈を、シーズ峠（ナバラ地方・ロンセスバージェス修道院）あるいはソンポール峠（アラゴン地方・サント・クリスティーナ救護院）でやっとの思いで越えた彼らはこのナバラのプエンテ・ラ・レイナの町で合流し、大きな流れになって「カミーノ・フランセス（フランス人の道）」をコンポステラへと向かったのである。

プエンテ・ラ・レイナのお目当ての宿「ペレグリーノ（巡礼）」は満室であった。すぐ近くの、オープンしたばかりの「ホテル・ジャケ」[7]に落ち着く。町のサンティアゴ教会に安置されている木彫りの「巡礼姿のサンティアゴ」さまにご挨拶し、レパラドレス修道会でスタンプをいただく。

プエンテ・ラ・レイナ――王妃の橋

一一世紀、アルガ川に橋が架けられてここに町が生まれた。橋を架けたのはナバラ、リ

7．ホテル・ジャケ（JAKUE）、3つ星、28室、50～70ユーロ。
「ジャケ」とは、サンティアゴ巡礼者の意。
TEL：948 34 10 17
ホテル・メゾン・エル・ペレグリーノ（MESÓN EL PERGRINO）、2つ星、15室、70～150ユーロ。
TEL：948 34 00 75
ホテル・ビデアン（BIDEAN）、19室、30～45ユーロ。
TEL：948 34 11 56

さまざまな姿をした川が予測し得ない天候に左右され、増水、洪水を繰り返す。中世にあっては、川を渡る困難さは想像を絶するものがあり、それゆえ橋を架けるということはこのうえない慈善の行いそのものであった。そのために、道沿いの王や王妃たちをはじめ高位聖職者たち、修道士たちは率先して、そして名も無き無数の民衆もまた橋を架けることに一身を捧げたのであった。

ここプエンテ・ラ・レイナでは、フランスからの「四つの道」が一つとなり、巡礼の数が一気に膨れ上がった。彼らの難儀を見かねた王妃の巡礼を思う慈しみの心と神へのあつい信仰心が、アルガ川に橋を建造させたのである。

この名高い橋の建造寄進者については、先に挙げたようにドーニャ・マヨールか、あるいはドーニャ・エステファニアか、歴史家によって意見の分かれるところであるが、いずれにしても、このサンティアゴ巡礼道でもっとも美しいとされている中世の橋が女性によって架けられ、その名も「王妃の橋」と名付けられ幾世紀もの間、今日に至るまで村人や巡礼者に愛されつづけてきたということは、非常にシンボリックなことではないだろうか。サンティアゴ巡礼最盛期の一二世紀は、それはまさに「聖母の時代」であった。

橋の建造者としてより信憑性が高いドーニャ・エステファニアはカタルーニャ辺境領からナバラ王国に嫁ぎ、ナヘラの宮廷に生きた。そして、この地の名高いサンタ・マリア修道院とその巡礼のための救護院の建立に多大な貢献をする。キリストを迎えるがごとくに巡礼を受け入れるために建てられたこの修道院の縁起書に、ドン・ガルシア王自身が次のように記している。

王妃の橋

王妃の橋

「余は、王妃ドーニャ・エステファニアとともに、ここに建立を決意する。〔……〕妻の言葉に従い、導かれて建てられたこれら修道院および救護院は彼女の寄進の賜物なのである。彼女の名は、長く後世に伝えられることであろう」

その王が、一〇五四年、弟であるフェルナンド一世(10)とのアタプエルカの戦いで亡くなると、彼女は王に代わってナルボンヌ司教による修道院の聖別を取り仕切っている。このように、ナヘラのサンタ・マリア信仰に発端から非常に深くかかわっていた彼女は、パンプローナとエステーリャ間の最大の難所であったアルガ川を渡る巡礼たちの難儀に深く心を痛め、この難工事にとりかかる。

聖母マリアへのあつい信仰を抱いていた王妃は、聖母が人々を優しく見守り導かれるようにと、その橋の欄干に小さな御堂を建てた。橋のなかほど、その一番高くなっているところにあった御堂には、聖ヤコブをはじめとする諸聖人に囲まれたル・ピュイの聖母像が祀られて、巡礼たちはその傍らの聖水盤で指先を清め、十字を切って聖母に祈りを捧げた。天井から吊るされた灯明は一日中灯り、町の住民たちもまた、巡礼たちと競って聖母に信仰を捧げ、この地では不運なことが決して起きないということがあまねく知れわたるようになった。そして、このル・ピュイの聖母にまつわる有名な「チョリの聖母」(「チョリ」はバスク語で「小鳥」)伝説が生まれる。

「チョリの聖母」伝説

いつのころからか、いずこからともなく一羽の小鳥が聖母様のお御堂にやって来るよう

10. 在位1035～1065。サンチョ大王の息子で、カスティーリャ王国を継ぎ初代カスティーリャ王となる。1037年にはレオン王アルフォンソ5世の死去により、そのあとを襲いカスティーリャ・レオン王を名乗る。優れた武将で、レコンキスタを大々的に展開する。

になった。小鳥は川へ舞い降り、翼を水に濡らしては舞い上がってそのお顔を拭った。そして、聖母のお顔がすっかり洗われて輝き出すまで幾度も川面を行ったり来たりし、ときにはその回数が一〇〇回以上にも及ぶことがあった。そして、拭い終えると空の彼方へと飛んでいった。あたかも橋を守る聖母への神からの喜びの「御しるし」であるかのような小鳥が現れた日は、教会の鐘という鐘が打ち鳴らされ、特別なミサが行われた。町中の人が歌を歌い、ベレー帽を空に放り上げて小鳥を迎え、それを祝福のしるしとして喜んだのである。

小鳥の訪れのもっとも名高いものの一つとしては一九世紀前半の記録があるが、それによると、小鳥は聖母の傍らに三六時間とどまり、町の人たちも橋の前で早朝から翌日の日没までロザリオの祈り(11)を唱えていたという。「ル・ピュイの聖母」あるいは「チョリの聖母」と呼ばれる像は、今日では橋に近いサン・ペドロ教会に移されている。「チョリの聖母伝説」とその美しい橋を建造した王妃の思い出はいまなおこの町に生きていて、ここを通りすぎる巡礼は、住民のその温かい慈悲《シャリテ》の心に心底寛ぐ思いをするのである。

午後、ソンポール峠越えの道をプエンテ・ラ・レイナから一時間ほど戻り、エウナーテの美しいロマネスクの墓地教会を訪ねる。かつては、教会の前に一晩中ランタンが灯っていたという。以前、春にここを訪れたときは人の姿はなく、小さな回廊に野のスミレが咲き、野をわたる風のなかに、行き倒れてここに眠る巡礼たちの声を聞くような気がした。いまは夏、車で次々と立ち寄る現代の巡礼を前に、彼らは沈黙するのみ。

エウナーテの墓地教会

11. ロザリオとは大小の珠からなる数珠のようなもので、珠をくりながら聖母マリアを賛えて「アヴェ・マリア」、「主の祈り」、「グロリア」を繰り返し唱える聖母マリアに捧げる祈り。

プエンテ・ラ・レイナ ──→ エステーリャ

(Puente la Reina ──→ Estella 22km)

早朝、出発のときに数組の巡礼グループと一緒になる。

プエンテ・ラ・レイナから、ナバラ地方の伝統的な小さな村々を行く。黄金色の麦の切り株畑に赤褐色の土道、ときにぶどう畑、オリーブの木々。中世の面影を濃く残すシラウキの村をすぎてすぐ、かつてのローマ街道と重なる石畳の道となる。どんどん陽射しがきつくなっていくなかを、エステーリャまでノン・ストップで歩く。二二キロ。

町なかの巡礼宿風のオスタル[12]が今夜の宿[13]。宿の息子らしい少年がてきぱきと応対してくれる。そして、集印帳にスタンプをもらう。

昼食に入ったレストランで、途中ですれ違った三人の自転車《ビチ》組と一緒になる。テーブルには女性や子どもたちが混じって賑わっている。それもそのはず、奥さん連中が子どもとともに車で伴走しているとか。子どもたちは、サンティアゴマークの付いた市販されていないTシャツを着ているのが自慢。

エステーリャ

一〇八五年に不思議な出来事が起きた。雨のように降る流れ星に導かれて、羊飼いたちがエステーリャ郊外のプュイの山中に聖母像を発見したという。時のアラゴン王ラミロ一世[14]は、この奇跡の地に町を興すことを決意する。かつてローマ時代に「ゲバルダ」と呼ば

12. スペインの宿には、ホテル、オスタル、ペンションなどの種類があり、その設備、規模、サービスなどから、星の数でランク付けされている。オスタルは、建物の一部を使った比較的小規模の宿をいう。このほか、スペインには長期滞在型のアパートホテルや民宿、ユースホテルなどもあり、またサンティアゴ巡礼道沿いの村や町には、巡礼者用の簡易宿泊施設が徐々に整られてきている。

13. オスタル・クリスティーナ(CRISTINA)、1つ星、15室、42ユーロ。
TEL:948 55 07 72
ホテル・イエリ(YERRI)、2つ星、24室、30〜48ユーロ。
TEL:948 54 60 34

14. サンチョ大王の4男。初代アラゴン王(在位1035〜1063)。

エステーリャ・ツーリストオフィス
TEL:948 55 63 01

れたこの場所が、そのときからバスク語で「リサラ」となり、カスティーリャ語で「エステーリャ」といわれるようになったというのがこの町の名にまつわる伝説である。「エステーリャ」つまり「星」という名前そのものが、「星の野」（コンポステラ）を思い起させる。

このようにして、エガ川の右岸、リサラ城の足元に、サンティアゴ巡礼擁護のために新たに築かれたのがエステーリャの町であった。

レコンキスタによりイスラム勢力を追い散らした「カミーノ・フランセス」沿いに町や都市を興し、巡礼道を発展させ、それによって領土を確固なものとすることを意図したサンチョ大王をはじめ、ナバラやアラゴン、カスティーリャの王たちは、定住する者たちに「特典」を与えて優遇し、入植を強力に推し進めようとしていた。エステーリャは、その代表的な町の一つであった。

「特典」とは、税の免除、法的な保障、土地取得の便宜、営業の自由、などというさまざまな特権である。定住することを望んだ巡礼たちに初めてそのような「特典」が与えられたのは一〇六三年のことで、アラゴン王国の首都ハーカにおいてであった。この時代には、スペインにおいて驚くほどの「特典」が町や都市に認可されたのであるが、その「特典」について、バレとギュルガンは具体的に次のように記している。

「フランク人は不動産の売買が自由にできた。彼らには平和が保障され、独自の市《いち》、自治地区が許可され、目方や寸法をごまかす者たちから保護される。フランク人たちは刃物屋、

エステーリャ

エステーリャの古い町なみ

肉屋、鞣革商、毛皮商である。(……) パンプーロナのフランク人入植者は兵役を免除され、サン・セルナンの市では真の独占商業をほしいままにしている。彼らだけが、サンティアゴ巡礼たちに物を売ることが認可されていた。彼らの地区に、まったくの他所者が定住することは許されない。彼らの町長《アルカデル》は、町民によって推薦された三人の立候補者のなかから司教によって選ばれた」(二一ページ前掲書)

このようにして、「カミーノ・フランセス」沿いには、今日なおフランク人入植の名残をとどめている町や地区が数多くあるが、定住したのはフランク人だけではなかった。ドイツ、イギリス、イタリアなどからもやって来て住み着き、特権市民として商売を営んだのであった。ユダヤ系の人々も多く入植し、巡礼や旅人相手の商売に従事した。

エステーリャは、一〇九〇年、ナバラ・アラゴンの王サンチョ・ラミレス一世(在位一〇六三～一〇九四)によって、まさにそのような「特典」を与えられて造られたフランク人の町であった。スペインに近いプロヴァンス地方やトゥールーズ地方のみならず、ノルマンディー地方、トゥーレーヌ地方やポワトゥ地方からもやって来た。もとをただすと、その多くが巡礼であった者たちが住み着いて発展していった町なのである。

エムリ・ピコーは、故郷そのもののようなこの町に入って心から寛いだのだろうか。「パンは美味いし、ぶどう酒は上等である。肉や魚は豊富であり、すべてが喜ばしい」と言い、そしてエガ川の水について「美味しく、飲むによく、上質である」と手ばなしの喜びようである。

さらに一一八七年には、左岸にナバラ王サンチョ六世（在位一一五〇～一一九四）によってサン・ファン地区とサン・ミゲル地区が新たに築かれ、この時代、多くの宿屋、救護所、聖ヤコブ兄弟団など、巡礼を受け入れるための態勢が整い、エステーリャはいっそう発展することになった。町はずれには、癒されることを求めて歩く癩（ハンセン病）患者を受け入れるサン・ラザロ施療院もあった。

「北のトレド」といわれるエステーリャの町には見るべきものが多い。かつての「フランク地区」のサン・マルティン広場には、世俗建築としてはスペインでもっとも古いものの一つであるロマネスク様式の王宮がある。昔のナバラ王の宮殿である。この王宮の建物正面の柱頭彫刻は洗練されていて、そのなかには、この町が紛れもなくフランク人によって造られた町であるという証《あかし》のように、かの「ロランとサラセン人フェラグとの戦い」[15]が刻まれている。また、広場の少し上手《かみて》には、イスラム芸術の影響を示す多弁装飾の扉口をもつサン・ペドロ・デ・ラ・ルア教会があり、ロマネスクからゴシックにかけての身廊部分や回廊がそのまま残っていて興味深い。この美しい回廊の中庭には、ここで行き倒れた多くの巡礼たちが眠っている。そのほか、見るべきものとしてサント・ドミンゴ修道院（一三世紀）、典型的なゴシック様式の扉口をもつサント・セプルクロ教会などがある。また、川の向こう側にはサン・ミゲルに捧げられた一二世紀の教会があり、正面タンパンの「パントクラトール」[16]、またその北側扉口に刻まれた「聖告」、「聖誕」、「エジプトへの逃避」など、その見事なロマネスク浮き彫り彫刻はまさに「石の聖書」といえる。

ロランとフェラグの戦い

15. シャルルマーニュ大帝の甥ローランと巨人フェグラの戦いを表すこの図像は、キリスト教徒とイスラム教徒との戦いをシンボリックに示すもので、激戦地であったリオハ、ナバラ地方のサンティアゴ巡礼道によく見られるが、エリテーリャのものがことに有名。
16. 万能の支配者、万能の主を意味するギリシャ語。キリスト教芸術では一群のキリスト像のタイプを指す。長髪有髯の壮年のキリストで、しばしば右手で福音のしるしをつくり、左手で福音を表す書物を抱く。

「今日でもなお、埃っぽく、賑やかでザワザワした町のなかに、巡礼者たちのエステーリャを見いだすことができる。陽差しを浴びたエステーリャの町の、何と上機嫌で詩的なことか！」と、語っているのはイーヴ・ボティノーであるが（『サンチャゴ巡礼の道』小佐井伸一・入江和也訳、河出書房新社、一九八六年）、私たちが訪れた一九九二年には、この町は来たる「聖年」を前にして、町を挙げての大改修の真っ最中であった。道は一メートル以上もの深さで掘り返され、埃っぽいことこのうえなく、お目あてのサン・ミゲル教会はそのあたり一帯が立ち入り禁止であった。車が通るたびにモウモウと砂塵が舞い上がり、砂の紗幕《しゃまく》を通して見る町はいまにも崩れ落ちそうであった。大改修を終えたエステーリャは、どんなふうに生まれ変わっているのだろうか。

現在のサンティアゴ巡礼道復興において強い牽引力としての役割を担ってきたエステーリャは、豊かな中世からの遺産をもつ単なる古都というだけではない。この町のサンティアゴ友の会は、スペイン各地の友の会のなかでももっとも歴史が古く、またもっとも活動的な組織の一つであり、毎年、この町で開かれる「中世研究週間」は、サンティアゴ巡礼に関連するあらゆる分野の研究集会としても名高い。

エステーリャ・サンティアゴ友の会
TEL：948 55 02 00

エステーリャ ──→ ロス・アルコス

（Estella ──→ Los Arcos　21㎞）

スペインに入って、歩きのリズムを大幅に変更する。起床六時、六時半出発。朝食は部屋で前日に買っておいたパンと飲み物で簡単に済ますか、運がよければ一、二時間歩いたところの村のバル（喫茶店兼居酒屋）でとることにする。

朝、暗いうちに出発。空には月、日の出は七時ごろ。九時すぎには陽射しがきつくなり始め、午後はとても歩けない。一二時か、遅くとも午後一時すぎの到着を目指す。

このことは、カスティーリャ・レオン地方では絶対原則となる。翌年の一九九三年の大祭の年には、いっそう増えた北から（オランダ、ベルギー、ドイツ、フランスなど）の巡礼たちが途中でダウンしているのによく出くわした。たぶん、日射病か熱射病であろう。彼らは、その装備や歩き方からして相当タフな人たちと見えたが、スペイン内陸部の夏の恐ろしさを知らなかったのだろう。八月には、体感温度が五〇度近くまで上がることがよくある。

スペイン人たちのグループは、よく木陰で小休止やシエスタをしている。その歩き方もダラダラとしていてしまりがないが、目的地にはちゃんと着いているのだから面白い。

エステーリャを発ち、三〇分ほどで中世から重要な救護所だったイラチェの修道院に着く。ナバラ地方でも、もっとも古いベネディクト会修道院の一つである。隣接して立派な

イラチェ修道院

ワイン工場がある。このあたりは、ナバラワインの名産地だ。

巡礼たちへのご喜捨というわけか、門横の石の壁にその名も「ワインの泉《フェンテ・デ・ヴィーノ》」が設置され、貝印の蛇口から備え付けのコップで赤ワインが飲めるようになっている。「良きパンと極上のワイン」というエムリ・ピコーの賛辞は、いまなおこの地の誉れとなっているようだ。

傍らに、「元気にサンティアゴにたどり着きたい人は飲んでゆきなされ」と書かれた大きいプレートがある。但し、「水筒に詰めていく分はお買い求め下さい」とのコメント付き。巡礼とワインは、中世の昔から切っても切れない間柄である。

エムリ・ピコーは、その『巡礼案内の書』のなかで、良きワインの土地にはとりわけ格別の賛辞の言葉を惜しまないが、まさにワインは、巡礼の心と体を励ましつづける道中のもっとも頼もしい相棒であったからであろう。もちろん、ミサにおけるワインの「キリストの血」というその象徴性は、非常に深いところでワインへの思いを支えていたにちがいない。実際、あの心もとない困難な道程にあって、一杯のワインはどんなに巡礼たちを励ましたことか。まさにキリストの血、「生きる」シンボルであったのである。私たちもようやくたどり着いた宿の一杯のワインに、どれだけ心が和み疲労が癒されたことであろう。

ガリシアに至るサンティアゴ巡礼道は、今日でも多くのワインの産地を横切っていく。ドイツはモーゼル、ライン、フランスに入ってシャンパーニュ、ブルゴーニュ、ボルドー、イタリアからはトスカーナ、ピエモンテ。ピレネーを越えてからはナバラ、リオハ、ドゥエロ、ビエルゾ、そしてガリシアと、ぶどう畑のなかを巡礼道は通っていく。

ワインの泉

いまなお、さまざまな地方にサンティアゴ巡礼にちなむぶどう産地の名称やシンボルがデザインされている商標やボトルのラベルを見いだせるが、明らかに巡礼道とワインとの結び付きを示すものである。たとえば、モーゼル川沿いの古都トリアでは、ラベルに「巡礼の姿」が描かれているワインに出会うし、ブルゴーニュ地方にはその名も「サン・ジャック・ぶどう園」、アキテーヌ地方には「シャトー・クロワ・サン・ジャック」、「シャトー・サン・ジャック」などの名前がついたワインがある。そのほか、商標やラベルに帆立貝、サンティアゴの劔などがデザインされたものにいたっては各地方で無数に見いだせる。巡礼の合い言葉「ウルトレイア!」に絶対欠かせないものを一つ挙げるとするなら、それは一杯の赤ワインにつきるような気がする。

修道院近くの街道に面したドライブインで朝食。イラチェからは、一面緑のアスパラガス畑(ナバラ特産)、赤褐色の土、真っ青な空という気持ちのいい道程で、今日の宿ロス・アルコスに着く。[17] 町の通りに「DROGAS NO!」の横断幕。スペインは、ヨーロッパでも有数の麻薬汚染地帯といわれている。南米ルート、北アフリカルートなどいろいろあるらしいが、中央ヨーロッパへの中継点というわけか。私たちが目指すサンティアゴの地ガリシアも、海からのルートとされる「ガリシアコネクション」で名高い。

町は明日から夏祭り。中心の広場が、ナバラの村々の夏祭りに欠かせないエンシエロ(牛追い)会場への変身準備でおおわらわ。祭りの前夜とあって、夜の教会はミサに参列する町の人でいっぱい。スペインでは教会が生きていることを実感する。

17. オスタル・エゼキエル(EZEQUIEL)、2つ星、18室、27~33ユーロ。
TEL：948 64 02 96

ロス・アルコス・ツーリストオフィス
TEL：948 44 11 42

ロス・アルコス ──→ ログローニョ

（Los Arcos ──→ Logroño　28 km）

遠くに鐘楼の先が見え始め、やがて村が現れる。こうした繰り返しで通過する小さな村々。ロス・アルコスの町から六キロ余りのトレス・デル・リオの村には、ムデハル様式（一二世紀）の聖墳墓教会が残る。村の雑貨屋でパンを買い、この教会の近くの木陰で朝食をとる。

麦の切り株畑の風景が、ぶどう畑とオリーブ畑に、そしてイラ草のまだら模様の野に変わる。ヴィアナの町のとっかかりのところで、外出しようとしていた太ったオバさんが「水はいらないか」と声をかけてくれ、掛けた鍵をわざわざ開けて家に招じ入れてくれた。冷蔵庫から取り出してくれたボトルのおかげで、カラカラの喉と太陽に焼かれた体が甦る。このナバラ最後の町をすぎ、リオハ地方に入る。

> 大河エブロを渡りログローニョに入る。そこは良き水に恵まれ、川魚は美味である。
>
> （『巡礼案内の書』第六章「サンティアゴ巡礼の道中で出会う良い川と悪い川」より）

リオハの首都、ログローニョは大都会。しかし、今日は「聖母マリア被昇天の祝日」（八月一五日）で、通りも宿[18]も静かである。夜は、食通で名高いこの街の居酒屋横町でリオハワインとタパス（スペイン風おつまみ）のはしごとなった。

18. ホテル・ロス・バルコス（Los Barcos）、４つ星、71室、100ユーロ。
TEL：941 22 66 08
ホテル・ムリエタ（Murieta）、３つ星、113室、65ユーロ。
TEL：941 22 41 50

ログローニュ・ツーリストオフィス
TEL：941 29 12 60

タパス横町としてもっとも有名なラウレル通りは、宿の近くということもあり、部屋で一息ついて早速この狭い通りに繰り出した。賑わっているバルに飛び込み、おしゃべりに夢中の地元の人たちに混じって、立ち食い立ち飲みとあいなった。カウンターにはミニ・ボガディージョにピンチョ（ミニパンの上に各種つまみを載せて楊枝で突き刺した、いわば一口パン）が所狭しと並べられ、そしてトルティーリャ、生ハム、チョリソはもちろん、リオハ特産のマッシュルーム、赤ピーマンやアスパラガスを肉や魚介類に合わせた煮物や揚げ物など、色とりどりのタパスがオンパレード。どれをつまんでいいやら……。

バルごとに赤ワインをひっかけ、明日からの歩きへの景気づけで夜は更けていった。

クラビーホ

ログーロニョから南へ一七、八キロの地点に古い城址が残っているが、ここがかの有名なクラビーホ古戦場である。レコンキスタの真っ只中の八四四年のこと、「篤信のキリスト教徒」であったアストゥリアス王ラミロ一世（在位八四二〜八五〇）と、アブデラマン二世（在位八二二〜八五二）が率いるイスラム教徒軍がこの地で激しく対決する。終始押され気味であったラミロ軍があわやというそのときに、突然、剣を振りかざし白馬に跨がった騎士姿の聖ヤコブが現れ、イスラム教徒軍を蹴散らし、その陣営に恐怖を引き起こしてパニック状態に陥れた。これにより、敗色の濃かったラミロの軍勢は大勝利を収めることができたという。この「クラビーホの戦い」の勝利は、その後のレコンキスタを決定的に勢いづけ、また白馬《マタモロス》の騎士姿の聖ヤコブは対イスラムの戦いのシンボルとして掲げられ

クラビーホの城址

ることになってゆく。このレコンキスタ史上もっとも重要な古戦場クラービホも、いまでは「兵どもが夢の跡」。いまにも崩れ落ちそうな櫓と城壁が残り、静かに豊かなエブロ河流域の平野を睥睨《へいげい》している。

ログローニョ ─→ ナバレーテ

（Logroño ──→ Navarrete　13km）

翌朝、ログローニョの街の通りの角から、グレー地に白の水玉模様の半パンをはいた青年がフラフラと現れ、私たちの前を歩き始める。単独行らしい。首から帆立貝をつるし、手には巡礼杖、リュックを背負う後ろ姿は頼りなげである。彼とは、翌年（一九九三年）の大祭の年にサント・ドミンゴ・デ・ラ・カルサダの巡礼センターで再会するが、てきぱきと巡礼に応対する逞しい好青年に変貌していた。青年をかくも変えさせたものはいったい何だったのだろうか。

デマンダ山脈を南に、カンタブリア山脈を北に、エブロ河流域に豊かに広がるリオハ地方。そして、恵まれた太陽。スペイン一のワインの産地でもあるリオハの巡礼道は、ぶどう畑とともに行く。

グラヘラ貯水池をすぎ、国道に沿って歩く。高速道路を横切ってしばらくすると、ぶどう畑の向こうに中世の昔から巡礼受け入れの長い伝統をもつナバレーテの村が見えてくる。

今日、八月一六日は巡礼の守護聖人聖ロケ[19]の祝日で、村は夏祭りの真っ最中である。通

ナバレーテの村が見えてくる

りには、「ようこそ、ナバレーテの夏祭りへ！」の横断幕が掲げられている。私たちも夕方のミサに参列し、その後のプロセッションにもついて歩く。プロセッションで出会った上品な婦人に、あとで村に住む同胞（日本人らしい）を訪ねてあげて欲しいと言われて行ったところ、ログローニョで鍼灸師をしているという韓国の人であった。その彼に誘われて、夏祭りのビッグ・イベントである闘牛見物に出掛ける。村の空地に造られた即席の闘牛場だ。そこに放たれたのは角の折れた子牛。何とも愛嬌のあるその牛が、囲いのなかに飛び込んできた村の勇敢な若者たちを追いかけ回す。見物人は大喜びで、子どもたちははしゃぎ回っている。

夜は、村のアソシアシオン・アマ・デ・カサ（主婦連、というところか）が主役。彼女たちの接待による、教会前の広場での大野外ダンス・パーティ。ワインと手づくりの軽食が振る舞われ、村の楽団の生バンド演奏が祭りを盛り上げる。一四世紀から延々とつづくこのナバレーテの聖母と聖ロケの祭りでは、必ず闘牛が行われ、その肉は貧しい人々に分け与えられるという習わしであった。私たちがごちそうになったボカディィージョに挟まっていたのも、もしかしたら……。

老いも若きも幸せいっぱいで輝く顔。スペインのどこの村でも見かける夏祭りの風景。[20]

ナバレーテのプロセッション

19. 46ページの注（10）を参照。
20. ナバレーテの宿、ペンション・ラ・カリオカ（La Carioca）、23室。
TEL：941 44 08 05
ホテル・サン・カミロ（San Camilo）、3つ星、38室、4844～66ユーロ。
TEL：941 44 11 11

ナバレーテ・ツーリストオフィス
TEL：941 44 00 05

ナバレーテ→ナヘラ

（Navarrete ──→ Nájera　16㎞）

早朝、まだ薄暗いナバレーテの村はずれ。一二世紀に建てられた巡礼のための施療院の一部が、いまは村の墓地の門としてロマネスク期の美しい名残をとどめている。

ナヘラまでの前半は、国道120号のアスファルト道をとる。サン・アントン峠をすぎ、後半は国道にほぼ平行した黄褐色の砂道を行く。ナバレーテから約一六キロで、ナヘリア川の落ち着いた町ナヘラに着く。[21]

ナヘラ

九二三年、ナバラ王サンチョ・ガルセス一世（在位九〇五～九二五）は、レオン王オルドーニョ二世（在位九一四～九二四）とともにナヘラの町をイスラム教徒の手から奪回し、この地をナバラ王国のパンプローナと並ぶ都とする。ナヘラの宮廷は、一一世紀、サンチョ大王、そしてその息子ガルシア伯の治世（在位一〇三五～一〇五四）の時代にもっとも栄光のときを迎える。そして、サンティアゴ巡礼に惜しみない保護を与えたサンチョ大王同様、信仰あつきドン・ガルシアは、王立《レアル》サンタ・マリア修道院に併設して巡礼のための救護院を建立した。修道院は一〇七九年、レオン・カステーリャ王アルフォンソ六世によってクリュニー修道会の手にゆだねられ、王と修道士の主導のもとナヘラは一一、一二世紀を通じて橋や道が整備され、数多くの救護所、施療院が建てられ、サンタ・マリア修道

21. ナヘラの宿、ホテル・サン・フェルナンド（San Fernando）、28～48ユーロ。
TEL：941 36 37 00

ナヘラ・ツーリストオフィス
TEL：941 36 00 41

院を中心として一大巡礼センターとなっていく。

修道院は閉まっていたが人がいて（平服だったが、たぶん司祭さん）、集印帳にスタンプを押してくれた後、イスラムの影響を受けたスペイン様式の列柱が美しいゴシック様式の回廊に入れて下さる。なかでは、修復の工事人たちが黙々と働いていた。

この回廊では、毎年夏、サンティアゴの祝日の前後のころ、中世のナヘラが栄えた時代（一〇～一二世紀）を舞台に、史実と伝説を交じえた『ナヘラ栄華物語』が、当時の王侯貴族、騎士、聖職者、民衆たちに扮した町民たちによって上演される。

輝かしいナヘラの町の歴史・文化財を讃えて保存していくため、そして町の歴史を浮かび上がらせるために、市、リオハ州自治政府の肝いりで一九六九年に初めて上演された『ナヘラ栄華物語』は、この町の「ナヘラ年代記」にもとづいて劇化された、ナヘラ・パンプローナ王国の建国とその黄金時代を生きたサンチョ大王およびその息子たちの物語である。初演以来、年毎にツーリストが増えつづけ、とくに一九九〇年代に入ってからはサンティアゴ巡礼ブームの爆発的な広がりとともに修道院回廊では対応しきれず、今日では修道院前の広場で上演されている。衣装だけでも四〇〇着を超す、主として宮廷を中心と

レアル・サンタ・マリア修道院

する豪華絢爛たる舞台、そこでは二〇〇人もの登場人物が織りなす大スペクタルが深夜にわたって（開演二三時三〇分）繰り広げられる。

また、ナヘラでは、ナバラ州のエスティーリャと同様リオハ地方を中心とする中世の歴史、文化、社会を掘り起こすための「中世研究週間」が一九九〇年代から自治政府後援のもとに毎年夏に行われているが、「聖年」にあたる一九九三年のテーマは「中世におけるサンティアゴ巡礼の諸相」であった。この「週間」には、その年のテーマに関する講演、研究発表、討論などのほか、聖堂、修道院、遺跡見学が行われる。ちなみに、二〇〇二年のテーマは「中世史における記憶・神話と現実」であった。

かつて復活祭のころにここを訪れたとき、その背に荷物を乗せたロバをひいて、サンティアゴに向かう夫婦に出会った。前年の冬にトゥールーズを発って四ヶ月になるという。折しも町の通りは「枝の主日」の日曜日（復活祭の前の日曜日）とあって、オリーブの枝を持つ家族連れで溢れていた。

サン・ミリャン・デ・ラ・コゴーリャ修道院

ナヘラからおよそ二〇キロのところにあって現在の巡礼道からはそれているが、その自然の美しさとあいまって中世修道院文化が花開き、いまなおリオハ地方の文化発信地でもあるサン・ミリャン・デ・ラ・コゴーリャ修道院は、是非訪ねてみたいところである。一九九七年に、ユネスコの「世界文化遺産」に登録されている。

サン・ミリャン・デ・ラ・コゴーリャ修道院（スソ）

「スソ」（上の）と呼ばれる古い修道院と、「ユソ」（下の）と呼ばれる二つの修道院がある。一二世紀に編纂された聖ミリャンの伝記によると、四七三年、コゴーリャの谷ベルセオ村に生まれたミリャンは羊飼いをしていたが、ある日、思い立って谷の奥深くに庵を結んで隠者の生活に入る。そこには、彼の徳と、病を癒す奇跡を伝え聞き、多くの人々が集まるようになった。それを耳にしたタラソの司教は、彼をベルセオ村の司祭に任じる。そののち、ミリャンの隠者としての天命を尊んだ彼の周辺の聖職者たちの願いもあり、彼は再び谷のディステルシサス山中腹にあるアイディリョの洞窟に籠もった。六世紀の半ば、西ゴート[22]王アタヒルド（在位五五四～五六七）は、この洞窟近くにスソ修道院を建立する。五七四年、ミリャンは一〇一歳の長い生涯を閉じた（六三四年に聖人に列せられる）。彼の死後、ときとともにスソ修道院は、聖ミリャンの霊性を慕う多くの人々、またレコンキスタに向かう（戦場での加護を願う）騎士たちの巡礼地となっていく。一一世紀には、サンティアゴ巡礼たちがこれに加わる。

この地は、ナバラの王たちの領土拡大およびレコンキスタ戦略の重要な地点であったことから、修道院は彼らの手厚い保護と数々の特典を受け、スペインでも有数の修道院として栄えるようになった。当時の一大文化センターとしての地位、とくにその写本工房の名声はキリスト教世界に広く知れわたり、今日、世界の重要な図書館に所蔵される貴重な中世写本のなかには、この修道院出処のものが少なくない。たとえば、現在、世界でわずか三十数本しか残されていないモサラベ写本の華「ベアトゥス」の少なくとも四、五本はこからのものとされている。現存するベアトゥス写本[23]は一枚や数枚の断片だけのものもあ

ベアトゥス写本（10世紀）

22. 東ゲルマン系の部族で5世紀から8世紀にかけて、フランス南部からイベリア半島に侵入して、414年に西ゴート王国を建てる。ビシゴートともいう。スペインの大部分に領土を広げたが、711年にイスラム教徒に滅ぼされた。

23. ベアトゥスは8世紀の修道院長。北スペイン、アストゥリアス地方の山中リエバナの修道院において『ヨハネ黙示録』の注釈を書いた。このいわゆる「ベアトゥス本」は10世紀から12世紀にかけてスペインの多くの修道院で書き写され、そのミニアチュールの美しさはロマネスク美術に多大な影響を与えた。

サン・ミリャン・デ・ラ・コゴーリャ修道院
TEL：941 37 32 59

り、彩色挿絵入りのほぼ完全な形で保存されているものは二十数本にすぎない。

また、この写本工房において、九六四年に「エミリアネンセス写本・四六」と呼ばれるイベリヤ半島最初の百科事典がつくられたが、そのページの余白部分の書き込みに初めてカスティーリャ語の古語が登場する。このことから、この修道院はカスティーリャ語の揺籃の地と見なされ、今日でもスペイン文化においてシンボリックな特別の位置をもっている。ちなみに、一三世紀のカスティーリャ語の初めての詩人であり、物語作者ゴンザロ・デ・ベルセオもこの修道院の修道士であった。彼の『聖母マリアの奇跡《ロス・ミラーグロス・ヌエストラ・セニョーラ》』は、マリア讃歌として名高い。

レコンキスタの最前線に位置するスソ修道院は、イスラム教徒アルマンスール軍によって致命的な破壊を受けたが、サンチョ大王によって再建された。それが、西ゴートの遺構を残すモサラベ様式からロマネスク様式の現在のスソ修道院である。サンチョ大王の息子ガルシア伯（在位一〇三五～一〇五四）は、聖ミリャンの遺骸を当時のナバラ王国の都ナヘラのサンタ・マリア修道院に移すことを企てたが、伝説によると、そのとき聖ミリャンの遺骸を乗せた牛車はこの地を一歩も踏み出そうとせず、これを聖者のこの地に眠ることへの願いであると見た王は移送を断念する。そして、一〇五三年、新たにスソ修道院のふもと、現在のコゴーリャ村の地にユソ修道院を建立する。

リオハ地方の「エル・エスコリアル」[24]と呼ばれるユソ修道院は、一六世紀と一八世紀にかけて再建され、バロック様式の建物正面には白馬に跨がるマタモロス姿の聖ミリャンの浮き彫りが彫られている。そして、一八世紀末に建造された図書館には、長い世紀にわた

24．スペインのフリッペ２世（在位1556～1598）が建造したマドリッド北西にある王宮、修道院、王廟、大聖堂。1584年に、日本の天正遣欧使節が訪問した。蔵書４万冊、芸術的写本2700点を収蔵する図書室は有名。

るたびたびの破壊による散逸にもかかわらず、現在一〇世紀から一六世紀にかけての重要文化財級の貴重な三〇〇点余りの古文書および写本が所蔵されている。また、美術館は、歴史的芸術的に貴重な収蔵物をもっているが、そのなかでも聖ミリャンの生涯、奇跡譚を表した象牙、金銀、宝石で飾られたロマネスクの聖遺物箱は見事なものである。

一九九五年からユソ修道院は、その建物の一部をホテルに改装して一般ツーリストを受け入れている。静けさ、文化の香り、緑豊かな自然、秋には素晴らしい紅葉、この特権的な環境にある修道院附属プチ・ホテルはなかなか人気のようである。

ナヘラ ⟶ サント・ドミンゴ・デ・ラ・カルサダ

（Nájera ⟶ Santo Domingo de la Calzada　20km）

ナヘラから、ぶどう畑と松林の野の道を行く。小さな丘を二つ越え、アソフラ村までは七キロほど。村の雑貨屋でパンとチーズを買う。スペインのごく小さな村の雑貨屋は、店らしい構えは一切ない。戸口の丈ほどの暖簾《のれん》がダラーンと垂れ下がっているのだが、こうした戸口のさまはスペインでは珍しくない。ときどきある人の出入り、これが雑貨屋かどうかを見分けるポイントである。村々を通過していく間に私たちのカンは磨かれ、一発で分かるようになった。

この村の若い司祭に、教会横にある仮設小屋風の巡礼者用の部屋に招じ入れられ、説教付きのカフェをいただく。

サン・ミリャン・デ・ラ・コゴーリャ修道院（ユソ）

「キリストは人間として死に、三日後に復活した。

我々は、最後のときに裁きを受け、復活を信じた者だけが天国に行く」

だいたいこんな話で、「私は復活を信じている」と結んだ。記帳簿があって、初めての日本人だからといって記帳を求められた。

サント・ドミンゴ・デ・ラ・カルサダまでの後半は、ほとんどアスファルト道を行く。膝が痛む。

サント・ドミンゴ・デ・ラ・カルサダ

巡礼のために橋、道、救護所、施療院を造ることに全生涯を捧げた「道」の聖人ドミンゴが、この町の大聖堂に眠っている。

聖ドミンゴは、一〇一九年に近在の村ヴィロリアで生まれ、羊飼いをしていたが、やがてサン・ミリャン修道院に入り修道士となった。修行を積んだのち、隠者の生活を望んだ彼は故郷に戻り、森のなかのオハ川のほとりに庵を結ぶ。サンティアゴへ向かう巡礼たちは、そこから目と鼻の先のオハ川を渡るのであったが、日々巡礼たちが難儀しながら川を渡るさまを目の当たりにすることになった彼は、橋を架ける決意をする。

エムリ・ピコーも、『巡礼案内の書』の第五章「サンティアゴ巡礼道の修復のために働いた人々の名前」で道や橋造りに貢献した人々を讃えているが、王侯貴族や聖職者、名もなき庶民に至るまでの聖なる「道」の建造者のなかでも、聖ドミンゴのサンティアゴ巡礼道整備への情熱、そしてその行動力は群を抜いていた。彼は橋を架け、ナヘラとレディィシ

サント・ドミンゴ・デ・ラ・カルサダ大聖堂正面

25. 200ページの注（10）を参照。
26. 20ページの注（10）を参照。

ーリャ間の道を造り、森の自分の住まいを救護所に変え、施療院を建てた。また、カスティーリャ・レオン王フェルナンド一世[25]とその息子アルフォンソ六世[26]の良き友であり助言者でもあった彼は、富める人々から寄進を積極的に仰ぎ、あらゆる面からの巡礼者の保護と道の保全のための努力を惜しまなかった。このように、九〇歳で没するまで（奇しくも、サンティアゴ巡礼の偉大な推進者アルフォンソ六世、またクリニュー修道院長聖ユーグと同年の没）、その長い生涯を巡礼への献身に捧げ尽くしたのである。死後、聖人に列せられた聖ドミンゴの名はつとに高まり、エムリ・ピコーは、スペインで必ず詣でなければならない聖遺骸の一つとして聖ドミンゴの名を挙げている。

サント・ドミンゴ・デ・ラ・カルサダの町の初期のロマネスク聖堂は、一一六八年から建て直された。今日見られる大聖堂は、スペインの優れたゴシック建築の一つであり、その建物には、その後造られたバロック時代の鐘楼が優雅なたたずまいを見せている。大聖堂広場に聖ドミンゴによって建てられ一六世紀に再建された施療院があるが、現在は立派なパラドール[27]になっている。

私が初めてこの町を訪れたのは、ある年の春、「聖週間[28]」の始まる「枝の主日」の日であった。ナヘラからタクシーで着いたとき、プロセッションがちょうど大聖堂広場に入場してきたところだった。晴れ着に身を飾った大勢の老若男女が手に手にオリーヴの枝を振って、ロバに乗ったイエスの山車《だし》を迎えていた。

大聖堂に入場するイエスの山車とともに、人々も私たちも堂内に入る。内部はいっぱい

サント・ドミンゴ・デ・ラ・カルサダ大聖堂鐘楼

27. 1928年に発足したスペインの国営ホテルをいう。かつての宮殿や城、貴族の館、修道院など歴史的建造物を改造したものが多いが、すばらしい自然に恵まれた環境に立つリゾートホテル風のものもあり、いずれも、内外の観光客に人気が高い。附属レストランでは、その地方の郷土料理が供され、スペインの歴史・文化・風土を求める人々には最適の宿といえる。現在、全国に90ヶ所。
・パラドール・デ・サント・ドミンゴ・デ・ラ・カルサダ（Parador de Santo Domingo de la Calzada）、4つ星、61室、100～120ユーロ。TEL：941 34 03 00
・ホテル・エル・コレヒドール（El Corregidor）、3つ星、30室、58～77ユーロ。TEL：941 34 21 28
・オスタル・オスペデリア・システルシエンセ（Hospederia Cistercience）、2つ星、79室、20～30ユーロ。TEL：941 34 07 00（シトー会修道院附属オスタル）

であった。それに、若者が多いのに驚いた。三人の若者が弾くギターのフォークソングの歌声とともにミサが進行する。フォークソングがお目当てで若者が多かったのであろうか、いずれにせよ手拍子が始まり、聖堂内が活気で盛り上がっていった。これまでいろいろなところでミサに参列してきたが、こんなことは初めてである。このミサをリードしていたのは、とても若い司祭であった。

聖ドミンゴが眠る右翼廊のプラテレスコ様式[29]の廟墓の正面に、ちょっと見るとパイプオルガンかと見紛がう鳥籠がある。普通のイメージからすると、籠というには大きいし、鳥小屋というには立派すぎるのだが、要するに装飾が施され、手の込んだ恭しい「鶏舎《ガリネロ》」なのである。内部に明かりがついていて、そこには本当のつがいのニワトリがいる。世界広しといえども、こんな立派な鶏舎のなかに生きたニワトリ、それも真っ白な羽をした美しいニワトリを見ることができるのはここだけではないだろうか。それには、次のようないい伝えがある。

「解かれた縛り首」伝説

ヨーロッパでは非常によく知られたこの伝説には、各地方、時代によってさまざまなヴァージョンがあるが、サント・ドミンゴ・デ・ラ・カルサダのそれはもっとも有名なものの一つであり、もちろんこの奇蹟譚の主人公はこの地の聖人ドミンゴである。

サンティアゴ巡礼途上の夫婦と息子が、カルサダのある宿に泊まった。宿の女中が息子

大聖堂内ガリネロ

28. キリストの受難を悼む復活祭前の１週のことで、キリスト教徒にとって特別な意味をもつこの週には様々な祭礼が行われる。
29. 16世紀ころの非常に技巧的なスペインのルネサンス建築の装飾法。

に惚れるが、全然その気のない息子は恨みを買うことになる。女中は、この若者の頭陀袋に宿の銀の器を忍ばせる。親子が出発した後、女中は「盗まれた」と大声で叫んで役人に訴え出る。無実だという抗議にもかかわらず、哀れな若者は縛り首になる。ところが、サンティアゴ巡礼を果たした両親が帰途この町に立ち寄ると、不思議なことに縛り首になったはずの息子は絞首台でまだ生きていて、聖ドミンゴ様がずっと支えてくれていたのだという。両親は直ちに裁きの役人にこのことを知らせ、絞首台から息子を下ろしてくれるように嘆願した。ちょうどそのとき食事をとろうとしていた役人はその訴えを相手にせず、食卓の上の皿を指し、「これら二羽の丸焼きのニワトリが歌い始めたらお前たちを信じよう」と言い放った。すると、その言葉が終わるか終わらないうちに、何とニワトリが皿の上で飛び跳ね、声高く鳴いたのである。巡礼の守護者である聖ドミンゴ様の奇跡の実現である。役人はただちに息子を解き、宿の女中を吊るした。

この伝説にあるように聖堂の雄鶏と雌鶏は、義の人、聖ドミンゴの象徴そのものであって礼拝の対象にほかならない。ニワトリもその小屋も、とびっきり立派なことに納得する。

聖ドミンゴの祝日でもある五月一二日を中心に、彼の奇跡と功労の数々を讃える大きな祭りが一週間以上にわたって繰り広げられてきたのであるが、一九九三年の「聖年」を契機として、八月の数日間、「解かれた縛り首」伝説をハイライトする彼の生涯譚を舞台化した「聖ドミンゴの奇跡《ミラグロス・デル・サント》」が町のスペイン広場で上演され、いまでは巡礼やツーリストをひきつける夏の呼び物になっている。

カテドラル広場から延びるマヨール通りを少し戻ると、「カサ・デル・サント」（聖ドミンゴの家）と呼ばれる建物がある。ここは聖人の死後すぐに発足した九〇〇年の歴史をもつ聖ドミンゴ信徒会の本拠で巡礼の救護所でもある。聖ドミンゴの意志を受け継いできたこの「家」は、いまも巡礼受け入れに献身的な信徒会の人々がかいがいしく立ち働いている。

ここ「カサ・デル・サント」にはスペイン各地のサンティアゴ友の会[30]の連盟本部があり、一九八七年秋に連盟によって創刊された雑誌[31]「ペレグリーノ」の編集局も置かれている（一九九九年、ログローニョへ移転。一一三ページの注（2）を参照）。この雑誌は、その後のサンティアゴ巡礼復興の強力な牽引力となり、一九九三年と一九九九年の「聖年」を盛り上げていったのである。

足が痛み、町の薬局で市販の薬や貼り薬を求めて治療をするが、あまり芳しくない。

サント・ドミンゴ・デ・ラ・カルサダ ――→ カスティルデルガード

（Santo Domingo de la Calzada ――→ Castildelgado　12・5㎞）

雨がパラつく。膝の痛みがひどくなるが、とにかく少しずつでも歩を進めることにする。カルサダから三キロほどのグラニョン村で、カルサダのサンティアゴ巡礼センターで立ち話をした人物に再会。この村の司祭だという。実は、彼は雑誌「ペレグリーノ」の編集

カサ・デル・サント

30. 112ページの注（1）を参照。
31. 1987年秋創刊。季刊。サンティアゴ巡礼の歴史・文化・風俗・風土に関する研究や、現代の巡礼の様相や、またスペインはもちろんヨーロッパ各地のサンティアゴ友の会の活動のニュース、新しくできた救護所の紹介などの記事が盛られ、巡礼交流の場となっている。

サント・ドミンゴ・デ・ラ・カルサダ・ツーリストオフィス
TEL：941 34 12 30
カサ・デル・サント
TEL：941 34 33 90

者でもあった。翌年の一九九三年の大祭の年に、彼とはもう一度出会うことになる。

グラニョンから一時間ほどでカスティーリャ・レオン州ブルゴス県に入る。痛みでほとんど歩行困難となる。しばらく行った街道沿いのドライブイン兼ホテルを、今日の宿(32)とする。夜、激しい雨と雷鳴。

カスティルデルガード ──→ ベロラード

(Castildelgado ──→ Belorado　10km)

朝起きると、深い霧が立ち込めている。霧の切れ目を狙って出発するが、膝の痛みが激しくなる。足を引きずる。

一部を除いて、巡礼道は国道120号のブルゴス街道と重なる。大型トラックなどの行き交う車に神経を遣いながら進むが、足が思うに任せず休息を求める。街道のドライブインで一服をする。ベロラードの町に入り、街道筋の宿(33)に落ち着く。町に入ったときから皮の臭いがしていたが、宿のそばには皮革工場が連なっている。どうやら、このあたりの地場産業のようだ。

裏に大きく開けた宿の部屋の窓から、向こうの修道院の菜園で立ち働く尼僧たちをぼんやりと見ながら足の痛みを感じていた。もともと、右足(膝)は数年前から痛んでいて、とくに巡礼道を行くときは貼り薬と飲み薬が手放せなかったところへ、ナヘラあたりから左膝まで熱をもち始める。ベロラードの宿に落ち着くと、両膝の内部が煮えたぎっている

32. オスタル・エル・チョコラテロ(El Chocolatero)、2つ星、37室、20〜38ユーロ。
TEL：947 58 80 63
33. ホテル・ベロラード(Belorado)、1つ星、11室、18〜35ユーロ。
TEL：947 58 06 84

ように感じられ、関節がどうかなってしまうのではないかと不安が募る。結局、ここから先へ進むことを断念する。この頓挫は、昨年よりずっと快調に飛ばしていたMにとっては、おそらくとても不本意なことであっただろう。

私たちは宿の部屋に入ると、汗だらけのシャツも下着もジーンズも靴下も全部着替えてさっぱりしてから、すぐに洗濯にかかるのが常であった。休息はその後であった。この時間にいつもならMのあの軽妙なヒトコトが出るのだが……。道中で出会った人や出来事についての実に洞察力に富んだ滑稽で辛辣な寸評は、私を大いに笑わせ、疲れを一気に吹き飛ばしてくれたのだが、今日のMは、ただただ黙々と泡だらけの手を動かしつづけている。私は切なかった。

サンティアゴ・デ・コンポステラ

大祭の年《アーニョ・サント》

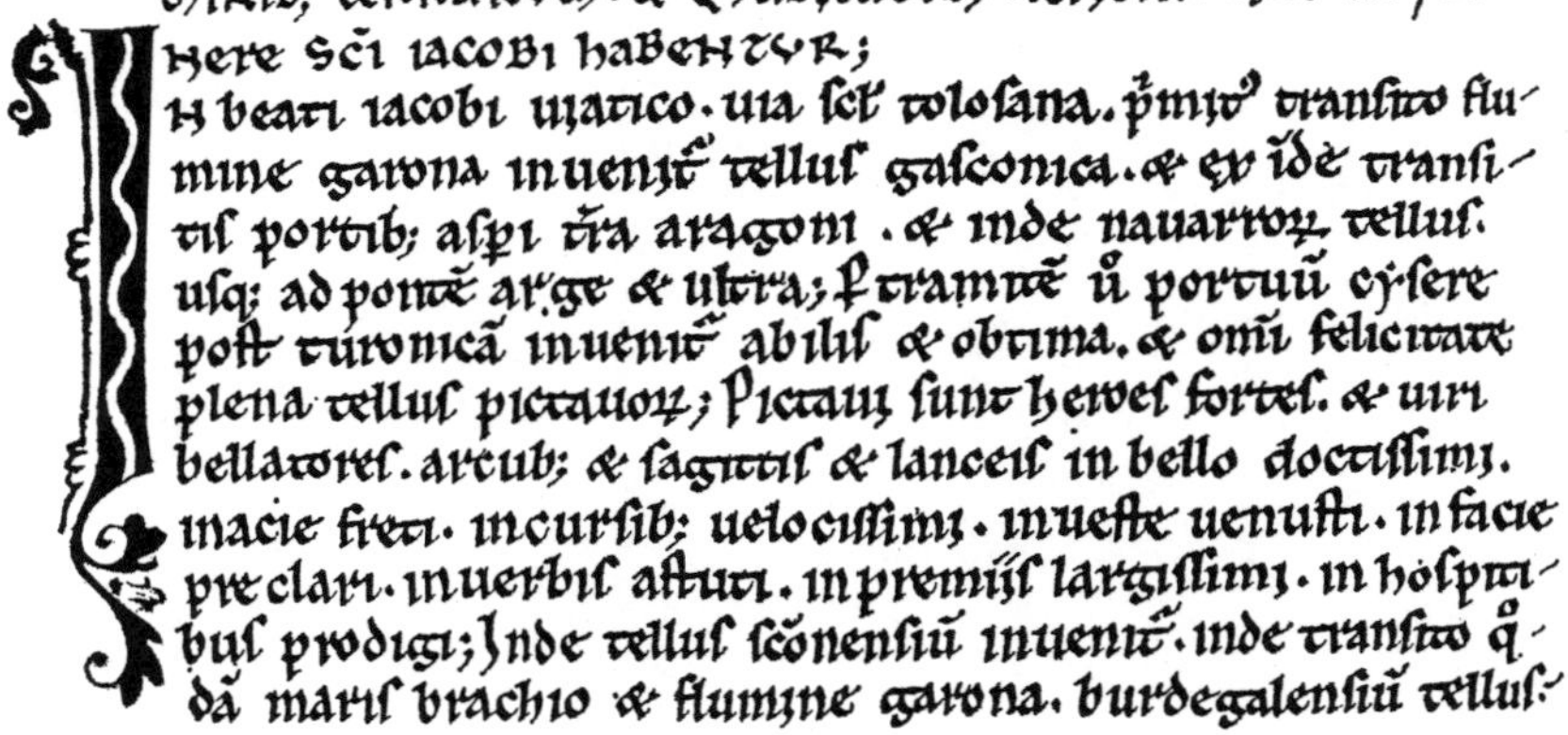
ualeant que st sana sibi & iumentis; Capitl. VII. De no
minib; terrarum. & qualitatib; gentium; que in ytine
re sci iacobi habentur;
N beati iacobi uiatico. uia scl tolosana. primitus transito flu
mine garona inuenitur tellus gasconica. & ex inde transi
tis portib; aspi tra aragonii. & inde nauarrorum tellus.
usq; ad pontem arge & ultra; Per tramitem u portuum cysere
post turonica inuenitur abilis & obtima. & omi felicitate
plena tellus pictauorum; Pictaui sunt heroes fortes. & uiri
bellatores. arcub; & sagittis & lanceis in bello doctissimi.
inacie fieti. incursib; uelocissimi. inueste uenusti. in facie
preclari. inuerbis astuti. in premiis largissimi. in hospita
bus prodigi; Inde tellus sctonensium inuenitur. inde transito q
dam maris brachio & flumine garona. burdegalensium tellus.

1993年　夏　8月

サンティアゴの祝日である七月二五日が日曜日と重なる年を「聖年」とし、「全贖《ぜんしょく》宥《ゆう》」（すべての罪が許されること）を得ることができる。そのために、普段は閉じられたままのサンティアゴ・デ・コンポステラ大聖堂の「聖なる門《プエルタサンタ》」がその年だけ開けられる。巡礼たちは、そこを通って聖堂に入る。一九九三年、この年に世界中からやって来た巡礼の数は五〇〇万人を超えたという。

ベロラード

ローマ時代に遡る町。中世には、ブルゴス司教管轄のもとに置かれたサンティアゴ巡礼のための施療院があった。ベロラードの宿は、今回で三度目。

実は、この春、数日間ではあったが再びここへやって来た。それは、一つには昨年の「雪辱戦」。昨夏は両膝が痛み、ベロラードから先に進めなくなって無念な思いをしたからである。それと何より、大祭の年の雰囲気を知るためでもあった。

朝、春のそぼ降る雨のなかを出発する。一二キロほど行ったモンテス・デ・オーカの上りを前にして、雨が本降りとなり急激に寒さが加わり、昔から危険とされてきたこの山中に入っていくのは、装備の不備からも日程の余裕のなさからも断念せざるを得ない状況となった。しかし、初めての春の歩きは新鮮で何とも印象的なものであった。遠くに残雪の山なみ、広がる野の緑、黒い木肌を見せる樹木にやさしい黄緑色の新芽。その清冽な早春のいぶきは、夏には想像もつかない光景である。

1993年大祭の年のパンフレット
「コンポステラ」受授者　99,436人（徒歩72%）
男性39%
女性61%

ベロラード・ツーリストオフィス
TEL：947 58 02 26

バルと階上の宿を、てきぱきと仕切っているおばさん。彼女を中心にまとまった温かい三世代家族。三度目の訪問にあきれ顔の彼らではあったが、両腕を大きく広げて私たちを喜んで迎えてくれる。家族の歓迎、そして声援とともに大祭の年の巡礼は始まった。

ヴィラフランカ・デ・モンテス・デ・オーカ ⟶ サン・ファン・デ・オルテガ

(Villafranca de Montes de Oca ⟶ San Juan de Ortega　13 km)

翌日の早朝、宿の息子が、春に行く手を阻まれたモンテス・デ・オーカの上り口まで車で送ってくれる。銀輪の一団が傍らをすり抜けていくのを見て、「すごい自転車の数《ムーチョ・ムーチョ・ビチクレッタ》だよ！」と彼。

中世の昔、オーブラックと同様に、「恐ろしき地」として知れわたっていたオーカの山中にいよいよ入っていく。深い森林で迷う怖さに加えて、狂暴なオオカミが腹を空かして出没し、山賊は身ぐるみを剥ぎ取ろうと旅人を待ち伏せていた。身ぐるみを剥がれるだけでなく、命まで奪われることも珍しくなかった。「盗賊になりたけりゃ、オーカの山に行け」という言葉があったほどである。この山中こそが、エムリ・ピコーにとって、「野蛮なナバラ」と「もてなしのいいカスティーリャ」との間の最後の試練であり、難関の場所であった。

霧のなか、急な登りにとりつく。樫の木、樅の林、足元は野生のヒース。スイスからの

自転車での巡礼

三人組、女性の二人連れ、イタリア人の若い男女、彼ら巡礼たちと前後しながら道をたどる。視界はほとんどなく、追い抜いていく人の後ろ姿がすぐに霧のなかへ吸い込まれていく。一時間ほどで、最高点のペドラ峠（一一五〇メートル）に着く。

深く広い森。オオカミや山賊が出没したのはそんなに遠い昔のことではなく、いまもオオカミは棲息している。現代の巡礼は、道に迷うことがあっても、すぐ近くを走っている幹線道路に逃げることができる。しかし中世では、方向を見失って、このオーカの山中で一夜を明かしたという記述が過去の記録に散見できる。もちろん、オオカミや山賊に襲われて生命を落とした巡礼も数しれなかったにちがいない。

サン・ファン・デ・オルテガ修道院・救護所

この恐ろしき地に、一二世紀半ば、巡礼たちの保護を目的とする修道院を建てたのが、近在出身の聖ファン・デ・オルテガ（一〇八〇～一一六三）である。いま彼は、ここの聖堂に眠っている。彼はエルサレムへの巡礼者にして、巡礼守護聖人ドミンゴ・デ・ラ・カルサダのよき弟子であり協力者であった。サンティアゴ巡礼道でも慈善で名高いこのサン・ファン・デ・オルテガ救護所が今日の私たちの宿。

ほかの巡礼たちと相前後して、出会ったり見失ったりしながら二時間ほどで深い森を抜け出る。と、麦の切り株畑のなかのポッカリと明るい空地、そこに救護所が立つ。正午前に着。聖堂、救護所、数軒の民家に囲まれたこの「聖なる空地」は、歩きの人、ビチの人、車の人と、さまざまな巡礼たちで賑わっている。こんな情景を見るのは初めてである。

1．サン・ファン・デ・オルテガ救護所（TEL：947 56 04 38）維持費として３～６ユーロを置く。

救護所[1]の二階の広い部屋に、鉄パイプの二段ベッドがズラリと並んでいる。私たちも、その一隅に場所をもらう。案内してくれたのはオスピタレロ、つまり温かく迎え入れる人（巡礼道におけるボランィア）の女性。そのあついホスピタリィゆえに、中世以来、数々の巡礼の書に語り継がれている「オルテガ精神」はいまも生きている。そして、この救護所を、現代の巡礼たちの精神的なセンターの一つにしている。司祭（ホセ・マリア師）を中心に、オスピタレロの人たちの無垢なる熱意とその働きには目を見張る。顔は奉仕する歓びで輝いている。残念ながら、いまの日本ではこのような顔は見いだしにくい。

寝袋をセットし、寝る場所を確保してから、まず聖堂へ。ロマネスク様式、石が美しい。

空地の民家の一軒が急ごしらえの巡礼食堂になっていて、かろうじて昼食にありつく。サービスしてくれるおばさんは、戸口で列ができていようとお構いなく悠然とすべてがマイペース。「聖年」でにわかに増えた巡礼を相手に、少しでも儲けようといった考えはこれっぽちももっていないのだろう。パンがなくなるとサッサと店終い。一番乗りした私たちは幸運だったが、食べそびれた巡礼もずいぶんいたことだろう。スペインの村で

サン・ファン・デ・オルテガ修道院・救護所

はいつもそうなのだが、彼女の田舎料理も温もりがあってとても美味しかった。

食後、空地を囲む土塀にもたれて座り、地べたに両足を投げ出す。折からの陽の光で聖堂正面は淡いローズ色に輝き、石の美しさがいや増している。

改めて聖堂を訪れる。シエスタの時間だからだろうか内部にはほとんど人気《ひとけ》はなく、静謐そのもの。ゆっくりゆっくり歩を進める。中央には、一五世紀にカスティーリャ女王イザベル・ラ・カトリカ[2]が造らせたサン・ファン・デ・オルテガの霊廟があるが、立派すぎて彼には似合わないような気がする。内陣側柱の「聖誕」、「聖訪」、「聖告」を表したロマネスクの柱頭彫刻の何という素朴さ。春分と秋分の日には、午後の終わりの太陽の光が聖堂内部にまで差し込み、この柱頭彫刻が輝くという。この素晴らしい現象は、当時の建築家や石工の親方の天体についての知識に負うものであろう。

夜八時のミサの後、司祭さんを囲んで「巡礼の集い」。中世からの伝統的なソ・パ・デ・アホ（にんにくスープ）とパンが振る舞われる。隣り合わせになったバスクから来たという看護婦さんのグループと、即席のバスク語、日本語の交換教授。

「エスケリカスコ（ありがとう）」、「アグール（さよなら）」

サン・ファン・デ・オルテガ ──→ ブルゴス

（San Juan de Ortega ──→ Burgos　25㎞）

翌朝、司祭さんは巡礼たち一人ひとりにカフェ・コン・レチェ（ミルクコーヒー）を注

柱頭彫刻

2．在位1474～1504。1469年のアラゴン王フェルナンド２世（在位1479～1516）との結婚により統一国家スペインの礎を築いた。カトリック両王（ロス・レイエス・カトリコス）と呼ばれる。

いで回り、次々に送り出してくださる。

サン・ファン・デ・オルテガから霧の流れるなかを、中世の昔に、エムリ・ピコーもたどった道を行く。樫の木、松林、ヒースの丘陵、なだらかな下り。アジェス、アタプエルカの村をすぎ、再び上る。その最高点（一〇五〇メートル）に大きい十字架が立っている。尾根道を横切り樫の林のなかの道を抜けると、オーヴェルニュのような広い草地に出る。

オルテガを出てから約三時間、寒い朝だったが青空が広がり始め、今日も暑くなりそう。カルデニュエラの村のバルでひと休み。先発の巡礼たちで賑わっている。昨夜のビルバオ（バスク地方）の看護婦さん六人組も到着する。「アグール」、「さよなら」と、私たちは一足先にブルゴスへ向かう。

ブルゴスの町に入る手前で通りがかった車窓から声をかけられ、驚く。オルテガの司祭さんであった。巡礼たちの道中の安全を見届けるために巡回しているのだろうか。


オーカの森をすぎ、スペインの大地はブルゴスのほうへとつづく。そこがカスティーリャとその田野（平原・平地）である。この国は豊かな土地柄で、金・銀が豊富で、幸運にも、干草や逞しい馬を産出する。そしてまた、パン、ぶどう酒、肉、魚類、牛乳、蜂蜜がふんだんにある。

（『巡礼案内の書』第七章「サンティアゴ巡礼道が通る地方の名前とそれら住民たちの気質」より）

ブルゴス

アルランソン川のほとりの古都ブルゴスは、レオン王アルフォンソ三世（在位八八六～九一〇）の命を受けて、レコンキスタの最前線を担うべく、ディエゴ・ロドリゲス・ポルセロス伯によってその礎が築かれた。川の右岸の丘の上に建てられた砦を中心に町が形成され、一〇三七年にはフエルナンド一世（在位一〇三五～一〇六五）のもとカスティーリャ・レオン王国の首都となった。

司教座が置かれていたこの町は、プエンテ・ラ・レイナからナヘラを経る巡礼とバイヨンヌからミランダ・デ・エブロのコースをとる巡礼との合流点を成し、コンポステラ巡礼途上の重要な中継地点（宿場）であった。一一世紀、アルランソン川沿いに急速に発展し、一二世紀には町は左岸にまで広がり、多くの宿屋や大規模な施療院、救護所が立ち並んでいた。巡礼の急増に加えレコンキスタの重要な拠点でもあったこの町は、コスモポリタン的な性格をもち（バスク人、山岳民族、フランス人、ユダヤ人らがあらゆる経済活動に従事していた）、またメリノ羊毛(3)のフランドルへの輸出という重要産業を中心に、一三、一四世紀には驚くべき発展を遂げた。施療院、救護所の数は、一五世紀には三〇を下らなかったといわれている。

一四九二年に首都の地位をバイリャドリードに譲ることになるのだが、四〇〇年の間にわたって政治、経済の中心であったブルゴスの町は、豊かな歴史的モニュメントで溢れている。ちなみに、一四九二年はイスラム教徒の最後の砦グラナダが陥落し、またコロンブ

3．スペイン・カスティーリャ地方の羊からとられた良質の羊毛。オランダ語メリイノスを経て、江戸時代に日本語で「メリンス」となる。

スがアメリカ大陸を発見した年である。現在では、カスティーリャ・レオン自治州の主要な都市で、人口一六万五〇〇〇人を数える。スペイン市民戦争の間（一九三六～一九三九）フランコ政権が置かれ、国民戦線の拠点であった。

巡礼たちが町に入って最初に出会うのは、聖ヨハネ救護所跡とサン・レスメス教会である。サンファン広場にこの二つの建物は向かい合って立っている。一〇八五年に遡る聖ヨハネ救護所は、一〇九一年、アルフォンソ六世（在位一〇六五～一一〇九）の妃であるブルゴーニュ家のコンスタンス[4]の願いによってフランスから一人の修道士（ベネディクト会）が招かれ、その手に運営が任された。

それが、ラ・シェーズ・デュー大修道院（フランス・オーヴェルニュ地方）からやって来たアデルムス（のちのレスメス）である。彼はベネディクト修道会の共同体を創設し、巡礼や貧しい者を手厚く救護する仕事に献身したのである（のちに、ブルゴス市の守護聖人となる）。聖ヨハネ救護所は、今日では、一六世紀に再建された部分のルネサンス（プラテレスコ）様式の回廊と教会参事会室を残している。最初の建物が破壊されたサン・レスメス教会は一六世紀以降に再建され、ゴシック様式とルネサンス様式が混在している。ちなみに、南扉口に刻まれている「受胎告知」はゴシック様式。

フランボワイヤン（火炎）様式の尖塔の聳える大聖堂をめざして歩を進める町なみは、ブルゴスのなかでももっとも古い地区に属し、道は迷路のように入り組んでいる。商店やレストランやホテルが立ち並ぶサン・ファン通り、アベリャノス通り、つづいてフェルナ

4．254～255ページを参照。

ン・ゴンザレス通りを巡礼たちはとっていく。堅固な濃褐色の木枠に縁取られたガラス張りのバルコンが特徴の古い家が並ぶ。この地区には、一六世紀の領主たちの館であった建物や、建物正面に浮き彫りされた大きな紐飾りで有名な館カサ・デ・コルドンがある。カサ・デ・コルドンは、第二回目の航海から帰ってきたコロンブスがイザベル、フェルナンドカトリック両王[5]に謁見したところである。

ブルゴス大聖堂

やがて、大聖堂前のサンタ・マリア広場に出る。そこには、セビーリヤ、トレドと並ぶスペイン三大ゴシック建築の一つであるサンタ・マリア大聖堂が聳え立ち、西正面《ファサード》、双塔の上の尖塔がブルゴスの空に浮かんでいる。夏の太陽の下では、思いのほか小じんまりとして見える。初めてここを訪れたのは一九八八年の春先であったが、ブルゴスの空は暗く低い雲がたれ込め、大聖堂はもっと大きく荘重に見えた。

フィリッペ二世[6]が「天使の御業」と讃えたといわれるこのゴシック芸術の傑作は、一二二一年にフェルナンド三世[7]と時の司教マウリシオの手によって最初の礎石が置かれた。「ゴシックの発展のすべてを示している」といわれるブルゴス大聖堂は、レオンのカテドラルの建設にもかかわったフランスのマエストロ・エンリケを中心として工事が進められ、一三世紀に身廊と扉口が、一四世紀に回廊が、一五世紀に新たに尖塔および正面壁が建設された。そして、レオンと同じく北フランスの大聖堂を手本としたといわれる。この事業の直接的な推進者であった司教マウリシオが、一二一九年、ゴシックがまさに開花してい

ブルゴス大聖堂

5．232ページの注（2）を参照。
6．在位1556～1598。スペイン「黄金世紀」の王。父カルロス1世（ドイツ皇帝カール1世）よりスペイン本国、新大陸植民地、シチリア、ナポリ、ネーデルランドなどを相続。ポルトガル王も兼ねた。
7．母方のカスティーリヤ王（在位1217～1252）、父方のレオン王（在位1230～1252）を受け継ぎ、1230年にカスティーリャ・レオン王国を再統一。レコンキスタを大々的に展開し、カセーレス（1227年）、コルドバ（1236年）、ハエン（1246年）、セヴィーリヤ（1248年）などを奪回。聖人に列せられる。

る最中のフランスを旅し、図面を持ち帰ったという。「プエルタ・デ・ラ・コロネリア」（北翼廊の扉口）のアーチに施された彫刻は、手本とした北フランスの彫刻と共通する優雅さを示し、その影響は顕著である。

内部に足を踏み入れると、いっときに何もかもが襲ってきたような印象をもった。それは、身廊の一〇三席あるというクルミ材の重厚な聖職者席、翼廊交差部の高さ五四メートルある星形の明かりとり（その透かし彫りはモスクを連想させる）の下にはエル・シド[8]と妃ヒメーナの墓石、さらに切妻壁をもつ壁龕の主祭壇飾りなどが身廊のパースペクティヴを遮っているからだろうか。それに、側廊をはじめとする堂内にひしめくように並ぶ礼拝堂が、それぞれ違った様式で飾られていて統一感に欠けるからだろうか。内部には無数の芸術品があって、「ヨーロッパにおけるゴシック様式の彫刻の壮大な美術館ともいえる」とミシュランの『ギッド・ヴェール』[9]は案内しているのだが、そのミシュランおすすめの「元帥礼拝堂《カピーリャ・デル・コンデスターブレ》」を訪ねてみることにする。

カスティーリャのフェルナンデス・ベラスコ元帥の寄贈になる後陣を占めるこの礼拝堂は、カテドラル正面壁彫刻および鐘楼に大いなる名を残すラインラント地方出身のファン・デ・コロニアの息子であるシモン・デ・コロニアによって建造された。イザベル様式[10]の実に豪華なもので、壁面や祭壇の装飾にはこの時代のブルゴスの彫刻家がこぞって参画したといわれるが、その豊饒な装飾に囲まれて元帥夫妻が美しい大理石の廟墓に横たわっている。

そのほか、聖アンナ、聖カタリナ、聖ヤコブなど一七もの礼拝堂があり、聖堂内での箇

8．1043？～1099。本名、ロドリゴ・ディアス・デ・ビバール。アルフォンソ6世の治世（1072～1109）において、レコンキスタで活躍したスペインの国民的英雄。彼を謳った『エル・シードの歌』（岩波文庫、1998年）は、現存するスペイン最古の叙事詩。エル・シドのシドは主君、頭領などを意味するアラビア語「sayyid」が変化してできたカスティーリャ語。もともとはイスラム教徒がロドリーゴを畏敬して呼んだ尊称であったが、やがてキリスト教徒の間でもこの勇将に対する呼び名となった。
9．142ページの注（1）を参照。
10．スペイン後期ゴシック様式、主に15世紀末から16世紀初頭の建築に用いられる。

素、静謐を好む者には、その過剰ともいえる装飾の乱舞は精神の落ち着きを失わせるもののように思われる。今回も早々に引き揚げる。何か大事なものを見落しているのかも知れないと思いつつも、長居ができない空間である。Mは、最初から外で待っていた。

大聖堂の近くに、ゴシック様式のサン・ニコラ教会（一五世紀）と正面壁にバラ窓のあるサン・エステバン教会（一三〜一四世紀）がある。また、昔の城壁の一部であった一二世紀のサン・エステバン門と一三世紀のアラブ様式の櫓が残っている。

大聖堂とともに、この町のもう一つのシンボルといえるサンタ・マリア門を通って左に折れ、アルランソン川を渡って一・五キロ先の王立ラス・ウエルガス修道院に向かう。ブルゴスの町を東西に貫いて流れるアルランソン川のほとりは、大きなプラタナスの並木が影をつくり、市民の憩いの場になってる。気持ちのいい川沿いの道をゆっくり歩いていく。

王立ラス・ウエルガス修道院

この修道院は、もともと王が気晴らしに出掛ける離宮のあったところに、カスティーリャ王アルフォンソ八世（在位一一五八〜一二一四）とその妻レオノール[11]によって一一八七年に建てられた。建設の決定には、当時ロワール川ほとりのフォントヴロー修道院に隠棲していたアリエノール・ダキテーヌ[12]の娘であった王妃レオノールの果たした役割が大きかったといわれる。修道院の運営は、名門出身のシトー派の修道女の手に委ねられた。そして、その格式の高さと富、その歴代の尼修道院長の名声によって王国第一級の修道院の一つになったのである。

サンタ・マリア門

11. 1161〜1214。アリエノール・ダキテーヌの２度目の夫ヘンリー２世との間に生まれた娘。母アリエノールの宮廷のように、ピレネーのかなたに華麗な宮廷文化を開花させた美しく教養豊かな信仰あついカスティーリャ王妃。夫アルフォンソ８世とともに巡礼擁護に尽す。
12. 1122〜1204。アキテーヌ公領の女相続人。優れた文芸擁護者で「12世紀ルネサンスの華」と謳われる。フランス王ルイ７世、ついで英国王ヘンリー２世と結婚し、英仏二国の王妃となる（イギリスではエレアノールと呼ばれる）。この２度の結婚は百年戦争の遠因となった。

外観は、簡素さを旨とするシトー派⒀の精神の面影をとどめている。内部はシトー派の骨格をもつとはいえ、ロマネスク、ムデハル、プラテレスコなどさまざまな様式が入り交じり、全体としてちぐはぐな印象を否みえない。しかし、その重厚さはかってカスティーリャ王家、王族の隠棲の場所であり霊廟でもあったという歴史の重みを感じさせ、気品とたおやかさといった雰囲気が漂っている。とりわけ、二本の柱が一対になって半円形のアーチの波状を描く一二世紀末の回廊がそうである。この一隅には、心をとてもなごませるものがある。厳しい道をたどってきた巡礼にとっては、いっときであれ、ホッとひと息つける空間であったことだろう。

スペインでは、最近、一般巡礼者やツーリストの宿泊を受け入れる修道院が増えてきている。修道院各会派によってその受け入れ姿勢は異なるものの、都会の喧騒から逃れてしばし黙想のときをもちたいという人々も結構増えていて、こうした修道院への旅は静かなブームになっている。ここ王立ラス・ウエルガス修道院もそういう修道院の一つであるが、その受け入れ条件は少々厳しく、一ヶ月前から予約をしておく必要があるという。それに、女性巡礼者にかぎられている。普通は、部屋さえ空いておればその日でも受け入れてくれるのだが……。

修道院のすぐそばを中世からの巡礼道が通り、現在では、ブルゴス大学の法学部として使われているかつての広大な王立施療院の建物がある。ここは、サンティアゴ巡礼道でも

王立ラス・ウエルガス修道院

13．149ページの注（９）を参照。

っとも重要な施療院の一つであった。一一九五年に、やはりアルフォンソ八世によって創設され、王立ラス・ウエルガス修道院長の管轄のもとに運営されたという。いつ、いかなるときも、門にたどり着いたすべての巡礼たちを受け入ることを望んだアルフォンソ八世は、この王立施療院に莫大な寄進をしたのであった。

「一夜をここで明かそうとするすべての人にとって寝台に不足することは決してない。心の広い男たち女たちが、死に至るまで、あるいは全快するまで病人の世話をする。だから救護所は、すべての慈悲《ミゼルコルド》による行為を鏡のように映し出している」

これは、大司教ヒメネス・デ・ローダの言葉である（イーヴ・ボティノー、二〇六ページ前掲書）。中世の昔から各時代を通して、何らかの記述を残した巡礼たちの多くがこの王立施療院の慈善を讃えている。

一六世紀の大改築によって、建物全体の性格は変わってしまった。礼拝堂も同様であるが、入り口の扉に彫られた素晴らしい彫刻は残っている。マホガニー製の扉の左パネルには聖ヤコブと聖ミカエルと祈る騎士が彫られ、右パネルにはコンポステラに向かう巡礼途上の庶民三世代の家族が刻まれていて、驚くことにそこには、道をたどりながら赤ん坊に乳房を含ませている母親の姿がある。

この施療院で献身的に働いた人たちの数は数え切れないであろうが、一五世紀に、フランス人でありながら故郷に戻らず、サンティアゴ巡礼の帰途にここに住み着き、巡礼者のために生涯を捧げた聖アマロの礼拝堂が敷地内の巡礼墓地の一隅に立っている。

ブルゴス旧王立施療院

マホガニーの扉浮き彫り
（乳房を含ませている母親）

ブルゴスは大都会。かつては三〇数ヶ所の施療院、救護所があったというこの信仰あつい王たちの都も、いまでは簡素な救護所があるのみ。ホテル業界とサンティアゴ友の会と住民を巻き込んでの救護所建設をめぐるゴタゴタの煽りだろうか。同じ問題が、隣町のレオンでも起こっている。

大聖堂前広場にある、特設インフォメーション・センターで集印帳にスタンプをもらう。(14)

サント・ドミンゴ・デ・シロス修道院

ブルゴスから広大なメセタの麦畑のなかの小さな村をいくつも通りすぎ、東南へ約六〇キロほど行くと、周りを一〇〇〇メートル級の石灰質の岩山に囲まれた、広い谷間のなかのポツリとした一軒家といった趣でシロスの村が現れる。ほんのわずかの樫、杜松《ねず》、松の灌木が茂るその岩山には、ワシやハゲタカなどの猛禽《もうきん》類が巣をつくり、空を飛び交っているそのさまは、あたりの荒涼とした風景をいっそう凄味のあるものにしている。深く抉られたイエクラの峡谷には、先史の昔からの清冽な流れがその岸壁にしがみついたような小道を縫って流れているが、この美しい自然も季節はずれには人の姿を見かけることはほとんどない。まさに、世を離れ神に祈る人たちにふさわしい土地といえるだろう。

シロスの修道院の歴史は、少なくとも初代のカスティーリャ伯フェルナン・ゴンザレスの時代の一〇世紀初頭にまで遡るとされるが、しかしこの土地も一〇世紀末のイスラムの名将アルマンスールの破壊の手からのがれることはできなかった。

14. ブルゴスの宿、ホテル・アルミランテ・ボニファス（Almirante Bonifaz）、４つ星、79室、66～118ユーロ。
TEL：947 20 69 43
ホテル・メソン・デル・シド（Meson del Cid）、３つ星、28室、（Meson del Cid Ⅱ）、４つ星、27室、70～112ユーロ。
TEL：947 20 87 15。カテドラルの正面にある。

ブルゴス・ツーリストオフィス
TEL：947 20 31 25

一一世紀に入り、サンティアゴ巡礼道も落ち着きを見せ始めたころの一〇四一年、当時の名高いサン・ミリャン・デ・ラ・コーゴーリャ修道院から一人の修道士がやって来る。彼、つまりサント・ドミンゴ・デ・カニャス（カニャス村出身のドミンゴ）とともに、シロス修道院の栄光の時代は始まることになる。

この修道院長のもとに建物は直ちに再建され、サン・ミリャン修道院に倣い、当時の修道院文化の中心を担ったといえる写本工場の充実が図られた。ドミンゴの跡を継いだフォルトゥニオ修道院長が、その写本工場を質、量ともに輝かしいものにする。現在なお六万冊を誇るその素晴らしい蔵書の基礎は、この時代に築かれたといえるだろう。このようにして、シロス修道院と写本工房の名声は、サン・ミラン同様、瞬く間にキリスト教世界に広まっていくことになる。

シロス村は、一〇九八年、アルフォンソ六世によって修道院に与えられた「特典」を基礎として形成され、以後、村は文字通り修道院に従属し、その庇護のもとにその歴史を生きることになる。中世の昔にはいかめしい石の壁に囲まれた修道院と村の共同体集落であったシロスの当時の面影は、いまも残るサン・ファン門とカルデレラ門と、現在の修道院の農園を囲む高い石積みの壁に偲ぶことができる。

修道院の現在の建物は、一八世紀にヴェントゥーラ・ロドリゲスによって全面的に建て替えられたが、その蔵書室はいうに及ばず、中世の昔から伝えられてきた重要文化財といえる数々のものが現在では附属美術館に収められている。しかし、何といってもこの修道院を世に知らしめているのは、建物のなかで唯一ロマネスク時代そのままに残る、スペイ

「不信のトマ」

サント・ドミンゴ・デ・シロス・ツーリストオフィス
TEL：947 39 00 68

ンでもっとも美しいといわれる回廊の素晴らしさであろう。一世紀近くにわたって造られた少なくとも三つの異なる石工集団の手が認められるシロスの回廊のなかで、何といっても文句なく心を奪われるのは、一一世紀末、「第一期マエストロ」と呼ばれる石工の率いた仕事の数々である。柱頭彫刻に彫られた、モサベラの手が確かに感じられる象徴性豊かな動植物群。また南東、北東、北西柱に描かれた「イエス伝」。とくに、北西柱の「エマウスの巡礼（巡礼姿のイエス）」、「不信のトマス」の彫り手の石への愛が直接響いてくるようなこの伸びやかな美しい線・形は、一日回廊で過ごしていてもいつまでも見飽きることがない。「見ないで信じる人は、幸である」というイエスの言葉がはっきり聞こえてくるような「不信のトマス」におけるそのドラマの臨場感。また、巡礼道をそれてわざわざこの僻地を訪れたサンティアゴ巡礼者の目と心を間違いなく捉えたであろう「巡礼姿のイエス」。その肩から下げた頭陀袋には、彼ら同様、サンティアゴ巡礼のシンボルである帆立貝が彫られているではないか！

この名も知れぬ石工もかつてはサンティアゴ巡礼者であり、巡礼道を行き交っていた石工集団の一人だったのであろうか？

つい最近まで修道院とともに生きてきた農作と牧畜を生業とするシロスの村も、豊かな社会の旅行ブームと数年前に発売されたCDをきっかけに爆発的名声を得た修道士たちの祈り「グレゴリオ聖歌」への関心の高まりとともに、いまでは世界中から観光客が訪れ、いや応なくツーリズムを軸に生きる村に変身しつつある。ほんの十数年前には羊の糞だら

シロスの回廊

「巡礼姿のイエス」

けだった村の小さなメイン・ストリートにも古い民家を改造したホテルや民宿が増え、シーズンには土産物屋やバルも次々とオープンし、日帰りツアー相手の商売に余念がない。村はずれには、観光バス用の立派なパーキングもできた。

しかし、そういう慌ただしい世の動きとは別の次元を生きているかのような時間や空間がこの村には確かに存在する。その確信は、数日間滞在し、早朝や陽が落ちるころの散策の傍らにふと目に留めた村人の暮らしや、また朝の光、午後の光のなかに回廊にたたずむときなど、時間はすぎゆくものではなく巡り行き来たるものであるという思いとともにやって来る。

その昔、修道院の写本室に籠もってペンを走らせていた修道士や、聖堂で石を彫り刻んでいた石工、そして巡礼たちの姿がその光のなかを横切っていくのを見る瞬間がある。回廊とは、何と不思議な空間であることか。それは、日常の時間の外への旅という点で巡礼道にも似ていて、それゆえこの回廊の柱に「巡礼姿のイエス」が刻み込まれているのは二重の意味で感動的である。

ツーリストも去り、陽も落ちたシロスの村の夜は、恐ろしいほどの静けさのなかに村人が参列するミサの挽歌のグレゴリオ聖歌の祈りとともにいよいよ深まっていく。

ブルゴス ─→ カストロヘリス

（Burgos ─→ Castrojeriz　38km）

鳥の囀《さえず》り、群舞するツバメたち、西の空に月が残る早朝、ブルゴスの町を抜けて巡礼道に入るまで、意外に手間取る。この町は、標識が行き届いていない。

いよいよ、カスティーリャ・レオン地方のど真ん中に入っていく。ガリシア地方との県境の町ヴィラフランカ・デル・ビエルゾまではおよそ三〇〇キロ。この間、樹林らしい樹林はなく、九〇〇メートル級のメセタが果てしなくつづく乾いた大地だ。そこは、わずかな草地を求めて移動していく羊の群れと羊飼いの世界でもある。

黄色くなった切り株の麦畑のなか、どこまでもつづく一本道をたどる。強い熱風が砂塵を巻き起こし、容赦なく陽に焼かれる。緑が皆無の野、メセタの夏の何という過酷さだろう。空身で歩く二〇人ばかりの巡礼ツアーの一行が私たちを追い越していく。巡礼ツアーではワゴン車が伴走していて、荷物を運んだり、途中でダウンした者を拾っていく。こうしたツアーがこの年から急増し、お年寄りも結構多い。

やっとの思いで、カスティーリャの広大な野のただなかの村、オルニージョ・デル・カミーノにたどり着く。ブルゴスからここまで一八キロ。この過酷な土地に、アルフォンソ七世[15]の要請により、パリ、サン・ドニのベネディクト会修道士たちの手によって巡礼保護のための施療院が建てられたのは一二世紀半ばのこと。その後、いくつもの施療院が建造

15. カスティーリャ・レオン王、在位1126〜1157。カスティーリャ・レオン女王ウラカとブルゴーニュ家レーモンとの間の息子。アラゴン、ナバラから臣従の礼を受けガリシア王も兼ね「エンペラドール・デ・エスパーニャ」と呼ばれる。

オルニージョス・デル・カミーノ・ツーリストオフィス
TEL：947 41 10 50

されたというが、身をもって納得する。とはいえ、この過酷な地で息絶える者も多かったにちがいない。しかしいまは、何とこの村にはそれらしき面影はすっかり消え失せ、わずかな民家が肩を寄せあうようにし、砂塵舞う黄麦の広野の陽に照りつけられている。救護所は建築中とかで、ブロックを積みかけていた。ここには、絶対に救護所が必要である。

疲労があまり激しい私の様子を見てとったMは、民家に一夜の宿を乞いに走ってくれたが、断られる。この数年で、突然、文字通り雲霞《うんか》のごとく増えた巡礼たち。村人たちにとっては、この得体の知れない群れに無言の抵抗を示すのは当然のことかもしれない……。ともかく、先につづけるために腹ごしらえをしなくてはならない。

村の唯一の食堂に駆け込む。疲れきった巡礼たちで溢れ返っている。この食堂にはトイレがない。重要な中継地点であるはずなのに、この村には巡礼のためのトイレさえないのか。結局、麦畑のトイレ。

暑さというか、熱にやられて食後はもうろうとしてくる。私は椅子に座ったまま眠りに落ち込む。床に眠り込んでいる者もいた。

このシエスタから目覚めたのが夕方の五時。とにかく次の村を目ざさなければ……と歩き出す。まだ焼けるような陽差しのなか、どこまでもつづく麦畑の乾いた白い道をふらつきながら行く。

ほとんど身体は限界にきていた。もう、八時を回っていただろうか、果てしない広野の一本道の巡礼道が村道と交わる十字路に出る。そのとき、突然、村道左手から砂塵を巻き上げながら猛スピードで走る白い車が現れる。無意識のうちに車を止めていた私たちは、

オルニージョへの道

アッという間にカストロヘリスのサンタ・マリア教会の前に運ばれていた。先着していた巡礼たちの間から、「ケ・ビエン（おっ　すごい）！」という皮肉たっぷりの声が上がる。降りて振り向くと車は走り出していた……お礼を言う間もなく。私たちは後で思ったものである。車の主は、白馬の騎士・サンティアゴ様だったにちがいないと。

教会で灯明をあげる。そこに、もう何百年も住んでいるかのような、妙に印象に残る堂守（司祭さんかも）からスタンプをいただく。心がホッとする小さなロマネスク聖堂でのひととき。疲れも少し和らぐ。

まだ明るいが、九時は近い。村で唯一のバル兼宿に行くと、「満室」と言う。途方にくれていると、傍らにいたおじさんが一緒になって民宿にあたってくれる。しかし、空きはなし。近くのキャンプ場に行くことをすすめられる。キャンプ場への途中、散歩中の家族に道を尋ねるとそのなかの少女が先に立って案内してくれる。彼女のおかげでテントを確保する。キャンプ場の持ち主とどうやら親類らしい。これで、何とか夜露がしのげる。(16)

しばらくすると、先ほどのおじさんが夫婦で私たちを探しあててくれる。テントにマットがないことが分かるとすぐにとって返し、自分の家のマットを運び込んできてくれ、翌朝発つときは「そのままにしておけばいい」と言って、これからの道中の無事と幸運を祈ってくれた。何と感謝すればいいのか。この土地出身のおじさんは、バスク地方の町ビルバオで働いている。毎夏、休暇をふるさとの家で過ごしているとのこと。炭鉱で働く彼は、秋に、首切り反対のデモのためにビルバオからマドリッドまで歩くという。

カストロヘリス

カストロヘリス ──→ フロミスタ

（Castrojeriz ──→ Frómista　25㎞）

早朝、暗いなか、村はずれのオドゥリジャ川を渡ってモステラレスの丘への上りにかかる。四〇分ほどで頂上に着き、小休止。ビチのグループやバルセロナから来たという単独行の女性など、巡礼たちが上ってくる。

丘を越えてしばらくすると、眼前に麦畑の広大なパノラマが開ける。遙か彼方に、イテロ・デル・カスティリョの村。この村がブルゴス県最後の村で、そこをすぎてピスエルガ川に架かる中世の橋を渡ると、パレンシア県に入る。

九時すぎ、イテロ・デ・ラ・ヴェガの村のバルでカフェとドーナッツの朝食をとる。カフェに、スペイン・コニャックを落としてもらう。スペイン風アイリッシュ・コーヒーといったところか、こちらでは「カラフィーリョ」という。

二時間ほどで、ボアディーリャ・デル・カミーノ（サンティアゴ巡礼道には「道」を意味する「カミーノ」のつく地名が実に多い）。ここでも喉を潤す。とにかく暑い、脱水状態になるのを恐れる。途中、道端でのびている人、足を治療している人、虚ろな目で石に座り込んでいる初老の人、この暑さは誰にとってもきついのである。

フロミスタに近づく。後半の四キロは、水を湛えたカスティーリャ運河沿いの気持ちのいい道がつづく。だが、暑さは変わらない……猛烈に暑い。

16．キャンプ場：カミーノ・デ・サンティアゴ（Camino de Santiago）。
TEL：947 37 72 55
ホテル・ラ・カチャバ（La Cachava）、２つ星、７室、43～55ユーロ。
TEL：947 37 85 47
オスタル・メソン・デ・カストロヘリス（Meson de Castrojeriz）、２つ星、７室、18～29ユーロ。
TEL：947 37 76 01

カストロヘリス・ツーリストオフィス
TEL：947 37 70 01

フロミスタ

フロミスタは、メセタの広大な麦畑のつづく肥沃な大地の真っただ中にあり、「麦畑の都」ともいわれている。この町でまず訪ねなければならないのは、スペイン・ロマネスクの華と讃えられるサン・マルティン聖堂であろう。

ナバラの王サンチョ大王の妻ドーニャ・マヨール[17]は、夫の死後、彼女が生まれ育ったカスティーリャの所領地に戻り、故郷の町近くにサン・マルティン修道院を建立する。その修道院の建物のなかで、今日、唯一残っているのがサン・マルティン聖堂である。一〇六六年に彼女は遺言状を起草しているが、そのなかで建物の工事が進行中であることがうかがえる。

一一一八年、サン・マルティン修道院は、アルフォンソ六世の娘カスティーリャ・レオン女王ウラカ（在位一一〇九〜一一二六）によってカリオン・デ・ロス・コンデスのサン・ソイロ修道院の庇護のもとに置かれた。そのとき以来、同院はクリュニーの傘下に入ったのである。

村の広場の中央に立つサン・マルティン教会は、ロマネスク特有の簡素で重厚なたたずまいをしている。西正面《ファサード》にはそれほど高くない円筒形の二つの塔をもち、交差部に八角形の採光をいただくその全体の姿は、実に均整がとれていて美しい。その美しさをさらに印

フロミスタのサン・マルティン聖堂

17. 197ページを参照。

象的にしているのは、トゥールーズのサン・セルナン聖堂のレンガを思い起こさせる、薔薇色がかった赤褐色の石積みが内包する塊量的《マッシーブ》な力強さであろうか。村の中心にありながら、その孤高とでもいうべき姿はあたりをはらって際立っている。

三廊形式の内部空間は、半円筒穹窿をいただくおおらかな高さをもつ身廊が後陣に向かってまっすぐ伸び、側廊を分ける美しいアーケードが力強い統一感を与えている。訪れる者の目をひきつけて磁場を形成している柱頭彫刻をも含めて、その内部空間全体がひきつけてやまないものは静謐そのものの石組みである。「あまりにも完全に修復されすぎている」という批判がないわけでもないが、それでも中世の工人たちの伸びやかな載石の腕の見事さ、完璧ともいえるその技術と自在な精神を、いまにしてうかがい知ることができるのは何という歓びであろうか。

夜、聖堂でコンサートを聴く。イギリスに本拠を置くカルテットのグループの演奏。

フロミスタでは若い女性町長カルメンが、サンティアゴ巡礼道（その歴史と文化）復興に全力を注いでいる。そういえば、ナバラ地方で出会ったラソアーニャ村のサンティアゴ村長もそのような人であった（カルメン町長は一九九五年春、三八歳の若さで亡くなった。だが、町にはサンティアゴ巡礼資料センターが設立され、彼女が計画し推進していた救護所も建てられ、彼女の遺志はいまも生きつづけている）(18)。

18. フロミスタの宿
・ホテル・サン・マルティン（San Martin）、1つ星、12室、32～36ユーロ。
TEL：979 81 00 00
・ペンション・カミーノ・デ・サンティアゴ（Camino de Santiago）、8室、20～30ユーロ。
TEL：979 81 00 53
・ペンション・マリサ（Marisa）、5室、15～21ユーロ。
TEL：979 81 00 23

フロミスタ ―→ カリオン・デ・ロス・コンデス

（Frómista ―→ Carrión de los Condes　20km）

果てしないメセタの小さな丘の連なり、越えても越えても次々と現れる丘、通りすぎていくカスティーリヤ・レオン地方の小さな村々。どんな小さな村にも、施療院や救護所の跡、教会とその壁画・彫刻、そして町なみや橋にも巡礼たちの生きた中世が刻印されている。

早朝発ったフロミスタから二時間ほどで、大きい歴史をもつ小さな村、ビラカサール・デ・シルガに着く。一三世紀の建立になる聖母に捧げられた白い大伽藍は、カスティーリヤ・レオン王アルフォンソ一〇世（在位一二五二～一二八四）が編んだかの有名な「マリア讃歌」にも讃えられている。

朝一〇時のミサに加わる。王家に連なる人が代々司祭を務めた由緒ある聖堂なのだが、内部には一〇人ほどの老婆がいるだけで、いまではガラーンとしている。数々の奇跡を行ったといわれるご本尊のマリア様の抱くイエスの頭が欠けている。司祭はとても貴族的な雰囲気をもつ方だが、その分、近寄りがたい。恭しくスタンプをいただく。

正午前、カリオン・デ・ロス・コンデスに着く。

「産業が大いに栄えて、パン、ぶどう酒、肉、すべてに富んでいる」と、『巡礼案内の書』の第三章でエムリ・ピコーが讃えるこの町は、中世のサンティアゴ巡礼途上の重要な町であり、町の中心には当時のモニュメントがいくつか残っている。サンティアゴ教会の

カリオン・デ・ロス・コンデス・ツーリストオフィス
サンティアゴ巡礼資料研究センター（サン・ソイロ修道院内）
TEL：979 88 09 02

ファサード上部には、一二世紀の四人の福音書記者のシンボルが囲む「パントクラトール」が彫られ、見事なロマネスク期の代表作とされている。町はずれのサン・ソイロ修道院が今日の宿。(19)

サンティアゴ巡礼の最盛期の一一、一二世紀には、クリュニー修道会の拠点の一つであり巡礼救護の要地だったこの修道院は、現在大改修されつつあって、一部がホテル、レストランとしてオープンしたばかりだった。広々とした中庭の片隅の、まだ工事中の仮設小屋の一室があてがわれる。中世の雰囲気を生かした修道院附属のレストランでは、カスティーリャ・レオン地方の郷土料理が供されている。

ここサン・ソイロ修道院では、この大祭の年以降、サンティアゴ友の会国際会議（三年毎に開催）や一九九七年のサンティアゴ巡礼道・市町村会議など、各種サンティアゴ巡礼関係の会議が毎年開かれ、また新たにサンティアゴ巡礼研究・資料センターも創設され、巡礼センターとして重要な役割を果たしつつある。いまではのどかな田舎の町カリオンであるが、中世には王や聖職者たちによる会議がしばしばもたれたという。その伝統がよみがえるのだろうか。

集印長にスタンプをいただいた折、コンポステラへの途上の巡礼たちへのいわば一種の「通過証明書」とでもいえるものを手渡された。この思いがけないプレゼントに驚いた。そこには、これからの旅路への無事を祈る言葉が添えられ、大文字の「ULTREIA!（もっと前へ！）」で締めくくられていた。

「パントクラトール」サンティアゴ教会正面上部

19. ホテル・レアル・モナステリオ・サン・ソイロ（Real Monasterio San Zoilo）、３つ星、37室、45～64ユーロ。
TEL：979 88 00 50

カリオン・デ・ロス・コンデス──→カルサディーヤ・デ・ラ・クエサ

（Carrión de los Condes ──→ Calzadilla de la Cueza　17㎞）

バレとキュルガンは、その著『巡礼の道　星の道』でいみじくもいう。

「のっぺらぼう田園コンクールで大賞をかっさらうような……」

そんな、ほとんど高低差のない平原が、どこまでもどこまでもつづく。「早立ちと、水たっぷりの水筒」、これが鉄則である

ノンストップで四時間あまり、カルサディーヤ・デ・ラ・クエサに着く。広い広い地平の広がる、畑のなかにポツンとある村。最近開店したばかりらしいバル兼宿[20]で昼食。やはり、朝、カリオンを発ってきた巡礼たちと一緒になる。そのなかに、七月中旬にフランス・トゥールーズから出発してきたという単独行のフランス人女性がいた。ソンポール峠越えではたった一人だったが、道中、たくさんの巡礼の友達ができたとか。

ここで、初めて馬で行く一行を間近に見る。貴族《ノブレ》か旦那《ドン》衆の一行だろうか。大型のコンテナ・トラックが伴走している。コンテナには馬丁、予備の馬、蹄鉄の道具、長靴の替え、そのほかの一切の荷物（冷蔵庫までも）が積み込まれている。ハーカ（ピレネー・アラゴン地方）から来たという。ハーカは、ソンポール峠越え巡礼道の重要な宿場町として有名で、美しいロマネスクの大聖堂がある。

20. オスタル・カミーノ・レアル（Camino Real）、1つ星、10室、27～36ユーロ。
TEL：979 88 30 72

カルサディーヤ・デ・ラ・クエサ ──→ サァグーン

（Calzadilla de la Cueza ──→ Sahagún　23㎞）

翌朝早く、村はずれから国道120号に入る。巡礼道に国道が重なっているのだ。しばらくして夜が明けると、ビチの連中が後ろからどんどん追い抜いていく。「やあ！《オーラ》」、「よい旅を！《ブエン・カミーノ》」が、巡礼たちの合言葉。ひたすら国道を行く。

パレンシア県最後の村、サン・ニコラス・デル・レアル・カミーノをすぎ、セキィリョ川を越えてすぐのカラスコ峠から前方下のほうにサァグーンの町が見える。

サァグーン

九世紀にイスラムによって破壊された西ゴートの聖域に、九〇四年、小修道院を建てたのはアストゥリアス王アルフォンソ三世（在位八六六〜九一〇）である。このサン・ファクンド修道院へは、イスラムの支配する地から逃れて修道士たちが避難してきた。その後、アルマンスールの侵入によって再び破壊されるが、ナバラのサンチョ大王とその後継者たちによって再建される。これらの王たちのなかでも、サンチョ大王の息子のカスティーリャ王フェルナンド一世[21]はこの修道院に滞在し、修道士たちとともに食事をすることを好んだといわれる。

そして、サァグーンの栄光は、カスティーリャ・レオン王アルフォンソ六世[22]とともにやって来る。祖父サンチョ大王、父フェルナンド一世のクリュニー修道会への敬愛の遺志を

21．200ページの注（10）を参照。
22．20ページの注（10）を参照。

受け継いだ彼は、王国の発展のためにもクリュニーとの結びつきをよりいっそう強固なものとすべく、それをもっとも確実な手段である婚姻関係によって図ろうとする。彼は、二番目の妻にブルゴーニュ公の妹コンスタンスを娶るが、彼女は、当時キリスト教世界に権勢並ぶものなきといわれたクリュニー修道院長ユーグ[23]の姪であった。

そのコンスタンスの甥であるブルゴーニュ家のレーモンは、アルフォンソ六世の娘ウラカ[24]（のちのカスティーリャ・レオン女王）と結婚し、ガリシアの領地を与えられガリシア王を名乗る。また、このレーモンの兄弟であるグイド・デ・ブルゴーニュは、一一一九年二月にクリュニー修道院での枢機卿会議の席で教皇に選ばれ、カリストゥス二世[25]となった。まさに、彼こそコンポステラを司教座から大司教座に格上げし、その繁栄をいっそう輝かしいものとし、サンティアゴ巡礼推進の牽引力となった『聖ヤコブの書』の編纂に深くかかわった人物である。

また、カリストゥス二世によって任命された初代コンポステラ大司教ディエゴ・ヘルミレス[26]は、もともとレーモンの重臣であったが、彼はその大司教職の二〇年の間にコンポステラを夥しい数の聖遺物で埋め尽くし、当時のキリスト教世界における最大の巡礼地となさしめた。アルフォンソ六世とカリストゥス二世と並びこのヘルミレスは、サンティアゴ巡礼興隆の偉大な「演出家」であったといえよう。

このようにしてアルフォンソ六世は、一〇七九年、サァグーンへのクリュニー修道会則の導入を修道院長ユーグに要請し、翌年、ベルナール・ド・セドリックを修道院長として迎えた。彼は、アルフォンソ六世が一〇八五年にトレドをイスラム教徒の手から奪回した

23. クリニュー修道院第６代目院長、在位1049～1109。25歳で選出されて以来、60年間の間にクリニュー修道院はその頂点の時代を迎える。1075年頃にその数200であった傘下の修道院は、1100年頃には800を超える。
24. 21ページの注（14）を参照。
25. 20ページの注（12）を参照。
26. 20ページの注（11）を参照。

サァグーン町役場
TEL：987 78 00 01

後、そこの大司教となった人物である。

また王は、カリオンのサン・ソイロ修道院の場合と同様、サァグーンに移動宮廷を置き、町にさまざまな「特典」を与え、定期市を開き、巡礼の増加とともに町を繁栄に導いていく。そして、サンティアゴ巡礼道のよりいっそうの整備と手厚い巡礼の受け入れ態勢を、王自ら親しみと情熱を込めて呼んだ「わがクリュニー人《びと》」とともに一体となって推進していくのである。王は次々と、巡礼途上の重要な地点にある修道院および付属施療院、救護所をクリュニー修道会の手に委ねていく。やがて、サァグーンの修道院は巡礼道途上に点在する五〇余の大小の修道院を傘下に収め、一二世紀にはまさに「スペインのクリュニー」として威光を放ったのである。

今日、その修道院の威光を偲ぶよすがとなる遺構はないに等しく、エムリ・ピコーが「大いなる繁栄」を讃えたこの町は、いまは砂塵が舞うカスティーリャの広野のなかにある「西部劇さながらの小さな宿場町」といった風情で、すっかり時代に取り残されてしまっている。しかし、モニュメントとして残る二つの素晴らしいムデハル様式の教会は、その時代の輝きを束の間でも呼び覚ましてくれるだろう。歴史的記念建造物であるサン・ティルソ教会（一二世紀）とサン・ロレンソ教会（一三世紀）がそれである。この二つの教会はレンガを積み上げた三廊形式で、ロマネスク・ムデハル様式のもっとも古いかつもっとも完璧な作例で、建築芸術におけるイスラム的なものとキリスト教的なものの見事な融合を見ることができる。

折しも、サン・ティルソ教会では「吟遊詩人《トルバドゥール》と旅芸人《ジョングルール》展」が開かれていた。巡礼道の

サン・ティルソ教会（サァグーン）

サン・ロレンソ教会（サァグーン）

芸人たちにスポットをあてた、非常に興味深いものであった。夜は夜で、「中世音楽の夕べ」の催し。フランスからやって来た現代のトルバドゥールたちによる古楽器とヴォーカルの演奏を聴いて、中世にタイム・スリップしたようなひととき。

宿[27]のバルで、前日出会った騎乗の女性と再会する。その雰囲気からして、たぶん貴族なのかもしれない。スペインでは、ゴヤ[28]の『マハ』で有名なスペインを代表する貴族アルバ侯爵夫人の末裔をはじめ、貴族階級が厳然と生きている。

馬での巡礼もなかなか大変らしい。馬のことを考えてやると、一日に進められるのは三、四〇キロが限度とか。彼らの脚を痛めないようにたどる道への配慮、そして宿場に着いたら着いたで明日へのための手入れをしてやらねばならない。「徒歩のほうがいいかもよ」と、言われる。

サァグーン ──→ ブルゴ・ラネロ

（Sahagún ──→ El Burgo Ranero　18㎞）

サァグーンの町からセア川を渡り、国道１２０号を行く。古代ローマ街道に中世の巡礼道が重なり、さらに現代の国道が重なっている。四キロあまり行ったところで、ようやく車から開放されてホッとする。ここから、整備された砂利道に入っていく。

この道は、この年の大祭のために造られたものであろう。ポプラの苗木が植え込まれた

ポプラの並木道

道がどこまでもつづく。前方右手に、麦藁色の野が地平線の彼方まで広がる。視界を遮るものはない。地球は丸いと感じさせられる。ポプラの苗木はまだ幼く、日陰をつくってくれるのはいつの日のことであろう。その並木道をひたすら歩く。

九時すぎベルシアノス・レアル・カミーノの村で朝食。コニャック入りカフェと菓子パン（スペインの朝食では菓子パンの多いこと）。

再び並木道へ。広がる麦畑、果てしない並木道……。そこへ、突然、現れた羊の群れと犬二匹と羊飼いの男。これは幻か……彼らは目の前をもくもくと横切っていった。

頭上から容赦なくジリジリと照りつける太陽をできるだけ避けるように顔を伏し、体を前屈みにして歩いていてフト顔を上げた。そのとき、抜けるような蒼い空と果てしなく広がる砂色の大地の狭間の彼方に、突然、何かが動き出した。陽光とかすかに舞う砂塵を通して、それは砂の大海に浮かぶ雲のようにも綿のようにも見える。目にも留まらぬ早さで動く二つの黒い小さな影。歩みを進めるにつれてその蜃気楼が形を取り始めた。それは、一人の羊飼いと二匹の犬と何十頭もの羊の群であった。いったいどこからやって来たのか、そしてどこへ行くのか、軽いめまいに襲われる。

ここには、太陽と大地しか存在しない。上着を肩にかけ、雑のうを斜めにぶら下げた羊飼いの男が群れのなかに立ち、手にした杖を振り上げる。私たちへの仕草なのか？　思わず手を振り返す。その間も忠実な犬たちは、羊の周りを前へ後へと駆けめぐり、群れを整える。

27. オスタル・アルフォンソ６世（Alfonso Ⅵ)、２つ星、10室、32～39ユーロ。
TEL：987 78 11 44
オスタル・オスペデリア・ベネディクティナ（Hospederia Benedictina)、１つ星、21室、18～35ユーロ。
TEL：987 78 00 78
28. 1746～1828。スペインの宮廷画家。

陽の光に溢れ、時が止まったようなメセタの午後に、唯一この世に存在するかのように現れた羊の群と羊飼いは、私たちに強烈なインパクトを与えた。遙かな昔から、北へ、あるときは南へとひたすら移動をつづけて来た彼らは、中世からつづく明日をも知れぬ道をたどる巡礼のもっとも深い仲間だったのではないか。その何にも縛られない自由、その寄る辺なさがゆえに。巡礼たちがもくもくと歩み、そして時のなかに消えていったその巡礼道に永遠のメタファーのようにさすらいつづける羊飼いと羊の群……。

カステーリャの野の光のなかにくっきりと輪郭を描き現れた彼は、白日夢のように私たちの前を通りすぎていった。

前方に、超スローテンポで歩く巡礼の三人組。最初は止まっているのかと思ったが、なかの一人が足を痛めているのだ。足を引っ張るようにして前に出している。ほとんど歩けていない。でも、歩かなければ着かない。足の痛みと陽に焼かれることのつらさ。

正午前、ブルゴ・ラネロの村に着く。畑のなかにある小さな小さな村。「ラネロ」というのはカエルのいる場所を意味するのだが、昔はカエルがたくさんいた所にちがいない。バルの主人に尋ねると、二階に貸し部屋があるという。階段は、まだ手すりが取りつけられてないし、案内された部屋も工事中である。大祭の巡礼を当て込んだ、こうしたバル兼宿、あるいは民宿が急増している。いずれにせよ、ベッドがあるのはありがたい。(29) バルの向かいの畑のなかに、土壁がまだむき出しの新しく建ったばかりの救護所が見える。ビチや徒歩の巡礼たちで溢れ返っている。庭にテントを張っている連中もいる。

29. ブルゴ・ラネロの宿、オスタル・エル・ペレグリーノ（El Peregrino）、１つ星、10室、21～33ユーロ。TEL：987 33 00 69

ブルゴ・ラネロ ──→ レオン

（El Burgo Ranero ──→ León　37km）

早朝、出発。ブルゴ・ラネロの村から、ポプラ苗木の並木道をどんどん行く。どれくらい歩いただろうか、遙か遠くを走っていたはずの汽車の線路が近づいてくる。やがて線路を横切り、小さな丘を上り下り、一〇時すぎにレリエゴスの村に着く。バルで朝のカフェ。

さらに並木道を歩きつづけ、昼前にマンシーリャ・デ・ラス・ムラスに着く。結局、苗木の並木道は、サァグーンからこの町まで約三〇キロ余り延々とつづいていたことになる。

マンシーリャ・デ・ラス・ムラスは中世の城壁に囲まれた町。城壁に沿って広い川が悠然と流れている。町のインフォメーション・センターでスタンプをもらい、その足でレオンに向かう。照りつける陽のもと、国道をしばらく行ったところで突然足が出なくなる。飛ばしすぎたせいか。アスファルトの道路で立ち往生していると、何というタイミングだろう、田舎のバスは数時間に一本というのも珍しくないのに、すぐそばのバス停にバスが停まる！　思わず乗り込んでいた私たち。レオンまでの一〇キロ余り、スペイン側の歩きで後にも先にも初めてのバスでのスキップであった。

レオン

トリオ川とベルネスガ川の合流する地に位置するレオンの町は、「カミーノ・フランセス」途上の、パンプローナ、ブルゴスに次ぐ三つ目の都会であるが、もっとも華やぎのあ

マンシーリャ・デ・ラス・ムラス町役場
TEL：987 31 18 00

る町といえるのではないだろうか。あの乾いたカスティーリャの野を横切ってきた者には、とりわけ心を浮き立たせるようなものがある。それは屋根瓦が赤く、どこか南仏を思わせるような明るい空気が流れているせいかも知れない。

この町の起源はローマ時代に遡る。ここにはローマの軍団が駐屯していて、「レオン」という名は軍団から由来するという。七一四年以降、町はイスラム教徒によって占領されていたが、その後のアストゥリアス王国のたびたびの南下攻勢によって徐々にイスラム勢力は退き、最終的にはガルシア一世（在位九一〇〜九一四）、つづくオルドーニョ二世（在位九一四〜九二四）の時代に、それまでのオビエドに代わってアストゥリアス王国の首都と定められた。ここに、アストゥリアス・レオン王国（単にレオン王国）が誕生する。九八八年にアルマンスール（九三九〜一〇〇二）の略奪を受けるが、一〇二〇年にはアルフォンソ五世（在位九九九〜一〇二八）によって都市特権を与えられ、繁栄の時代を迎える。

レコンキスタの一〇〜一一世紀の時期には、レオンはスペインのキリスト教世界におけるもっとも重要な都市であったが、一〇八五年にトレドが奪回され、レコンキスタの重要な拠点としての地政学的な中心の移動とともにその優位性が次第に失われていった。とはいえ、一一、一二世紀、サンティアゴ巡礼最盛期において巡礼道の重要地点であったこの町には、エムリ・ピコーが「あらゆる種類のこよなき歓びに満たされている」と語るように往時を偲ぶ幾多のかぐわしい遺産が残されていて、それらは現代の巡礼たちにとっても掛け替えのないものになっている。

トリオ川に架かるカストロ橋を渡って町に入った巡礼たちが最初に足を踏み入れるのは、かつてフランク人界隈であったサンタ・アナ地区である。その中心を形成していたのがサンタ・アナ教会であるが、当時、ここには巡礼のための施療院と癩病院があり、エルサレムの聖ヨハネ騎士団に属していた。

その教会を右に見ながらバラオナ通りからプエルタ・モネダ通りをすぎると、サンタ・マリア・デル・カミーノ広場に出る。この広場にあるカルバハラス修道院の修道女たちは、驚くべき勢いで増えつつある巡礼たちの宿の難儀さを見かねて、数年前からサンティアゴ巡礼を受け入れている。広場を背にして立つサンタ・マリア・デル・メルカード教会は一〇世紀に遡るロマネスク期のものなのだが、今日、後陣の一部を除いてその面影はほとんど失われ、痛みも激しい。「メルカード」はスペイン語で「市場」を意味するが、その昔は市《いち》が立ち、とても賑わっていたのであろう。現在でもこの界隈は、バルやレストランが軒を並べる曲がりくねった小さな通りが錯綜し、巡礼道そのものを指した「道《ルーア》」通りには古い館が並び、さながら中世の町に迷い込んだかと一瞬錯覚させる。迷路のような界隈ではあるが、埃っぽくなく概して清潔で、歩いていても住民がとても愛想がよく、親切で気分がいい。

やがて、サン・マルセロ教会（一六世紀）と市庁舎の並ぶ広場、そしてガウディ(30)の建てたカサ・デ・ボティネス（現在は銀行）。そこをすぎると、フランス人巡礼たちにとっては故郷の香りがするカテドラルと珠玉のようなサン・イシドロ聖堂のある聖域である。

30. アントニオ・ガウディ・コルネット（1852～1926）。スペイン、カタルーニャの世紀末芸術「モデルニズモ」の代表的建築家。グエル邸、グエル公園、カサ・ミラなどの代表作がバルセロナに残されている。晩年、精根を傾けたサグラダ・ファミリア教会は、現在なお建設中。

レオン大聖堂

レオンは中世の昔、巡礼たちがもっとも多くの教会と出会う町であった。一一、一二世紀のイベリア半島において、このように多くの教会、修道院を擁した町はほかにどこにもない。この点については、当時の重要な町であったパンプローナ、ブルゴスも、はるかにレオンに及ばなかった。これらの教会の一つ、オルドーニョ二世の宮殿跡（そこはかつてローマ軍団の浴場跡でもあった）に建てられたサンタ・マリア・レグラ教会、これがのちのレオンの大聖堂の礎ともいえるものであった。この教会も例外なく一〇世紀末のアルマンスールの侵略により徹底的に破壊されたが、直ちに再建された教会は、やがて一二世紀末、大聖堂建立計画のためにすべてが解体された。

スペイン・ゴシック芸術の華といわれるレオンのサンタ・マリア大聖堂の建設は、一三世紀初頭に始まった。アルフォンソ一〇世賢明王(31)の治世下では、地方の領主たちはほかの義務から免れ、この大事業に大きく貢献した者には「贖宥《しょくゆう》」（免罪）が認められ、司教区で徴収された「十分の一税(32)」が分与され、職人や大工たちもまた税金が免除されるなど、この建築の工事を推進するためにあらゆる手段が講じられた。大方の工事は一四世紀初頭に終わったが、仕上げの仕事と変更部分の工事のためにさらに一世紀を要した。この工事を指揮したのは、ブルゴスの大聖堂も手がけたマエストロ・エンリケといわれる。彼は一二七七年にレオンで死ぬが、弟子がその跡を引き継ぐ。

北フランスのさまざまな大聖堂との影響関係が指摘されるが、たとえば平面プランはラ

レオンのサンタ・マリア大聖堂

31. カスティーリヤ・レオン王（在位1252～1284）。名の通り文武に秀でた名君。スペイン法の基礎となる「七部法典」などを編纂する。
32. 教区の司祭が教会の維持と貧しい人々の救済のため、教区区民より収穫物の10分の1を徴収する賦課租。

ンス風であり、高窓やトリフォリュウムについてはアミアンが実現させた進歩を反映しており、三つの扉口はシャルトルの翼廊の扉口から発想を得ている云々と、確かにレオンの大聖堂はフランスの香りがする。それを一番強く感じさせるのが内部空間であろう。スラリと高い、たっぷりと光の差し込むゆったりとした身廊はシャルトルを思い起こさせる。内陣の大ステンドグラスは、その美しさにおいてシャルトルに勝るとも劣らないであろう。かの地の有名な「シャルトル・ブルー」に対して、こちらは「レオン・ベルデ」とでもいえばよいであろうか。黄緑色が基調で、早春の野の輝きとも、黄金の輝きとも見えるときがある。

径間《けいかん》（柱と柱の間）の自由にできる空間というステンドグラスが被い、そこから差し込む神秘的な五彩の光の波が内部空間を満たし、まさに地上における「神の国」の現出である。その一二五の窓、五七の円形モチーフ、そしてもっとも古い一三世紀の薔薇窓、これら使徒行伝、善悪のアレゴリー、王族、王国の有力貴族たちの紋章をモチーフとしたステンドグラスの面積は一八〇〇平方メートルに及ぶ。ステンドグラスの透明性と石の壁体の非物質化を極度に推し進めることで、シュジェール[33]が夢想した「光の神学」の建築における実現は北フランスの大聖堂において見事に果たされたのであるが、スペインにおけるもっとも完全な具現化がほかならぬここレオンの大聖堂であろう。

北フランスとは異なり、レオンが位置するメセタ（スペイン中央高地）の夏の陽射しは激しい。濃密な多色のステンドグラスを通してくる光は、スペイン特有の過多とも思える絢爛たる内部装飾を照らし、その神秘さは重さを加える。

大聖堂のステンドグラス

サン・イシドロ聖堂

そのあつい信仰心によって聖職者たちを導き、深い教えで民を啓発し、偉大な書によって聖なる教会に栄光をもたらした、このかくも尊いセビーリャの司教にして教育者、聖イシドロの眠る聖堂を、レオンの町ではぜひとも訪ねなければならない。

（『巡礼案内の書』第八章「巡礼が是非とも訪れなければならないサンティアゴ巡礼道に眠る聖人たちの遺骸」より）

エムリ・ピコーがこのように惜しみない讃辞と敬意を捧げる聖イシドロ[34]は、七世紀、西ゴート王国（教会）におけるスペインの知であった。その著名な書『語源論』は、神学、歴史、文学、音楽、数学、天文学などあらゆる分野にわたる知の集成、中世の百科全書ともいえ、長い中世を通じて西欧社会（文化）にもっとも影響を与えつづけた書物であった。

その聖イシドロの聖遺骸は、一〇六三年、レオンとオビエドの司教によってセビーリャからレオンにもたらされた。現在の聖イシドロ聖堂の地には、一〇世紀半ば、すでに洗礼者ヨハネとコルドバで殉教した幼いペラヨに捧げられた聖堂をもつ修道院があり、ここはレオン歴代の王家の女性たちを修道院長に迎え、王家の霊廟ともなっていた。この聖堂は、一〇世紀末、アルマンスールによって徹底的に破壊されたが、レオン王アルフォンソ五世[35]によって再建され、一一世紀半ばには、ときのカスティーリャ・レオン王フェルナンド一世の妃サンチャ（アルフォンソ五世の娘）の請願により、セビーリャからもたらされた聖イ

33. 1081頃～1151。パリ北郊のサン・ドニ修道院長（在位1121～1151）。サン・ドニ修道院聖堂の再建拡張を企て、ステンドグラスが大きな役割を果す最初のゴシック様式を実現させる。
34. 聖イシドロス（560？～636）。セビーリャの大司教にして教会博士で百科全書家。『語源論』を著す。
35. 1394～1458。アラゴン王（在位1416～1458）。文武両面に優れ、宮廷で人文学者や芸術家をあつく遇したことから「寛大王」とも呼ばれる。

シドロの聖遺骸を納めるため新たに聖堂建立が着手された。また同時に、地下聖堂、王家の霊廟《パンテオン・レアル》が建てられた。

その後、一二世紀初頭にかけて、カスティーリア・レオン王アルフォンソ六世とその跡を継いだ娘、女王ウラカの手によって増改築が行われたが、現在、唯一のロマネスク期当時そのままに残るのは、聖堂入り口正面部分の二つの門とそれらを飾る彫刻、そして地下聖堂の王家の霊廟とその天井フレスコ画のみである。

聖堂南側に開かれた二つの門、現在、通常入り口となっている左側部分の「仔羊の門」のタンパンには「神秘の仔羊」と「イサクの犠牲」が彫られ、その両側に聖イシドロと聖ペラヨの像が立っている。また、聖年の年にのみ開かれる右側の「赦しの門」のタンパン部分の見事な浮き彫り彫刻（「イエスの十字架降下」、「復活」、「昇天」）は、遠くフランス・トゥールーズのサン・セルナン聖堂、またハーカやパンプローナの大聖堂、そして、何よりもサンティアゴ・デ・コンポステラのあの素晴らしい「銀細工師《プラテリアス》」の門を手がけたマエストロ・エステバンによるものだろうという。その昔、コンポステラに赴く巡礼たちは「仔羊の門」から聖堂に入り、祈りを終えた後にこの「赦しの門」を通って聖堂を後にしたという。

聖堂内部のゴシック期の礼拝堂には、聖イシドロの銀製の聖遺物箱が納められている。この礼拝堂の門の部分のレリーフは、ドイツ・ヒルデスハイムやアウスブルグ大聖堂のものと酷似し、サンティアゴ巡礼道は、また芸術、文化の交通路でもあったことを改めて思い起こさせる。

サン・イシドロの「赦しの門」

地下聖堂にある王家霊廟の柱頭から穹窿天井アーチ、丸天井を覆う新約聖書や農民の日々の暮らしをテーマとしたフレスコ壁画の世界は、神、キリスト、聖人たちとともに生きていた中世レオン王国の人々の日常の暮らしの世界でもある。その生き生きとした描写は、見る者の心を捉えて離さない。

たとえば、「牧童たちへのお告げ」のシーン。救世主（キリスト）の生誕を告げる天使の前に歓びの芦笛《あしぶえ》、角笛を吹く牧童たち、そして彼らとともに、その歓び（それは描き手自身のものでもあっただろう）を全身で表しているかのような豚、羊、山羊たち、日々の暮らしと神の国が混在したその清澄な無垢ともいえる世界。色、線の美しさは、この時代の石工や壁画家たちがいかに神と直接結び付き、自らの仕事を何の迷いもなく神への捧げものとしていたかということを、理屈なく、現代の私たちにも分からせてくれるような気がする。このサン・イシドロ聖堂の天井フレスコ壁画の世界には、ロマネスクの美ともいえるもののすべてが集約されている。

サン・イシドロ聖堂はまた、サンティアゴ巡礼の受け入れのホスピタリティーにおいても傑出した役割を果たした。一一四八年以降、アウグスティノ会(36)の聖堂参事会員によって運営された聖堂付属の聖フロリアン施療院では、慈愛に満ちたもてなしがたどり着いた巡礼たちを迎え、温かいベットと一リーブル（古い重さの単位で約五〇〇グラム）のパン、そして、冬の夜（あの厳しいカスティーリャ地方の凍える夜）には充分な暖をとるための薪が与えられたという。

牧童たちへのお告げ

36．177ページの注（14）を参照。

旧サン・マルコス修道院

　ベルネスガ川のほとりに立つ豪壮なこの建物こそ、レコンキスタと巡礼の保護に邁進《まいしん》したサンティアゴ騎士団の本部の置かれていたところである。もともとは、一二世紀半ば、この地にドーニャ・サンチャ（アルフォンソ七世の姉妹、自身熱狂的な巡礼者であり、巡礼保護者であった）の請願により、「キリストの貧しき人々」のために一つの教会と施療院が建てられたのが始まりであった。その後、サンティアゴ騎士団が拠をかまえ、巡礼の安全を図るための使命についていくことになる。一六世紀初頭、イザベルとフェルナンドのカトリック両王の命により建て替えられた建物は、サンティアゴ騎士団の威光に相応しいといえるもので、この騎士団がレコンキスタと巡礼の保護の活動をつづけるなかでどれだけの力（権力と富）を蓄えていったかがうかがえるであろう。幅一〇〇メートルにわたって広がる建物の、夥しい浮き彫り装飾で飾られたプラテレスコ様式(37)の豪華絢爛な正面は、この建物がいまではスペイン有数の豪華パラドール（国営ホテル）として一般宿泊客を受け入れているとはいえ、いざ入るとなると、人を圧して気後れさせるものがある。

　内部は、ありし日を偲ばせる家具調度類が惜しみなく置かれていて、リュックとスニーカーという出立ちの現代の巡礼にはおよそ場違いのように

旧サン・マルコス修道院

感じさせられるのだが、私たちのサンティアゴ騎士団の一端に触れるには是非とも乗り込んでゆかなければならない(38)。

付属教会と隣り合って回廊があるが、静けさそのものの回廊二階は小鳥がさえずり、スペイン特有の強烈な陽ざしと明確なコントラストを描く陰では涼しい風が通る。とくに、カスティーリャの炎熱に身を焼かれてきた者には天国のように思えるだろう。

修道騎士団

神に仕える身、すなわち聖職者でありながら戦う人、すなわち騎士でもあった集団、いうなれば僧兵集団である騎士団は、巡礼たちの保護と防衛にあたるために第一次十字軍のときに聖地エレサレムで生まれた。もっとも有名なのが、一一世紀末ごろに創立された聖ヨハネ騎士団と一一一九年に創立されたテンプル騎士団、そして一二世紀末のドイツ騎士団である。これら三つのなかでも前の二つの騎士団はやがてヨーロッパ中に広がってゆき、そのほかの多くの騎士団が創設された。

一一六〇年に結成されたサンティアゴ騎士団は、もっぱらサンティアゴ巡礼に奉仕するために生まれ、とりわけ「カミーノ・フランセス」沿いを主たる活動の場とした特異な騎士団であった。いずれにせよ、サンティアゴ騎士団のみならずレコンキスタに新たな使命を見いだしたさまざまな騎士団が巡礼道を縦横に行き、かつて巡礼の保護と救済にあたっていた。バレとギュルガンは、これら騎士団の巡礼道での活動ぶりを次のように書いている。

37. 222ページの注（29）を参照。
38. パラドール・サンマルコス（Parador San Marcos）、５つ星、256室、100～130ユーロ。
TEL：987 23 73 00
・ホテル・ラ・ポサーダ・レジア（La Posada Regia）、３つ星、20室、55～86ユーロ。
TEL：987 21 31 73（カテドラルのすぐ近く）
・オスタル・ボッカリーノ（Boccalino）、２つ星、７室、36～60ユーロ。
TEL：987 22 30 60（サンイシドロ聖堂前広場）

レオン・ツーリストオフィス
TEL：987 23 70 82

「オピタル騎士団団員は黒マントに白十字章、テンプル騎士団団員は白マントに真紅の十字章、しかしまた、モンペリエではチュートン騎士団団員の白マントに黒十字章や、とくにポワトゥ地方では癩患者《レプラ》を癩病院の中に受け入れるラザロ騎士団団員の白マントに緑十字章も見られる。（……）巡礼者は、その企てによって聖なるものとされていることをもし忘れたら、このような数々の心配りをよく理解することはできないであろう。人々は巡礼を保護し、助ける。そのとき保護し助けているのはイエス自身なのである。ガリラヤの埃だらけの道を歩いているナザレのイエスなのである……」（二一ページ前掲書）

ちなみに、サンティアゴ騎士団の団旗は、初期には赤地に十字架を掲げ、剣を振るう白馬に跨った「聖ヤコブ・マタモロス」が描かれていた。やがて、鍔《つば》のついた剣、つまり十字形の紅の剣がシンボル・マークとなった。

町では、「カテドラルを建てた人たちとサンティアゴ巡礼展」（県議会企画）が開催されていた。

サン・ミゲル・デ・エスカラダ修道院

レオンの町から東へ二八キロの丘陵にある、九世紀にまで遡るモサラベ様式の聖堂。足元からどこまでも広がるカスティーリャの野、そして真っ青な空と夏の光。中世の修道士たちは、この地を天国にもっとも近いと感じていたのではないだろうか。

サンティアゴ騎士団旗のシンボルマーク

サン・ミゲル・エスカラダ修道院

ここ、サン・ミゲル・デ・エスカラダ修道院で、モサラベ芸術[39]の極致といわれる「ベアトゥス写本」の現存するもっとも古いもののひとつ（一〇世紀　現在、ニューヨーク・P・モーガン図書館所蔵）がつくられた。ベアトゥスは、北スペイン・アストゥリアス地方とカンタブリア地方の境にある二五〇〇メートル級の山脈に囲まれた、リエバナの谷の修道院長であった。深いその谷間で、ベアトゥスは『ヨハネ黙示録注解』（八世紀）を書く。このいわゆる「ベアトゥス本」は、その後、中世を通して夥しい数の複写を生み、その美しい細密画で飾られた写本類がヨーロッパのロマネスク美術（壁画・彫刻）に与えた影響は計り知れない。

レオン ⟶ ヴィラダンゴス・デル・パラモ

（León ⟶ Villadangos del Páramo　22㎞）

ベルネス川にかかる一六世紀の橋を渡り、レオンの町を後にする。

国道１２０号を行く。六キロほどで、ヴィルヘン・デル・カミーノ（道の聖母マリア）の町に着く。ここで、トルティーリャ（スペイン風オムレツ）とカフェで朝食。

国道沿いを歩きつづける。自動車の排気ガス、騒音、埃、道端に舞う紙屑……神経を苛立たせながら、正午前にヴィラダンゴス・デル・パラモの町に着く。

国道に面したオスタル兼食堂[40]。ここのバルでサァグーン近くの村で出会った青年に再会する。ベルギーから来たその青年は、体調を崩してレオンの救護所で二日間寝ていたとい

39. 9世紀から11世紀末のイスラム教徒の支配下で、イスラム文化の影響を色濃く受けて花開いたキリスト教芸術。あるいは、イスラム地域から逃れてきたキリスト教徒の美術をいう。スペインおよびフランスのロマネスク美術の形式に重要な一役を果す。その特色は、西ゴート族やカロリング朝以来のキリスト教美術とイスラム的東方的要素との融合が挙げられる。

40. オスタル・アヴェニダⅡ（Avenida Ⅱ）、1つ星、10室、18〜27ユーロ。
TEL：987 39 01 51
ホテル・アヴェニダⅢ（Avenida Ⅲ）、2つ星、40室、18〜27ユーロ。
TEL：987 39 03 11

う。熱暑《ねっしょ》にやられて下痢状態だったようだ。「エヴリシング」と叫ぶ。道中、彼のようにエヴリシング状態になった巡礼はとても多かったのではないかと思う。スペインの酷暑は半ぱなものではない。私たちは努めて慎重であったが、いっそう用心してかからねば……。

このオスタルの横の空地に姉妹店（宿）が開店準備中。これも大祭を当て込んだものか。

ヴィラダンゴス・デル・パラモ ──→ オスピタル・デ・オルビーゴ

（Villadangos del Páramo ──→ Hospital de Orbigo　12㎞）

ヴィラダンゴスの町はずれからひょっこり現れた父子三人連れ。父親の背には大きいリュック、両手に子どもたちのリュック。その両脇に、八歳くらいの女の子と六歳くらいの男の子。靴は真っさらで、巡礼の出立ちなのだが……どこまで行けるのかしら？　多分、ママの運転する車が近くにいるにちがいない。

ヴィラダンゴスあたりから緑が徐々に増え始める。トウモロコシ畑にぶどう畑も。サン・マルティン・デル・カミーノの村をすぎ、一時間半ほどで国道を離れ、かつて巡礼施療院があった、その名もオスピタル・デ・オルビーゴの町に入っていく。

広い広いオルビーゴ川のほとり、河原にのんびりとくつろぐ人々。ちょっとしたリゾート地の雰囲気をもつ、落ち着いた静かな町。川に架かるロマネスクの橋には、サンティアゴ巡礼道の名高い騎士巡礼物語が残っている。

それは、一四三四年、大祭の年のことであった。レオンの騎士スエロ・デ・キノーネスは、その年を祝うために騎乗槍試合を行うことを企て、彼は聖ヤコブの名と意中の人ドーニャ・レオノール・トバールへの愛にかけて、仲間九人とともに三〇〇人の騎士を倒すことを誓う。早速、オルビーゴに使者を遣わせてお触れを出し、そして橋に近い雑木林のなかに柵で囲った決闘場を造らせた。彼らは来る日も来る日も橋の正面で待ち構えて、渡ろうとするあらゆる国の騎士という騎士の前に立ちはだかり決闘を挑む。騎乗槍試合は七、八月とつづき、その間に倒した騎士の数は六八人とも一七〇人ともいわれている。その後、スエロはコンポステラに赴いて聖ヤコブの墓に詣で、意中の人から贈られた金のネックレスを捧げた。これが、やがてヨーロッパに流布することになる有名な騎士物語「名誉の通過《パソ・オノローソ》」である。

かのドンキホーテも愛読したというこの騎士物語は、現在では毎年六月に、町を挙げての祭りとして中世の昔そのままのドラマが再現されている。町の人々が当時の衣装を身にまとい、河原では中世の昔さながらに騎乗槍試合を繰り広げ、その周辺にこれまた中世の市《いち》が立ち、最後にはスペイン人の大好きなバイレ（大ダンスパーティ）で締めくくられる。

二〇のアーチをもつ橋脚の見事な、中世のこのどっしりとした橋は、お互いに名誉をかけて戦った騎士たちの時代を彷彿とさせてくれる。橋のたもとには、現代の騎士たち、ビチのグループがたむろしている。カラフルなレース用ユニホームを着用して、とても恰好がいいがいささかくたびれ気味。「オラ！」、「ブエン・カミーノ！」と交わし合って橋を

オルビーゴの橋

オルビーゴの祭り

渡る。

町はずれのオスタル(41)は、行く夏を惜しむ家族連れのバカンス客でいっぱい。

オスピタル・デ・オルビーゴ ⟶ アストルガ

(Hospital de Orbigo ⟶ Astorga　16㎞)

明日、早発ちをするからと前夜に支払いを済ませ、宿の玄関を開けておいてくれるよう頼んであったにもかかわらず鍵は閉まったままである。呼び鈴を押す。慌てふためいて飛び出してきた宿の主人は下着姿、こちらのほうがどぎまぎする。何とか無事に出発。

小さな丘をいくつも、いくつも越えていく。二時間余りで広い丘の上に出る。そこには大きな十字架が立ち、そこから、ひときわ高い大聖堂を中心としたアストルガの町が遠望できる。その遠景を、これがコンポステラであってくれたら……と思ってしまう。疲れすぎているからであろう、その願いは幻覚をもたらすくらいの強さであった。

丘を下って、サンフスト・デ・ラ・ヴェガの村を通過し、アストルガの町に入っていく大聖堂の前で車椅子の青年に出会う。八年前に自動車事故で両足の機能を失ったという二五歳のマドリッド大学の学生であった。この大祭の年、多くのボランティアの人たちに助けられて巡礼道をたどっているという。彼のさりげなさに胸を打たれる。

アストルガには、ガウディが建てた司教館があるが、肝心の司祭が住むのを嫌って長年無人の館であったという。それがいまでは巡礼博物館となっていて、彫刻、絵画、工芸品

41. ホテル・パソ・オンローソ（Paso Honroso）、2つ星、25室、36～48ユーロ。TEL：987 36 10 10

オスピタル・デ・オルビーゴ町役場
TEL：987 38 82 06
アストルガ・ツーリストオフィス
TEL：987 61 82 22

の巡礼姿の「サンティアゴ様」がひしめいている。

宿[42]で、山火事の話を聞く。二日前から、私たちが目指すポンフェラーダ方面の山が燃えつづけているという。ここ一〇年来の最大級の山火事で、すでに二〇〇〇ヘクタールが燃え、軍隊も出動しているらしいという気がかりなニュースだ。

とはいえ、町は夏祭りの真っただ中。みんな着飾って楽しそう。その人たちに混じって、赤いベルトに黒装束の民族衣装をまとう人目を引く人たち。町の人が、「マラガート」と小声で囁く。アストルガからイラゴ山系に入ったマラガテリア地方に住む山の民のことらしい。マラガートは遙か昔から非常に閉鎖的な集団を形成していたようで、社会的には一地方の部族というより異民族のように扱われてきたようである。生業は、馬方、ロバ追い、市の商人など。

アストルガ ⟶ ラバナル・デル・カミーノ

（Astorga ⟶ Rabanal del Camino　20・5㎞）

翌朝、そのマラガートの地、レオン地方のマラガテリアに入っていく。朝が早いせいか、誰にも会わない。道端には野の草花、野生のヒース、しっとりとした大気。通りすぎてきた、あの乾いた砂の大地が嘘のように思える。

途中、治安警察の車とすれ違う。今年は大祭のせいか道中の地方新聞には巡礼関係記事

42. ホテル・ガウディ（Gaudi）、3つ星、35室、54〜66ユーロ。
TEL：987 61 56 54
ホテル・アストゥルプラザ（Asturplaza）、3つ星、35室、57〜80ユーロ。
TEL：987 61 89 00

が目立つのだが、そのなかには被害に遭った巡礼の記事も結構多い。救護所での自転車や所持品の盗難など、どうやら巡礼目当ての窃盗団が出没しているらしい。これまでも、パトロール中の車に何度か出会ったが、病人や動けなくなった人にも対応していて、巡礼の道中の安全を見回っている。

細い道を上っていく。途中、打ち捨てられたような村をいくつか通過する。いよいよ、マルガテリアの中心に近づいていく。三時間ほどのところで、草地に座り、読書をしながら牛の番をしている若い女性に出会う。あたりで、牛たちが七、八頭のんびりと草を食んでいる。

ラバナル・デル・カミーノの村に、昼前に着く。サンティアゴ巡礼道のなかでも、スペインのもっとも貧しいとされるこの地方。雨が降ったら、すぐ泥濘《でいねい》と化す村の小さな通り、石も朽ち始めている教会、傾いた低い民家、廃屋、石のすえたような臭い。

教会近くの村の古ぼけた山小屋風のバル兼食堂の主人に尋ねると、上に部屋があるというので一夜の宿[43]を乞う。窓らしい窓はなく、戸口からの明かりでかろうじて人の顔が見分けられる薄暗い食堂を通り抜けて奥に入ると、小さな中庭があった。牛小屋か納屋を改造したのだろうか、横の壁に取り付けられたハシゴのような階段を上って二階にあるにわか造りの部屋に落ち着く。珍しいのか、この家の子どもたちがときどき私たちを覗きに来る。

マラガテリアは独特な風習と文化をもつらしいが、夕方、村の広場にあたる広い草地でおじいさんが一人太鼓を打ち、笛を吹く。数人のドイツの若者もいたが、私たちのために

ラバナル・デル・カミーノ

43. オスタル・オステリア・エル・レフーフィオ（Hosteria El Refugio）、1つ星、9室、27～48ユーロ。
TEL：987 69 12 74

というより、もっと遠くのほうのものに向かって太鼓を打ち、笛を吹いているように思えた。たとえようもなく物悲しい旋律が、暮れなずむ山に響きわたる。

夜は、寝ている部屋の下で時ならぬさんざめき。真夜中の宴が朝方までつづき、異界に放り込まれたような感じの一夜であった。ゴヤの『黒い絵』の世界を思い出す。

ラバナル・デル・カミーノ ⟶ ポンフェラーダ

（Rabanal del Camino ⟶ Ponferrada　32km）

朝、ラバナルからイラゴ山越えにかかる村道を上っていく。道は、乗鞍岳のような大きな山塊を巻くようについている。遙か遠くに見える「鉄の十字架《クルス・デ・フエロ》」を目指してひたすら歩く。マラガテリア地方最後の村であるほとんど無人・廃屋のフォンセバドンの村を通り抜けて一キロ足らずで、巡礼たちが置いた石で築かれた大きなケルンの上に立つ鉄の十字架（標高一五〇四メートル地点）に着く。あたりの空気を払ってそそり立つこの十字架は、サンティアゴ巡礼道でもシンボリックなモニュメントの最たるものとされているが、幾世紀もの間、この荒涼とした地を通りすぎる巡礼たちにとっては本当に心強い道しるべとなったことであろう。傍らに、小さなサンティアゴ礼拝堂が立っている。

「鉄の十字架」をすぎてしばらく行くと、生々しい山火事の跡。道の周辺は、まだ燻り、熱い灰で一面が覆われている。熱気が体にまとわりつき、息がしにくい。大きい山塊の斜面が丸ごと焼けただれ、焼けこげた樹木がなぎ倒されているさまにただ息をのむ。いっと

鉄の十字架

きも早く立ち去りたいという思いで急ぎ足になる。その凄さに圧倒されて、写真を撮るのも忘れる。撮っておけばよかったと思っても後の祭り。

急ぐ足元に気をとられ、俯きかげんの耳に蹄の音。頭を上げると、六人の騎乗の巡礼たちが私たちの脇を悠々と通りすぎていく。予備の馬を従えての行列を茫然と見送る。

エル・アセボ村まで一気に下る。この村もほとんどが廃屋かと思ったら、意外に手の入っている家もあり、そのなかの一軒が食堂になっている。ここも最近開店したのだろう、なかは明るくしゃれた造りになっている。思いがけなかったが、ありがたい。「まともな」食事がとれる。

スペインの地方で取ることができた「まともな」食事は、昼食であれ、夕食であれ、たいていが一〇〇〇ペセタ（約八〇〇円）前後の定食である。たいがいが前菜（スープかミックスサラダかハム・ソーセージの盛り合わせ）と主菜（牛か豚か鶏か魚に温野菜かポテトの付き合わせ）の二皿、パン、ワイン、デザート付きで食後のカフェは別払い。ボリュームたっぷりのこうした食事を昼と夜と二回とることは、私たちにとっては時間的にも生理的にも無理なので、一日一回の温かい「まともな」食事をとることを鉄則とした。

アセボから、エニシダとヒースの野を見ながら、リエゴ・デ・アンブロスの村まで下る。バルで小休止。天候が怪しくなり始める。深い深い渓谷を見下ろしながら急ぐがやはり雨が降り出し、雷に追っ掛けられながらの下りとなる。自転車《ビチ》巡礼組が、次から次へと追い抜いていく。何と軽快なことか。だが、一瞬ハンドルを誤ると真っ逆さまに転落という急カーブの連続。

うんざりするほど下ったころ、モリナセカに着く。中世の橋が架かる川辺の気持ちのよさそうなこの村を駆け足で通り抜け、県道沿いのほとんど起伏のない平坦な道を小雨に濡れながら行く。

ようやくポンフェラーダの町に入ったのは、夕方の七時すぎ。ラバナルから三二キロ。スタンプをもらうために巡礼センターに行く。サンティアゴ友の会のビエルゾ支部であるここのセンターは、スタッフみんなが実に気持ちよく、しかも熱心である。ここで、追い越していったビチの連中と再会する。元気な彼らは、これからさらにまだ先を目指すのだろうか。

ポンフェラーダは、山に囲まれた盆地のなかの鉱山町。一二世紀に遡るテンプル騎士団の威風堂々とした堅固な城塞があたりを払って立っているが、その城塞のすぐ後ろの山もこの数日来の山火事で焼けただれている。

イラゴ山を越えて風景が一変する。樹々の緑が増え、水気を含んだ冷たい空気が流れる。気温が一気に下がり、一三度。雨に濡れて、身体がこわばり震えが止まらない。その名も「テンプル」という、由緒ありげなホテル(44)に駆け込む。

翌日はどしゃ降りの雨、一日部屋で沈没。膝が痛む、昨日の下りがどっとこたえている。

テンプル騎士団の城塞跡（ポンフェラーダ）

44. ホテル・テンプレ・ポンフェラーダ（Temple Ponferrada）、４つ星、114室、55〜79ユーロ。
TEL：987 41 00 58
ホテル・コンデ・シルバ（Conde Silva）、２つ星、60室、20〜48ユーロ。
TEL：987 41 04 07

ポンフェラーダ・サンティアゴ巡礼道情報センター
TEL：987 42 72 58

ポンフェラーダ ⟶ ヴィラフランカ・デル・ビエルゾ

（Ponferrada ⟶ Villafranca del Bierzo　23㎞）

足の状態が回復せず、超スローテンポで歩き出す。ポンフェラーダの町から郊外の住宅地を抜けて、巡礼道に入っていく。あの強烈な陽射しが少し和らぐ。

この地方特産のピーマン畑、ぶどう畑、豊かな緑の田舎道がつづく。途中、ぶどう畑のなかの道で、偶然、六〇歳くらいの教区司祭さんに出会う。「良き巡礼の旅を！」と祝福して下さる。

三時間ほど行ったカカベロスの町で小休止。ここから、巡礼道は国道6号に重なる。一時間ほどで国道を離れ、一面ぶどう畑のなかの道をヴィラフランカ・デル・ビエルゾに向かう。

周囲一帯緑の野、そして豊かそうな住居群。そこはもうビエルゾである。公園にはコスモスが咲き乱れ、すでに秋の気配だ。「ヴィッラ・フランカ」と名づけられているように、この町も「カミーノ・フランセス」沿いに多いフランク人入植の町である。のちにクリュニー修道士たちがやって来て、歴代のカスティリーヤの王たちやヴィラフランカ侯の庇護のもとで、サンティアゴ巡礼道の重要な地点として栄える。ぶどう畑に囲まれたこののどかな田舎町（人口六〇〇〇人ほど）に不釣り合いだと思えるほどの数々のモニュメントが、当時を物語っている。

サン・フランシスコ教会（ビエルゾ）

一二世紀のサンティアゴ教会、聖フランシスコが建てたといわれる一三世紀の修道院、クリュニー修道会によるサンタ・マリア教会、聖ロケ（巡礼の守護聖人）施療院跡に建てられたアヌンシアータ修道院、ヴィラフランカ侯の城館など、それらは軒の低い古い民家が立ち並ぶなかで際立っている。現在はスペインでも指折りのワインの産地として有名で、酒造家の煙突が目立つ。ワインの匂いが壁にしみついているような古い通りに、造り酒屋とバルが並ぶ。

ここビエルゾには、中世の昔からつづくサンティアゴ巡礼の有名な習わしがある。病からであれ、極度の疲労からであれ、先へ進めなくなった巡礼たちは、この町のサンティアゴ教会北門（赦しの門《プエルタ・ペルドン》）にたどり着きさえすればコンポステラに着いたときと同じ「贖《しょく》宥《ゆう》」を授けられる。そのために巡礼たちは、何としてでもこの地にたどり着くことを願った（それゆえ、この地にあるサンティアゴ教会は、ここで行き倒れた巡礼たちの墓地教会でもあった）。

大祭の年には、「赦しの門《プエルタ・ペルドン》」と呼ばれる教会の北門が開門される。私たちもこの習わしに与かることにして、この一九九三年の大祭の年の長い歩きをここで終える。

このポンフェラーダからビエルゾまでの歩きをほとんど覚えていない。疲れと足の痛みで意識が朦朧としていたのだろうか。しかし、この「赦しの門」のビエルゾの習わしはいつも私の頭の片隅にあり、幾度となく萎えそうな気力を支えてくれ、この地まで歩き通すことができたような気がする。[45]

「赦しの門」（ビエルゾ）

45. ビエルゾの宿
・パラドール・ヴィラフランカ・ビエルゾ（Villafranca de Bierzo）、66～83ユーロ。
TEL：987 54 01 75
・ホテル・サン・フランシスコ（San Francisco）、1つ星、20室、35～48ユーロ。
TEL：987 54 04 65

ヴィラフランカ・デル・ビエルゾ・ツーリストオフィス
TEL：987 54 00 28

ヴィラフランカ・デル・ビエルゾ

Villafranca del Bierzo

→ アルツア

Arzúa

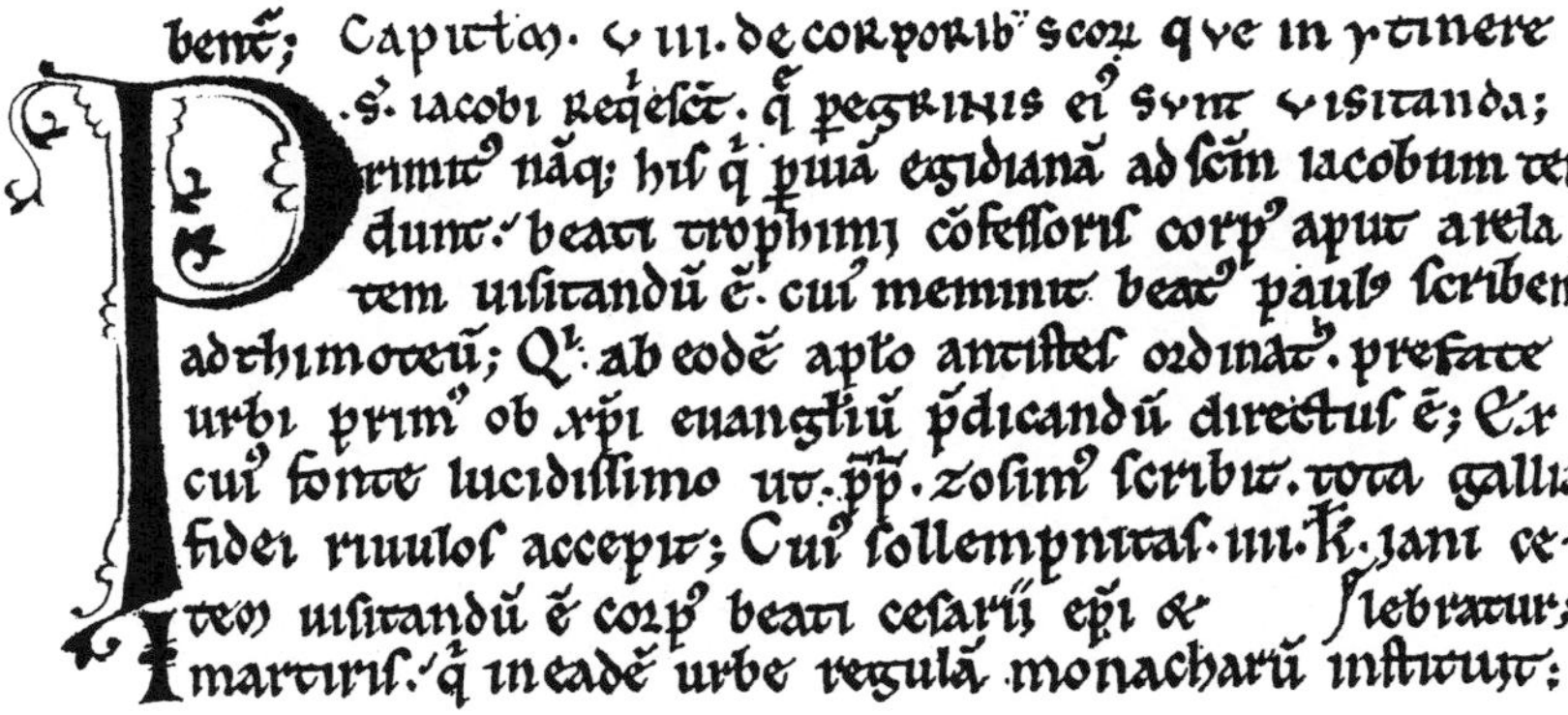
bent; Capitulum. VIII. de corporibus sanctorum que in itinere s. iacobi requiescunt. que peregrinis eius sunt visitanda; Primitus namque his qui per viam egidianam ad sanctum iacobum tendunt: beati trophimi confessoris corpus apud arelatem visitandum est. cui meminit beatus paulus scribens ad thimotheum; Qui ab eodem apostolo antistes ordinatus prefate urbi primus ob christi euangelium predicandum directus est; Ex cuius fonte lucidissimo ut papa zosimus scribit. tota gallia fidei riuulos accepit; Cuius sollempnitas .IIII. kalendas jani celebratur; Item visitandum est corpus beati cesarii episcopi et martiris. qui in eadem urbe regulam monacharum instituit:

1995年　夏　8月

ヴィラフランカ・デル・ビエルゾ ──→ ポルテラ

（Villafranca del Bierzo ──→ Portela　15 km）

バルセロナから夜行列車でポンフェラーダへ、そしてバスを乗り継いで、一昨年の終着点ヴィラフランカ・デル・ビエルゾに入る。ロカイーユ風造りの噴水が涼しげな、町の中心の公園には色とりどりの小さなバラが咲き乱れている。「花いっぱいだろう」とオジサンが声をかけてくれるが、この町ご自慢の公園なのだろう。

ビエルゾを発ち、ヴァルカルセ川沿いの自動車道を行く。栗の木と樫の木の林、ビチの「巡礼」の一群。熟年のカップルも混じって楽しそうだ。

サンティアゴ巡礼道、最後の難所といわれるセブレイロ峠越えを控えて大事をとり、ビエルゾから一五キロ地点のドライブイン[1]泊まりとする。部屋の窓の下は大きな駐車場。一晩中、長距離トラックが出入りする。

レオンの国を通過して、そして、イラゴ山とセブレイロ峠を越えるとガリシアの国に入る。ここでは田野は植林されており、川の流れが潤し、牧場があり、優れた羊飼いがいて、果物は美味しいし、湧き水も澄んでいる。しかし、町や村、それに耕された土地は稀である。小麦のパンやぶどう酒は豊かではないが、ライ麦のパンとシードル、家畜や乗用馬、牛乳と蜂蜜は広く見いだされる。人が釣り上げる海の魚はとても大きいが、数は少ない。金、銀、織物、毛皮、また、ほかの財宝がサラセンの豪華な

ビエルゾの古い通り

1．オスタル・ヴァルカルセ（Valcarce）、2つ星、54室、27～48ユーロ。
TEL：987 54 31 80

秘宝と同様に豊かである。

ガリシアの人々は粗野なイスパニヤのどの国の人よりも、その慣習において、我々フランス人にもっとも近い人たちである。だが、怒りっぽく、理屈っぽい。

（『巡礼案内の書』第七章「サンティアゴ巡礼道が通る地方の名前とそれら住民の気質」より）

このようにエムリ・ピコーが語るガリシア地方にいよいよ入っていく。

ポルテラ ――→ セブレイロ

（Portela ――→ O Cebreiro　15 km）

朝、早立ち。県道を一時間あまりたどり、川を渡って村道に入る。いよいよセブレイロ峠へ向かう。

急な上りが始まる。エニシダの群生する沢沿いの林のなかの道を、ぐんぐん高度を稼ぐ。湿潤な土地柄ゆえ道はぬかるみがちで、極力スリップをしないように心を砕く。道を踏み外すと、もんどり打って転がり落ちてしまう。足元に心を奪われていると、いつのまにか霧とも靄《もや》ともつかぬものに包まれている。「緑のガリシア」は、また「霧のガリシア」でもあるのだ。

広大無辺なあのオーブラックの野で霧にまかれて道に迷うのも恐ろしいことだが、この険難な上りで道を失うこともどんなに恐いことだろう。霧と雪の日には休みなく鐘が打ち鳴らされたというが、中世の巡礼たちにとって、その峠の修道院から聞こえてくる鐘の音は唯一の命綱であっただろう。

ほぼ三時間ほどで、レオン地方最後の村ラザーナ・デ・カスティーリャをすぎてガリシア州（ルーゴ県）に入る。急な斜面に放牧されている牛の群れ。子ども連れの牛追いの農家の主人に出会う。

いくつかの貧しい貧しい集落を通りすぎる。それとは対照的に、不必要なまでに整備されている五〇〇メートルごとの立派な「巡礼マイルストーン」。政府はサンティアゴ巡礼道に莫大な補助金を投入しているらしいが、このアンバランスは政治の歪みというわけか。

かってのケルトの地、セブレイロ峠は霧のなか。細かい雨、ほとんど視界なし。

唯一の巡礼宿「サン・ジラルド・デ・オーリャック」(2)は、フランス人巡礼グループで満室。宿の主人が村人の家へ案内してくれる。この土地特有の民家を改造したバル兼民宿。よく働く母娘が、温かいカフェを入れて歓迎してくれる。外は、本格的な雨。雨と霧の国、有名な「ガリシアの雨」の Bienvenida（歓迎）。

セブレイロ峠（一二九三メートル）

ガリシアは、カタルーニャやバスクと同じくスペインでも独自の言語と文化・伝統をもつ地方だが、ここセブレイロ峠にも、ガリシアに刻み込まれているヨーロッパ文化の古層ケルトにつながる古い住居がある。ガリシアで「パロサス」と呼ばれる、低い藁屋根の石積みの小屋である。その一つが、いまでは民族博物館になっている。自然の石を積み上げ

マイルストーンと筆者

パロサス（セブレイロ）

た低い壁に藁屋根が深々と覆い被さっていて、雪や風や寒さから守っている。内部は、明らかに人間と家畜とが同居していたことが分かる造りである。

一〇世紀後半には、この地にすでにサンティアゴ巡礼のための施療院があり、バレとギルュガンは巡礼道に生まれた最初の施療院の一つとして挙げている。一〇七二年には、アルフォンソ六世の命によりオーリャックのサン・ジェロー修道院の修道士たちの手にその管理・運営が委ねられたが、やがてクリュニー修道院の分院となった。このかつての修道院兼施療院は、現在は「サン・ジラルド・デ・オーリャック」と呼ばれる宿に変わっている。すぐ傍らに、プレ・ロマネスクの低い鐘塔をもつサンタ・マリア・ラ・レアル教会がある。パロサス同様、石を積み上げた石室のようなその小さいお堂の石壁は、いかにも長い風雪に耐えて古色蒼然としている。ここで、思いがけなく結婚式に出くわした。この土地の出身者かとも思ったが、参会者の一群を見ていると、一種のファッショナブルな感覚でここを選んだようにも思える。

教会のすぐそばで、パロサスを修理している老いた職人さんが、日がな一日ゆっくり、ゆっくり、いつ果てるともなく驚くべきほどの根気強さで石積みの仕事をつづけている。彼になついているピレネー犬の名を尋ねる私たちに、この寡黙な老人は笑顔を見せ「ペレグリーナ（女巡礼）っていうんだ。これで三人のペレグリーナが揃ったわけだな」と嬉しそうに言う。

セブレイロ峠のプレロマネスクの教会

2．オスタル・サン・ジラルド・デ・オーリヤック（San Giralde de Aurillac）、2つ星、6室、39ユーロ。
TEL：982 36 71 25

セブレイロ ──→ トリアカステラ

（O Cebreiro ──→ Triacastela　21㎞）

気温は低いがまずまずの天気のなか、セブレイロを後にしてトリアカステラに向かう。サンティアゴまであますところ一五〇キロである。

舗装道路、つづいてデコボコの山道を下って、また上る。下から霧が上ってくる。いっきにポイオ峠（一三三七メートル）へ。峠の山小屋で小休止、何組かの巡礼と一緒になる。峠からトリアカステラまでの一二キロをひたすら下る。また、膝が痛み出す。ほとんど踏ん張りがきかない、杖が頼りである。

トリアカステラの宿は空室なし。薬屋兼バルを営む家で部屋を貸してもらう。増えつづけているコンポステラ巡礼を当てにしてか、店舗の裏のつづきに立つ新築の二階の一室。二人で三〇〇〇ペセタ（約二五〇〇円）とはオスタル並みの料金である。

トリアカステラ ──→ サモス

（Triacastela ──→ Samos　10㎞）

トリアカステラから巡礼道は二つのルートをとる。一つは、樫、樺、栗などの林のなかの道をガリシアの小さな村々を越えていくルート。もう一つは、サモス修道院を経由するルート。サモス修道院は、中世の昔からのベネディクト会修道士たちによる巡礼受け入れ

セブレイロ村役場
TEL：982 36 71 03
トリアカステラ村役場
TEL：982 54 81 47

の伝統があって、いまも多くの巡礼たちが訪れることでよく知られている。

私たちもサモスへのルートをとる。サモスへ向かうウリビオ川に沿った県道634号、森や草地が緑に輝いている。一〇キロ余りで清流のほとりのサモス修道院に着く。一六世紀の大火とその後の火災で、ロマネスクからバロックに至るサモス修道院の本来の建物は失われてしまったらしいが、貧しい小さな村を通過してきた眼には、とてつもなく立派な建物が立ち並び、さながら城郭のようにも見える。修道院そばの、一階がバルの簡素なオスタル(3)に投宿。

清流のほとり、ポプラの大木に風がわたる、自然の美しさと静けさ。晴朗な谷間のこの地は、疲れを忘れさせるものがある。しかし、その起源が六世紀に遡るといわれる由緒あるこの壮大な修道院に一歩足を踏み入れてからの戸惑いと嫌悪感は、入り口をしきる尊大な態度の神に仕える人たちや、もったいぶって案内されて見る、大回廊上階の壁画の驚くべき醜悪さなどによって一気に膨れ上がった。

この世の「神の国」に安住しきっている修道士たち……。ものの本では、サモス修道院は昔から多くの巡礼を受け入れてきたといわれているが、修道院本山への受け入れはほとんど名門の人たちにかぎられていて、一般庶民の巡礼者は修道院が管轄する民家を宿舎としていたらしい。彼らの尊大な態度がどこから来るのか少し分かるような気がする、と思うのは考えすぎだろうか。

サモス修道院

サモス ―→ サリア　（Samos ―→ Sarria　13㎞）

早朝、晴れているのだが、空気は水分を含んで霧がかかっている。

ウリビオ川に沿った県道を行く。ビチの連中が「オラー！」、「ブェナスディアス！」、「ブェンカミーノ！」と声をかけ、次々と追い抜いていく。車は「頑張《アニモ》って！」というわけか、クラクションを鳴らす。栗、樫、樺、そして、ひときわ高いポプラ。牧草地で草をはむ牛たち。

三時間ほどでサリア郊外へ。ルーゴ県サリア郡の中心であるサリアは、鉄道駅もあるちょっとした地方都市である。[4] 旧市街の巡礼道の小さな通りを上りきったところに、ロマネスクのサン・サルバドール教会がある。北門タンパンの摩滅の激しいオランテ（祈る人）風のイエスは「パントクラトール」か。昼休みというわけか、ちょうど鍵を閉めようとしていたおばあさんが私たちを見てなかに入れてくれる。小さな聖堂だが、住民とともにいまも生きている空間で心が安らぐ。通りの向かいにある裁判所は、かっての巡礼のための施療院。

サン・サルバドール教会（サリア）

3．ホテル・ヴェイガ（Veiga）、1つ星、15室、30ユーロ。
TEL：982 54 60 52
オスタル・ヴィクトリア（Victoria）、1つ星、4室、24～36ユーロ。
TEL：982 54 60 22

4．サリアの宿。ホテル・アルフォンソ9世（Alfonso Ⅸ）、3つ星、60室、74ユーロ。
TEL：982 53 00 05

サモス修道院
TEL：982 54 60 46

サリア ──→ ポルトマリン

(Saria ──→ Portomarín　22km)

早立ち。エル・サルバドール教会にほど近い、中世の昔には大施療院、救護所であった聖マグダレーナ修道院の横から一気に下り、森のなかの巡礼道に入る。空気はしっとりとし、木立が太陽を遮ってくれてありがたいが、足元は石くれだらけで歩くテンポが狂う。それに、足へのダメージも大きい。しかし、前を行く若者たちは元気そのものである。歌ったり踊ったりしながら道をたどるドイツの男女。

貧しい貧しい集落をいくつもすぎる。村の道は泥と牛糞とが混じって粘り、靴にまとわりつく。人間と動物が、一つ屋根の下に一緒に生きている。

サリアからポルトマリン、パラス・デ・レイへとつづく巡礼道は、中世のガリシアがまだ息づいている。ポルトンマリンの近くに、サンティアゴ騎士団誕生（一一七〇年）の地、ロイオ修道院の跡がある。また、パラス・デ・レイへの道から少し奥に入ったところにあるヴィラール・デ・ドナス修道院は、かつてサンティアゴ騎士団の大拠点であり墓地でもあった。残された多くの石棺が、巡礼たちのために戦った彼らの姿をいまに伝えている。

あちらこちらに石が露出した牧草地を抜けると、忽然と、川向こうの高台に白く輝く町が視界に飛び込んでくる。ポルトマリンである。

ミーニョ川は貯水ダムとなっているのだが、そこに足がすくむほど橋脚の高い巨大な橋が架かっている。川底から数十メートルはあろうかという橋がポルトマリンに通じている

ヴィラール・デ・ドナス修道院（パラス・デ・レイ）

サリア町役場
TEL：982 53 10 01

のだが、すっぽり抜け落ちそうな、何とも心細い手すりがお愛想のようにつく橋を、下を見ないように渡り終える。ポルトマリンの町の中心の広場にサン・ニコラス教会が立つ。この教会は一九六二年にダムに沈んでしまった旧地区から、細心の注意を払って石を一つ一つ運んで再建されたものだという。

晴れやかな広々とした丘の町ポルトマリンの高台にある宿[5]のテラスから、遙か遠くに、越えてきた山々が連なっているのが遠望できる。

セブレイロを越え山岳地帯をすぎてきたのだが、「緑のガリシア」という言葉が紡ぎ出すイメージに騙されてはならない。太陽の光を遮ってくれる森林のなかの穏やかな下り道がつづくと思いきや、何の何の、いくつもいくつも小さな丘を越え、橋を渡り村々をすぎてゆく果てしない上り下りは、「足つぶしの道」とも呼ばれているのだ。牧草地帯も、緑の海に隠された岩礁のように、淡い牧草の間のところどころにいかにも硬そうな岩盤がのぞいている。牛の数が少ないはずである。

ポルトマリン ──→ パラス・デ・レイ

（Portomarín ──→ Palas de Rei　24km）

早立ち。ポルトマリンの町はずれ、ダムの奥にかかる小さな橋を渡るとまた上りが始まる。途中、県道565号と合流し、ゴンザルそしてオスピタル村をすぎ、ベンタス・

サン・ニコラス教会（ポルトマリン）

5．ホテル・ポサーダ・デ・ポルトマリン（Pousada de Portmarín）、3つ星、34室、75～82ユーロ。
TEL：982 54 52 00

ポルトマリン町役場
TEL：982 54 51 04

デ・ナロンまで三時間ほどをノンストップで行く。この集落近辺は、九世紀にイスラムとキリスト教軍の大戦場となったという。ここから峠（七五六メートル）まで、丘の上のパノラミックな道がつづく。丘陵や野に陽があたり、樹木や草花が輝く。オーヴェルニュを思い出させるものがあるが、大気の違いが決定的である。緑のトーンが重く黒ずんでいる。

歩く人がぞくぞくとつづく。ブラジルからの人がとにかく多い。一九八七年にかの地で出版された、パウロ・コエーリョの『星の巡礼』（山川紘夫・山川亜希子訳、地湧社、一九九五年）の影響か。イギリス人の二人づれ、スペインのグループ、フランスの高校生たち。その高校生たちは、伴走しているマイクロバスに次々と拾われている。最初から歩く心構えができていないのだろう。

ポルトマリンから約二四キロ地点にある、パラス・デ・レイの町はずれのオスタルに投宿[6]。裏の畑で、ニワトリが走り回っている。

一九九三年の「大祭」の年をきっかけとして、この数年間にガリシア地方の巡礼道は大変貌を遂げた。道は、村の小さな通りや広場に至るまで整備され、多くの橋が改修されたり、新たに架け直されたりした。標識や表示の類が完備の方向を目指し、インフォメーション・オフィスの数が増えている。そして、何よりも増えたのが救護所である。何と、ガリシアの行程一八〇キロ余りのところに二十ヶ所近くもあり、それもほとんどが新設である。この過剰とも思える整備のされ方にガリシア政府の力の入れようがうかがえるのだが、そのために何百億という補助金がつぎ込まれたという[7]。

新しい救護所（セブレイロ）

6．オスタル・ヴィラリーニョ（Vilaniño)、1つ星、15室、27～36ユーロ。TEL：982 38 01 52

7．1999年の大祭を前にして、ガリシア州政府の救護所整備は一段と拍車がかかり、「銀の道」、「北の道」、「フィニステーレの道」などに新たに20数ヶ所の救護所が設立された。

パラス・デ・レイ ──→ メリデ

(Palas de Rei ──→ Melide 15㎞)

朝、オスタルを後にし、すぐそばのロシャン川を渡って小さな集落をいくつかすぎ、一時間余りでカサノバ村に着く。県道を横切ってしばらくすると、目前にこれからたどろうとする道のパノラマが広がる。いよいよ巡礼道は県境を越え、ガリシア最後の県ラ・コルーニャに入る。

巡礼のための施療院が一九世紀まで機能していたという中世の雰囲気を残す村レボレイロをすぎ、気持ちのいい道がつづく。森を抜けて、フレロス川の谷に下りる。それから二〇分ほどの上りでメリデの町に着く。

町は夏祭りの真っ最中。町の大通り、といっても端から端まで歩いても一〇分とかからないのだが、屋台が並んで人でごった返している。人垣からのぞいてみると、ガリシアの名物料理「プルポ・ガリエゴ」(ガリシア風タコ料理)が屋台に並び、飛ぶように売れている。傍らの大釜でどんどんゆで上げられた大ダコは、片っぱしからハサミでブツ切りにされて木皿に盛り分けられていく。その上にオリーヴ油をたっぷりかけ、パプリカを振りかける。木皿を何杯となく鍋で買っていく人、通りの真ん中にデーンと置かれた木の横長のテーブルと長椅子、そこでプルポに舌なめずりする人々、その周りで走り回る晴れ着姿の子どもたち、まさに歩行者天国である。その大通りを少しなかに入ったところの、バル

パラス・デ・レイ町役場
TEL：982 38 00 01

兼オスタル(8)に泊まる。

メリデ ──→ アルツア

（Melide ──→ Arzúa　14km）

早朝、町の中心から一気に下ってサンタ・マリア地区へ。一二世紀のサンタ・マリア教会が立つ。しばらく行くと、ユーカリの木立が目立つ大きな森に入る。ユーカリの香りがする深い森のなかにライド・バレイロ川の清流。木漏れ日に水がきらめき、やわらかな緑のトーンに包まれた静寂。思わず足を止めてしまう。

ユーカリ、樫、松の林、小さな谷間、小川、ときどき交差する県道547号、上り下りの繰り返し。ボエンテ・リバの村をすぎ、途中、エムリ・ピコーが記しているカスタニエーダ村を経てアルツアへ向かう。

エムリ・ピコーは、『巡礼案内の書』第三章「サンティアゴ巡礼沿いの町や村の名前」で、次のようなサンティアゴ巡礼のしきたりを語っている。

巡礼はトリアカステラで一個の石灰石を受け取り、カスタニエーダの窯まで携えて行かねばならぬ。それらの石はコンポステラ大聖堂をはじめとし、聖ヤコブの道をたどる巡礼たちのための、あらゆる建造物に用立てられるであろう。

8．ホテル・カルロス（Carlos）、1つ星、12室、27～33ユーロ。
TEL：981 50 76 33
オスタル・シャネイロⅡ（Xaneiro Ⅱ）、2つ星、24室、21～27ユーロ。
TEL：981 50 61 40

メリデ町役場
TEL：981 50 57 06

アルツアに着いて、町役場でスタンプをもらう。

宿⑨は、町を通り抜けた国道547号沿いに立つ。入り口を入ったときから、最近オープンしたばかりだということを考慮に入れても馴れない奇妙な清潔感が漂っている。これまでの道中の宿には決してなかったものだ。話してみると、オーナーはスイス人、奥さんはスペイン人という夫婦であった。スイスの職場で知り合い、彼女の郷里に戻って開業したという。宿の隅々まで清潔さが行き届いていて馴染みにくいのだが、落ち着いてみるとやはり気持ちがいい。それに、オーナーの奇妙ななまりのスペイン語も愛嬌があって楽しい。宿の前庭には、EU、スペイン、ガリシアの旗と並んで、翩翻《へんぽん》と翻るスイスの国旗。

ここで、思いがけずMの母上の急変を聞く。風にそよぐポプラを見つめていた、アルツアのつかの間の午後。

慌ただしく宿を後にし、マドリッドに向かう。近くに公衆電話があったこと、空港に近かったことなど、すべてが幸いした。翌朝、Mは日本に発ち、私はバルセロナに向かい、この夏の「歩き」は終わる。

9．ホテル・スイサ（Suiza）、2つ星、10室、45～54ユーロ。
TEL：981 50 08 62
オスタル・メソン・ド・ペレグリーノ（Meson do Peregrino）、1つ星、5室、18～30ユーロ。
TEL：981 58 08 30

アルツア町役場
TEL：981 50 00 00

アルツア ⟶

Arzúa

サンティアゴ・デ・コンポステラ

Santiago de Compostela

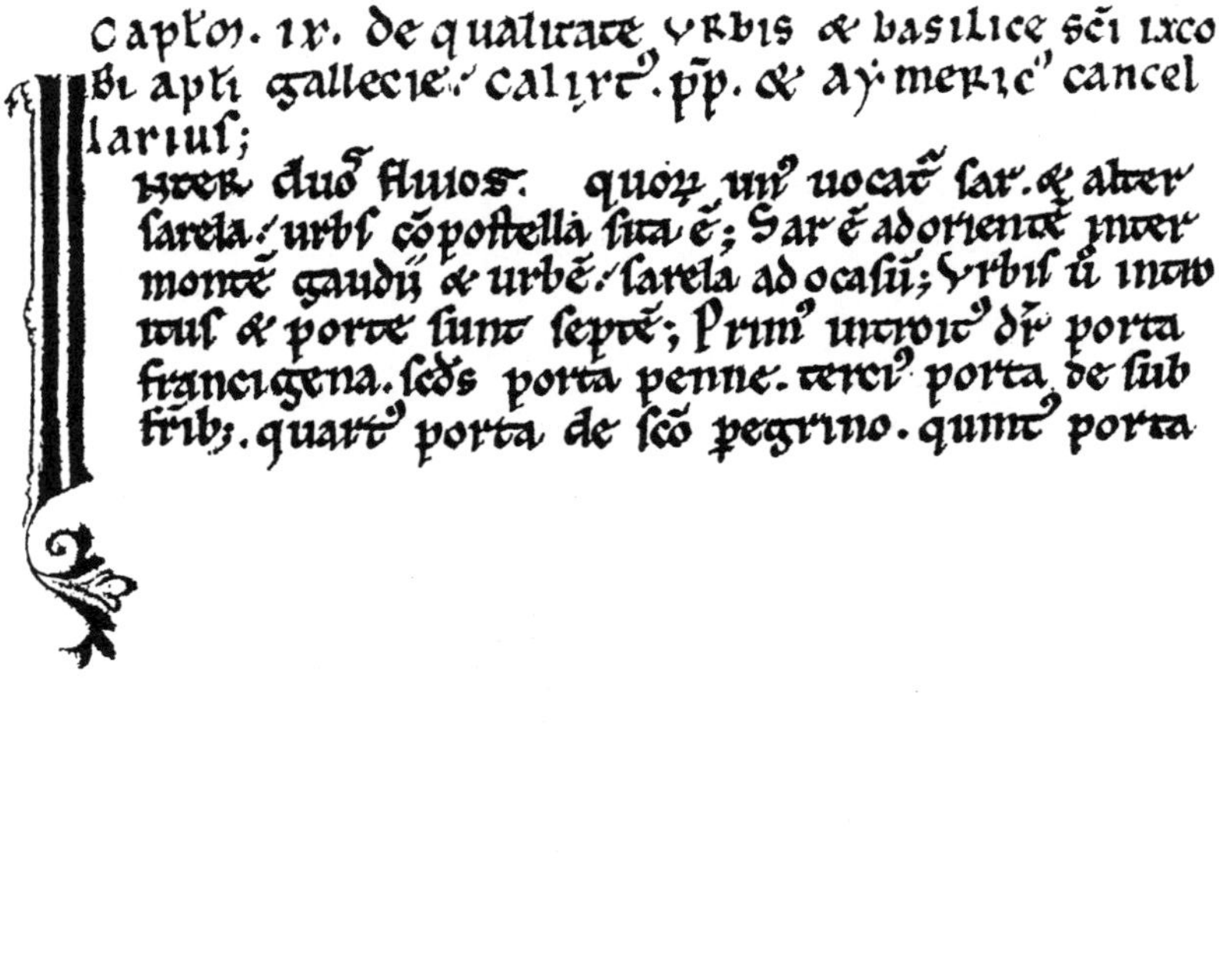
Capl'm. ix. de qualitate urbis & basilice sci iaco
bi apli gallecie. calixt. pp. & aymeric cancel
larius;
Inter duos fluuios. quorum un' uocat sar. & alter
sarela: urbs copostella sita e; Sar e adoriente inter
monte gaudiu & urbe. sarela adocasu; Vrbis u introi
tus & porte sunt septe; Prim' introit' dr porta
francigena. scds porta penne. terci' porta de sub
frib;. quart' porta de sco pegrino. quint' porta

1996年　夏　8月

アルツア ――→ ルア

（Arzúa ――→ Rua　19㎞）

アルツアの「ホテル・スイサ」に再登場した私たちにオーナー夫婦が驚き、大歓迎してくれる。

翌朝早く、部屋でサンドイッチと牛乳の朝食をとる。オーナー夫妻の好意で、昨夜のうちにつくっておいてくれたものである。

怪しげな空模様、いまにも降り出しそうな雲行きのなかを出発。ガリシア地方の朝はいつもこんな風で、晴れているかと思うといつの間にか霧が流れ始め、細かい雨になる。ガリシアの道をたどるには雨具は欠かせないのだが、一日のうちに猫の目のように変わる天候をものともせず、少々の雨ならそのまま歩きつづける巡礼も多い。

三〇分ほどで、ポンテラドロンの小川。その昔、人気《ひとけ》のないこのあたりは、追いはぎたちが巡礼を待ち構えて襲うのには恰好の場所だったようだ。その名もラドロン（盗っ人）川を無事渡り、ユーカリと樫、松林のなかを上る。途中にそそり立つユーカリの大木。こんな大木のユーカリを初めて見る。

霧雨のなかの歩き、気温が低いから体が冷えてくる。途中の救護所から出発してきた若者たちのグループがどんどん追い越していく。単独行の二人の女性、どうやら一人はカタルーニャ人らしい。彼女は二メートルもあるかと思うほどの凄い巡礼杖《ブルドン》を担いでいて、その先端が鋭い金属性の矛《ほこ》になっている。まさに、武器というに相応しい。単独行には、このくらいの用心をするに越したことはない。道中の野犬や、我が家のテリトリーを守ることに忠実な飼い犬がいつ襲いかかってくるか分からない。サンティアゴ・デ・コンポステラに着いてから知ったことだが、巡礼のレイプ事件も起きている。ブルドンは、いつの時代も巡礼を守る唯一の剣である。

昼前、ルアの国道沿いのオスタル(1)に着く。霧雨のおかげですっかり濡れてしまう。気温が一気に下がり冷たい。

日曜日なので食堂は休業なのか、宿の主人がのんびりと新聞を広げている。昼食がとれるかと尋ねてみると、料理人に聞いてみるといって奥に入っていたが、やがて現れたのが女料理人《コシネラ》、つまり奥さんであった。小柄な色白の彼女がテキパキと、ロシア風サラダ、舌平目の塩焼、ガリシア風鱈煮込み、そして赤ワイン一本という豪華メニューをアッという間に用意してくれる。

夜、夕食に行くと、常連の長距離トラックの運ちゃんたちで食堂は満杯である。野菜サラダ、フィレンツエ風骨つきステーキ、女料理人特製のデザート、マチェドニア、いずれも本場イタリアをしのぐ味で大満足。

明日は、いよいよ最終地点サンティアゴ・デ・コンポステラ。前夜祭に相応しい食卓に心から感謝する。

1．ホテル・オ・ピノ（O Pino）、1つ星、14室、30～36ユーロ。
TEL：981 51 11 48

ルア ──→ サンティアゴ・デ・コンポステラ

（Rua ──→ Santiago de Compostela　20㎞）

朝、コニャク入りカフェをひっかけて歩き始める。と、すぐに、ルアの町外れの体育館を宿としていた中・高校生の一団が出てくる。巡礼行のスペインの中・高校生である。荷物はバスが運ぶのだろう、空身《からみ》の彼らはゾロゾロとだらしなく、ある者はふざけ合いながら歩いている。その彼ら一行を追い越し、しばらくすると背後からザッ、ザッ、ザッという歩調をとっているような足音。振り返ると、隊列を組んだ半パン姿の若い男女十数名が迫ってくる。脇によけた私たちには目もくれず、このドイツからの巡礼者たちは通りすぎていく。何というコントラスト、何という国民性の違いだろうか。

ユーカリの林のなかを上ったり下ったり。木立の間から、コンポステラ空港の滑走路が見え始める。空港のフェンス沿いの小道をしばらく行くと、かの有名なラバコーヤ川。聖都コンポステラを目前にして、巡礼たちが長途の旅の汚れを洗い落としたといわれるあの川である。「木の茂みのあるところを流れる川」とエムリ・ピコーが記す川も、いまでは空港の敷地から丸見えで、ピコー言うところの「股洗い」どころか身づくろいさえやりにくい。それに、川というよりは細い用水路になり果てている。

急な坂を上っていくと、前方にテレビ塔。そこはもう「歓喜の山」、モンテ・デル・ゴーソである。コンポステラの方向になだらかな裾野を広げるこの丘の一帯は、いまでは

「サン・マルコス地区」と呼ばれ、ガリシア政府によってまるで国民休暇村のように整備されている広大な緑地帯である。そこに、サンティアゴ巡礼者たちを受け入れるための簡易宿泊所がズラッと立ち並ぶさまは壮観でさえある。それだけでなく、近代的な食堂、カフェテリア、スーパーも揃っている。すぐ近くには、アウトドアー志向の人たちのキャンプ場も用意されている。その景観は、中世の巡礼たちが見たら腰を抜かすだろう。

遙かな旅路を経て、やっとの思いでたどり着いた巡礼たちの前に、初めてサンティアゴ・デ・コンポステラの大聖堂が姿を現すこの丘。中世の巡礼たちが長途の疲れを忘れて、我を競って駆け上ったといわれる丘である。歩行者は履物を脱ぎ捨て、騎乗者は馬から降りて……。グループのなかで一番乗りした者はいつのころからか巡礼の「王」(ル・ロワ、あるいはロワ)と呼ばれ、子孫までそれを名乗ることが許されるしきたりがあったという。彼らが思い描きつづけてきたその大聖堂が、目の当たりに見えるのである。これは、もはや幻影ではない。

道中、疲労の果てに何度幻影を見たことであろう。大聖堂を目の前にして、彼らは感激のあまり涙し、抱き合い、そして歓びの歌を唱和したのである。

サンティアゴ・デ・コンポステラ

サン・マルコス地区の開発ぶりもさることながら、丘を下ってサンティアゴ・デ・コンポステラの町に近づくにつれて都会の喧騒と混沌が渦巻く。

無秩序に開発された丘下の新興住宅地、工場、国道、車の波、排気ガス、埃、軒を連ねる観光客目当ての土産物屋に食堂、そしてその呼び込み。まさに門前町である。車に神経をとがらせながら、都会なみの雑踏を行くこと一時間。ようやく、ペドロ通りからプエルタ・デル・カミーノ広場にたどり着く。昔、ここで新しい大司教に市の鍵がわたされたという旧市門のあるところである。

サルバドール・プラガ広場、アニマ広場、建物と建物との間から間近に大聖堂の塔が見え始める。セルバンテス広場からアサバチェリア通りに入り、すぐ左、その名もヴィア・サクラ（聖なる道）からまっすぐに大聖堂後陣にある「聖なる門《プエルタ・サンタ》」に出る（大祭の年にしか開かない）。

このキンターナ広場からすぐ横のプラテリアス広場を通り、大聖堂正面オブラドイロ広場に出ると、広い広い空間に巨大な大聖堂がそそり立っている。正面の階段を上って、名匠マテオ(2)の「栄光の門」をくぐる。そして、祭壇にまっすぐ向かう身廊へ。身廊の一隅にリュックを下ろして、傍らの椅子に腰かける。やっと、たどり着いた。

サンティアゴ・デ・コンポステラ大聖堂

サール川のほとりで使徒ヤコブの墓が発見された後、アストゥリアスの王アルフォンソ二世貞潔王（在位七九二〜八四二）は、その墓を守るために「石と粘土」の小さな聖堂を建てさせた。その聖堂を中心に町なみが造られていくのだが、イリア・フラビア（現在のエル・パドロン）の司教であったテオドミルスは、この聖なる地を防衛するために城壁を張り巡らせた。ここに、コンポステラの都市としての最初の核が誕生する。

聖なる門

2．エステバンの工房の流れを引くであろうといわれる彼は、1168年に大聖堂の建立に加わり、1188年までに「栄光の門」を完成させ文字通り不滅の名を残した。その後も、1217年まで約50年間大聖堂の仕事を続ける。

サンティアゴ・デ・コンポステラ大聖堂

アルフォンソ三世（在位八六六～九一〇）の時代に「石と粘土」の小さな聖堂は、元の形を保ちながらも、もっと大きい大理石の美しい聖堂に建て替えられた。大理石は、イスラムの軍勢をものともせず海路で運ばれたものであったという。今日、大聖堂の美術館の地下室で、この時期のものと考えられている数々の石を見ることができる。

一〇世紀の終わりごろ、ノルマンがガリシアの海に近づく一方で、コルドバのカリフがレオン王国を攻めるために幾度となく攻勢を仕掛け、九九七年にはイスラムの将アルマンスールがほとんどの住民が逃げ去ったこの町を略奪し、聖堂とともに徹底的に破壊し尽くした。だが、恐れからか、墓には手をつけなかった。廃墟のなかから直ちに再建されたが、その後、ノルマンやイスラムの恐怖が遠のくとともに増えつづける巡礼たちで聖堂は溢れ返り、ごった返し、手狭になっていた。

一〇七五年、ときのカスティーリヤ・レオン王アルフォンソ六世は、ほかの巡礼地のいかなる諸寺にも優る聖堂の建設を企て、司教ディエゴ・ペラエス(3)に命じ、新しい聖堂建設の計画を推進させた。建設工事の仕事は、一二一一年の聖別式にこぎ着けるまで三つの時期にわたっている。

第一期工事の段階（一〇七八～一〇八八）では、アルフォンソ七世の重臣でありディエゴ・ヘレミレスの片腕であった棟梁ベルナール親方の監督の下に、後陣祭室と周歩廊の工事および南翼廊扉口の建設が本格的に始まる。第二期工事（一一〇〇～一一六五）では、一一〇〇年にペラエスの跡を継いで司教となったディエゴ・ヘルミレスが指揮を執り、アルフォンソ六世の不興を買って失脚したペラエスの不在で頓挫していた工事を再開させた。

3．コンポステラ司教。在位1069～1088。アルマンスールによる破壊後のコンポステラ大聖堂の建築工事は、優れたリーダーであった彼の指揮のもとに始まる。しかし、1088年、アルフォンソ６世の不興を買って司教職を解かれ、牢につながれる。大聖堂建立は中断、その再開には、もう一人のディエゴ、偉大なヘルミレスの登場を待たねばならない。

4．11世紀から12世紀初頭にかけて、この謎の石工は素晴しい業をパンプローナ、レオン王国（サン・イシドロ聖堂）、そしてコンポステラ（プラテリアス門）に残す。

この段階では、主祭室と周歩廊と内陣の仕事があらまし終わり、名匠エステバン[4]とその工房による「銀細工師門《プラテリアス》（南翼廊扉口）」が落成している。

一一三〇年代の終わりごろ、エムリ・ピコーがコンポステラにたどり着いたときには、彼の『巡礼案内の書』第九章「ガリシアの聖都とサンティアゴ大聖堂の特性」からうかがえるように大聖堂はほぼ完成していたと見ることができる。だが、今日、コンポステラ大聖堂を訪れようとする者ならまず第一に目に浮かべるであろうあの有名な「栄光の門」を、彼は仰ぐことはできなかった。その制作者である名匠マテオ自身の手によって置かれたといわれるまぐさ石の碑文によると、彼が仕事を終えたのは一一八八年のことであったからである。第三期工事（一一六五～一二一一）において、名匠マテオとその工房が大聖堂の建物全体を完成させ、一二一一年四月三日、サンティアゴ・デ・コンポステラ大聖堂はレオン王アルフォンソ九世（在位一一八八～一二三〇）臨席のもと、大司教ドン・ペドロ・ムニュイスによって聖別式が執り行われたのである。

栄光の門

オブラロイド広場から階段を上ってバロック様式の正面《フサード》を入ると「栄光の門」がある。その夥しい数の彫刻群は、圧倒的で一瞬目潰しにあったような感じさえ受ける。しかし、落ち着いてつぶさに見ている間に視野が収まり、言いようのない美しさに打たれる。とくに、中央に座す聖ヤコブは優しさを加えて際立っている。彫刻群はスペイン・ロマネスクを代表するものであるが、全体的に彫りが深くゴシック的性格をうかがわせる。

栄光の門

三つある扉口は聖堂の三廊形式と対応していて、タンパンのある大きい中央扉口は身廊に、左右はそれぞれ両側廊に導く。中央扉口はキリスト教会に捧げられ、左はシナゴーグ、つまりユダヤ教会を、そして右は異教の世界を表す。それらの扉口全体を被う彫刻群は旧約聖書と新約聖書からその発想の源泉を得ていて、キリスト教の精神と魂の真の生成を目の当たりにすることができ、見つめる巡礼たちは聖書の物語るところを確信するだろう。

仰ぎ見るタンパン中央には、傷口もあらわな贖い主としてのキリストが座し、その周りをそれぞれの象徴動物を抱えた四人の福音記者と香炉を持つ二人の天使が取り囲む。下のほうには「受難」の象徴である十字架、茨の冠、釘、槍などをもつ天使たち。アーキヴォルト（迫持飾り）[5]には、香料壜や楽器を持つ「黙示録」の二四人の長老たち。

中央扉口の左右には、「あまのじゃく」を想起させる幻想的な動物を台石とする支柱が並び、左側にはエレミア、ダニエル、イザヤ、モーゼという律法の預言者たち、右側には聖ペテロ、聖パウロ、聖ヤコブ、聖ヨハネというキリストの使徒たちが刻まれている。これら列柱彫刻のなかでも、ほのかな微笑みを浮かべる預言者ダニエルの像は、フランスのランス大聖堂のかの「微笑の天使」を予兆させるものを感じさせる。

中央柱《トリュモー》には頭柱に「三位一体」が、そして扉口左右に彫られた預言者や使徒たちと同じ高さのところには、右手に長い杖を、左手に「主が我をつかわせり」と書かれた巻子を持つ、親しく巡礼たちを迎える慈愛に満ちた聖ヤコブの座像が刻まれている。聖ヤコブを支える台柱には、キリストの系譜を樹木の形態を借りて図像化した「エッサイの樹」が表されている。その裏側には土地の人々が親しく「ごっつんの聖者」と呼んでいる男の跪座像

「栄光の門」の聖ヤコブ

5．アーチの外周に沿ってつける装飾縁。

が彫刻されていて、それが名匠マテオその人であるといわれている。いい伝えによると、その男の彫像の額に三度頭をぶつけるとマテオの才能にあやかれるという。

この方たちは生きているのでしょうか、ほんとうに石なのでしょうか？
この真実味溢れる表情、
すばらしいチュニック、
生々としたその眼差しは？
（ロサリア・デ・カストロ[6]の詩『新しい葉』「カテドラルにて」より）

その昔、巡礼たちはこの門に立ち、旅立つことを心に決めさせた熱い渇望と響き合うものを、また長い道中さまざまな困難と苦痛に耐えさせた救済への思いの報いを目の当たりにして、聖なるものの現存と自分の信仰を確認したにちがいない。彼らの熱い思いの跡が、「エッサイの樹」の台柱の石に長い歳月の間に穿たれた五つの小さな窪みである。長い道程を歩きつづけてやっとたどり着いた巡礼が、聖ヤコブの像を前にして跪き、倒れ込む体を支えることもあったであろう手の五本の指の跡であるその五つの窪み。いったい、何十万、何百万の巡礼たちがここに手を置いたことだろう。幾世紀にもわたる巡礼の祈りと万感の思いの跡である。

いまでは、大聖堂を訪れる人々は徒歩であろうとツーリスト巡礼であろうと、そこでまず祈りを捧げるのが慣習となっていて、「聖年」の年にはそのため長い行列が途絶えるこ

五つの指の跡

6．1837～1885。スペイン・ガリシアの女流詩人。ガリシアの深い魂、その風土と歴史をメランコリックを湛えて歌う。代表的詩集に『新しい葉』、（Follas novas, 1880）『サール河の岸辺にて』（En las orillas del Sur, 1884）などがある。

とがない。遠い昔の巡礼の心と現代の私たちが、次元を越えて一つに結ばれる場所であるのかもしれない。

「栄光の門」から一歩足を踏み入れると、高い天井をもつ広い堂内に導かれる。エムリ・ピコーは『巡礼案内の書』の第九章のなかで「この聖堂には、いかなる瑕疵《かし》もいかなる過不足もない。聖堂は大きく、広く、明るく、その規模において長さ、幅、高さがよくつり合い、実に調和がとれていて、名状し難い見事な石積みで建造されている」と讃え、「聖堂は……より大きい一つの頭、一つの冠、一つの身体と二本の腕 そして、八つのそのほかの小さな頭をもっている……」と記すが、「頭」は聖救世主の祭室を、「冠」はその祭室をグルリと囲む周歩廊を、「身体」は身廊を、「二本の腕」は翼廊を、「八つの小さな頭」は後陣の小祭室を指している。これはフランスのコンクのサント・フォワ聖堂やトゥールーズのサン・セルナン聖堂[7]と同じく、押し掛ける巡礼たちが祈りを捧げるために容易に祭室を順序よく巡ることができるようにとの配慮をもつ、いわゆる「巡礼路教会」の特色を備えていることが分かる。身廊の高い石造り天井や交差部を中心に三廊形式のたっぷりとした翼廊、放射祭室に沿う周歩廊、その周歩廊に囲まれた壮麗な内陣など、スペイン・ロマネスクのなかでも広大にして簡潔に築き上げられた構造は、建立当時のままの姿をとどめているといえるだろう。

身廊に足を踏み入れてまず目を奪われるのは、後陣を前に大きく立ちはだかって

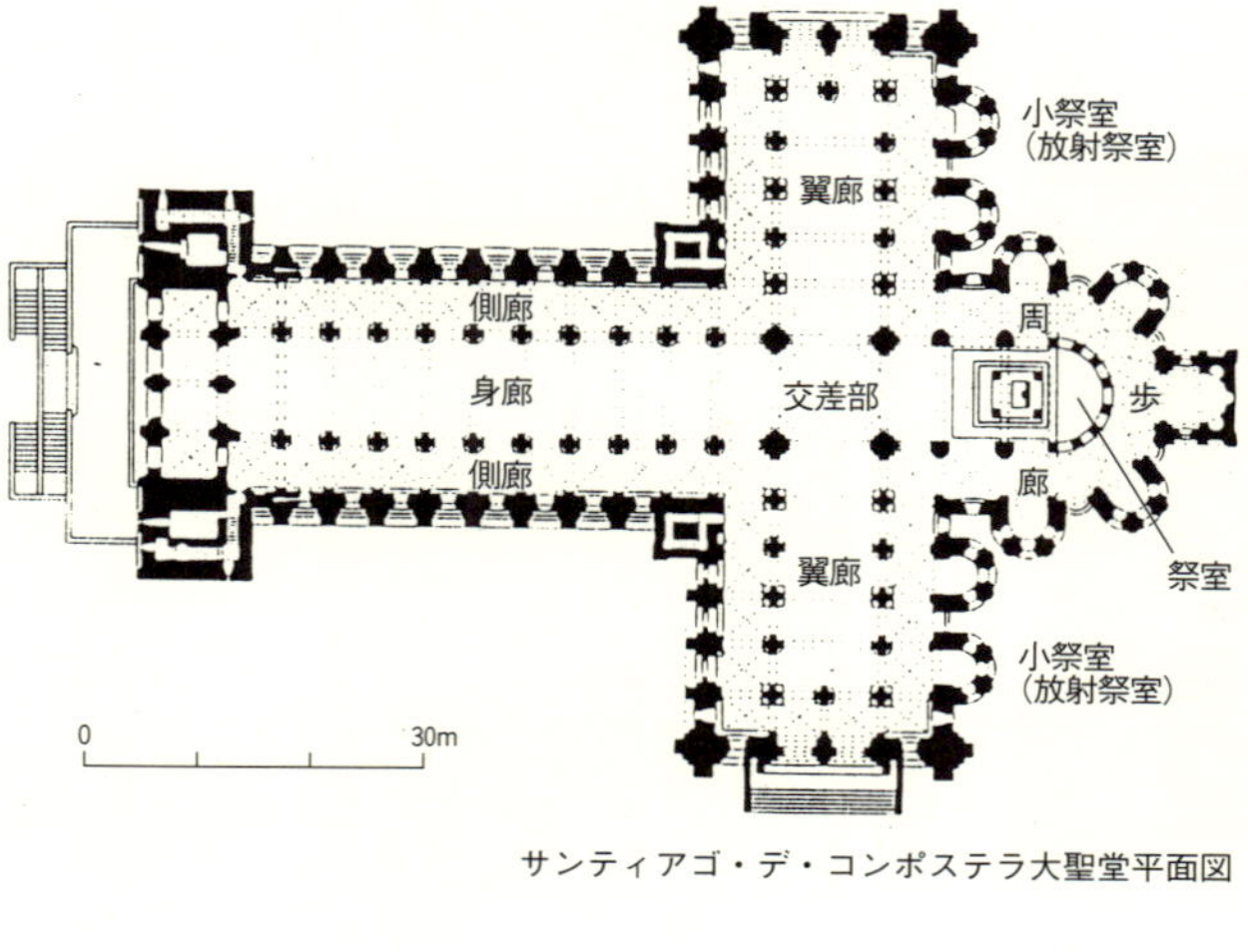

サンティアゴ・デ・コンポステラ大聖堂平面図

いる目映いばかりの中央大祭壇である。中央に聖ヤコブが鎮座するバロックのこの大きな祭壇は、金色に燦然と輝き、その壮麗さに圧倒させられる。その壮麗さこそが、次から次へと切れ目なく到着する巡礼の群れとの相乗効果でこの内部空間をかぎりなく活気づけているのであろう。中央大祭壇の周りは、いつもいっぱいの人だかりである。

大聖堂を訪れた人たちにとって、欠かせないことが二つある。その一つは、「栄光の門」の五本の指跡に自分の指を重ねて膝まずくこと、もう一つは中央大祭壇の後ろから通じる階段を上って、背後から聖ヤコブ像に抱きつき口づけをすることである。

長い道程を歩いてようやくたどり着いた巡礼たちは、「栄光の門」のあの指跡に指を押し当てて膝まずいて祈るのがやっとで、それからしばし身廊の後方でリュックを下ろして茫然と立ちつくすか、椅子か床に腰を下ろして放心したようにぼんやりとしている。中央大祭壇に近づくのも、堂内を一巡するのも、「コンポステラ」（巡礼成就証明書）の授受も、ミサに預かるのも、記念撮影をするのも、すべてはそれからである。

その昔には、長途の旅から心ならずも襤着《ぼろぎ》をまとって汗と体臭にまみれた巡礼たちで溢れ返った聖堂内部に漂う異臭を消すため、いわば燻蒸《くんじょう》の役割もしていたにちがいない大聖堂の有名な「ボタフメイロ」(8)（巨大な吊り香炉）は、今日では特別な日のミサのときにだけに使われる。八人のティラボレイロス（滑車の綱を引く人）によって揺り動かされるそのダイナミックなスペクタクルな光景は、ミサの荘厳さをいっそう高め、やがてボタフメイロから立ち昇る香りが聖堂内に満ち広がっていく。

ボタフメイロ

7．トゥールーズ初代司教となり、250年頃殉教した聖セルナンに捧げられた聖堂。サンティアゴ・デ・コンポステラへの巡礼道に沿ったロマネスク聖堂の代表的なものの一つ。いわゆる「巡礼路教会」の一つ。

8．高さ1.8メートル、重さ60キログラム。滑車で天井から吊り下げられた巨大な香炉は8人の綱の引き手たちによって操られる。身廊の端から端までとどくようにと綱を引き、香炉のダイナミックな振幅を必死でコントロールしようとする彼らの体は半ば宙に放り投げ出されたようになる。

銀細工師門《プエルタ・デ・ラス・プラテリアス》

「聖年」の年にかぎって開かれる「赦しの門《プエルタ・ペルドン》」、またの名「聖なる門《プエルタ・サンタ》」のあるキンターナ広場を控えたところにある大聖堂南側の扉口は「銀細工師門」と呼ばれているが、この名はその昔、その門前に銀細工師の工房が立ち並んでいたことに由来する。

二つのアーチをもつロマネスクのこの扉口の浮き彫り彫刻は、一一一七年の火災および西門や北門の改築によってここに移されたものもブロックさながらにパズルのように嵌め込まれて全体が形成されていて、雑然とした印象を免れない。「パズル」のタンパンから主題を読み取ろうとすることは、石の傷みも激しく私たちには難しい。とはいえ、これらは、遠くコンクのサント・フォワ聖堂のタンパンやトゥールーズのサン・セルナン聖堂の優れた作品を思い起こさせる。とくに、左側の壁にあるアーチの玉座に座る「ダヴィデ王」の浮き彫りは、その衣の襞《ひだ》といい、組んだ脚のX字形のさまといい、量感がありながら優美なその姿態は私たちを引きつけて離さない。「聖ヤコブの御業を石に語らしめた人」といわれる名匠エステバンが、トゥールーズをはじめアラゴン王国やナバラ王国での仕事の成果を「銀細工師門」につなげ、いっそう輝かしいものとした証をこの美しい「ダヴィデ王」の像は示しているといえよう。左手にレベックを、右手に弓を持つ「ダヴィデ王」の手から、奏でる音楽の響きすら聞こえてくるような気がする。

今日、私たちが目にするこの壮麗な大聖堂は、その後数世紀の間にさまざまな様式を取り入れながら拡張されてきたのであるが、とくに、この建物に記念碑的性格を与えている

銀細工師門

「ダヴィデ王」の浮き彫り

のは、一八世紀前半のガリシアの建築家フェルナンド・デ・カサス・イ・ノボア(9)の手になる巡礼たちの凱旋門として構想されたというバロック様式の西側ファサードであろう。高さ七〇メートルに及ぶ二つの塔はあたかも栄光の番人のごとく、巨大な硝子面をもつ左右相称の軽快な姿形を天空に聳え立たさせている。前面に施された彫刻群の見事さは、雨や太陽や霧などガリシアの自然に長い間曝されて古色の美しさを加えこそすれ、全体の上昇感や軽快さを奪うものは何もない。中央部の頂上に巡礼姿の大ヤコブが立ち、全世界からやって来る巡礼たちを迎える。

昇る太陽の朝焼けの朱色に染まる空を背にそそり立つ黒々とした大聖堂、はたまた夏の黄昏と夜のはざまの濃紺の空に没しながら残照を受けて黄金色に輝く大聖堂、低く垂れ込めた真冬の空に突き刺さったような透明な鉛色の、まさに「凍れる音楽」そのもののような大聖堂、季節によって、時間によって、オブラドイロ広場から見る大聖堂はさまざまな相貌を現す。どの相貌《そうぼう》も壮麗であることに変わりはないが、ガリシアの風土のせいか、西の果てというトポスのせいか、その壮麗さにはある種の哀愁がいつも漂っている。

巡礼が次々と到着する。

一年を通して、毎正午に行われている巡礼のためのミサが始まる。ミサが終わり、一般信徒と巡礼たちとともに聖堂南扉口を出てサンティアゴ巡礼センター(10)に向かう。センターは、由緒ある建物の二階にオフィスを設けている。

9．？～1749。ガリシア・バロック様式を代表する建築家。ガリシア特産の堅固な御影石を駆使したコンポステラ大聖堂正面は天才的な作例と讃えられる。

10．住所：rúa do Villar n°1 15704 Santiago España.
電話：981 56 24 19
FAX：981 56 60 30
URL:http://www.archicompostela.orig
E-Mail:Peregrino@planalfa.es
巡礼受付時間：10.00～14.00、16.00～18.00
夏期 9.00～21.00

巡礼センター

この巡礼センターでは、最近の一〇年ほどの間に膨大な数に増えた世界各地からやって来る巡礼たちを温かく迎え入れている。中世にあっては今日でいうところの「ヴィザ」に似た役割をしていた、伝統ある「コンポステラ」（巡礼成就証明書）の授受もここで行われる。巡礼たちは、旅立った教区教会や巡礼途上の修道院、教会、市町村役場で受けた集印長に最後のスタンプを押してもらい、それが「コンポステラ」授受の証とされる。今日、「コンポステラ」は巡礼道の少なくとも最後の一〇〇キロを徒歩か馬で、もしくは二〇〇キロを自転車でたどった者にのみ与えられる。

巡礼センターではまた「巡礼心得」と「巡礼登録用紙」とが配られるが、「巡礼心得」には「旅立つ前に」、「巡礼途上にて」、「コンポステラにたどり着いて」の項目が挙げられており、それぞれに巡礼は何をなすべきかが示されている。とくに、「コンポステラ」授受ののちに第一になすべきこととして、「懺悔」と「聖体拝受」が巡礼成就者の義務であることが書き記されている。そして、中世の昔から巡礼たちが必ず行ってきたいわば長い伝統にもとづく習わし、つまりクリプタ（地下墓所）の聖ヤコブの墓にまず詣でること、中央大祭壇の聖ヤコブ像に背後から抱擁すること、「栄光の門」の柱の五つの窪み手を置き、神に祈りを捧げることを挙げている。

「巡礼登録用紙」のアンケートの項目は、「姓名」、「性別」、「年齢」、「国籍」、「職業」、「出身地」、「巡礼の動機」、「巡礼の手段」（徒歩、馬、自転車）、「出発点」などである。

サンティアゴ巡礼センター
TEL：981 56 24 19
サンティアゴ・デ・コンポステラ・ツーリストオフィス
TEL：981 58 40 81（ガリシア州政府）
TEL：981 57 39 90（市役所付）
ガリシア州政府インフォメーション・ハコベオ
TEL：981 57 20 04

巡礼センターの薄暗い石の階段を上り二階のオフィスに入ると、すでに先着の七、八人の巡礼たちが列をつくっている。私たちの後にもぞくぞくと到着組がつづく。文字通りの老若男女、いろいろな国の人たちの群れである。

五年前にロンセスバージェス修道院でいただいた集印帳にスタンプを押してもらう。私たちが持つその集印帳はとても立派なので周囲の注目を集め、列に並んでいた一人の男性がどこで手に入れたかをわざわざ尋ねに来たほどである。みんなの持っているのは、紙も薄く小型でハンディにはなっているのだが、長い道程を一歩一歩踏みしめてきた証としてはいささか簡便すぎるような感じがする。

書き込みを求められた登録用紙の、その「巡礼の手段」の項には、圧倒的に「ア・ピエ」（徒歩で）の書き込みがつづいているのが印象的であった。授かった「コンポステラ」（ラテン語の文面）の訳文は次のページの通りである。

「コンポステラ」を手にして足取りも軽く、オブラロイド広場を横切ってすぐの、今日の宿[11]サン・フランシスコ修道院に向かう。広場ではさまざまな国の言葉が飛び交っている。再会を喜び、健

ロンセスバージェスでいただいた集印帳

CAPITULUM hujus Almae Apostolicae et Metropolitanae Ecclesiae Compostellanae sigilli Altaris Beati Jacobi Apostoli custos, ut omnibus Fidelibus et Peregrinis ex toto terrarum Orbe, devotionis affectu vel voti causa, ad limina Apostoli Nostri Hispaniarum Patroni ac Tutelaris **SANCTI JACOBI** *convenientibus, authenticas visitationis litteras expediat, omnibus et singulis praesentes inspecturis, notum facio:* Dnu Yoshiko Shimizu *hoc sacratissimum Templum pietatis causa devote visitasse. In quorum fidem praesentes litteras, sigillo ejusdem Sanctae Ecclesiae munitas, ei confero.*

Datum Compostellae die 12 *mensis* Augusti *anno Dni* 1996

SIGILLUM · CAPITULI · BEATI · JACOBI · COMPOSTELLAE

Secretarius Capitularis

巡礼成就証明書「コンポステラ」

聖なる使徒ヤコブの聖堂を守り奉りし我、コンポステラ大司教座聖堂参事会は、われらの使徒、イスパニヤの庇護者にして守護者たる聖ヤコブの墓に、信仰からであれ誓願成就からであれ、世界のあらゆる地から来たりしすべての信者たち並びに巡礼者たちのために、本書状を読まれる方々に、次のことを知らしめる次第である。

清水芳子は

深い敬神の心をもって、このいとも聖なる当聖所を訪れたり。その証としてこの聖なる教会の公印とともに、書状をこの者に授けたり。

1996年８月12日

コンポステラにて与う

闘を讃え合う人々が手に手に握りしめる「コンポステラ」は、一ヶ月、二ヶ月、あるいは数ヶ月に及ぶ彼らの巡礼の旅のシンボルであるかのように輝いている。「コンポステラ」をそれぞれ頭上や胸元に掲げて記念写真を撮り合っているいくつものグループ、喜びに輝く顔、顔、顔……。

いまも修道士の祈りの場であるサン・フランシスコ修道院の建物の礎は、一三世紀にアッシジの聖フランシスコがサンティアゴ巡礼をした折に置かれたという。その由緒ある大きな建物の一部を改造し、三つ星のホテルとして運営されている。歴史を感じさせる重厚そのものの大広間脇のレセプションから部屋に行くと、そこは僧房さながらの簡素さである。

広場で出会ったさまざまな国からの巡礼たちの、ときには恍惚といえるような表情さえ見せて歓びに輝く顔が浮かんでは消え、なかなか寝つかれなかった。Mはすでに安らかな寝息を立てていた……やがて、深い眠りに落ちる。

「コンポステラ」を手に記念撮影

11. オスタル・サンフランシスコは、2002年現在改装のため休業中。
・パラドール・オスタル・ドス・レイス・カトリコス（Parador Hostal dos Reis Catiolicos）、5つ星、137室、162ユーロ。
TEL：981 58 22 00
・ホテル・コンポステラ（Compostela）、4つ星、99室、140ユーロ。
TEL：981 58 57 00
・オスタル・マプーラ（Mapoula）、2つ星、11室、27～34ユーロ。
TEL：981 58 01 24

「地の果て《フィニステーレ》」をめざして

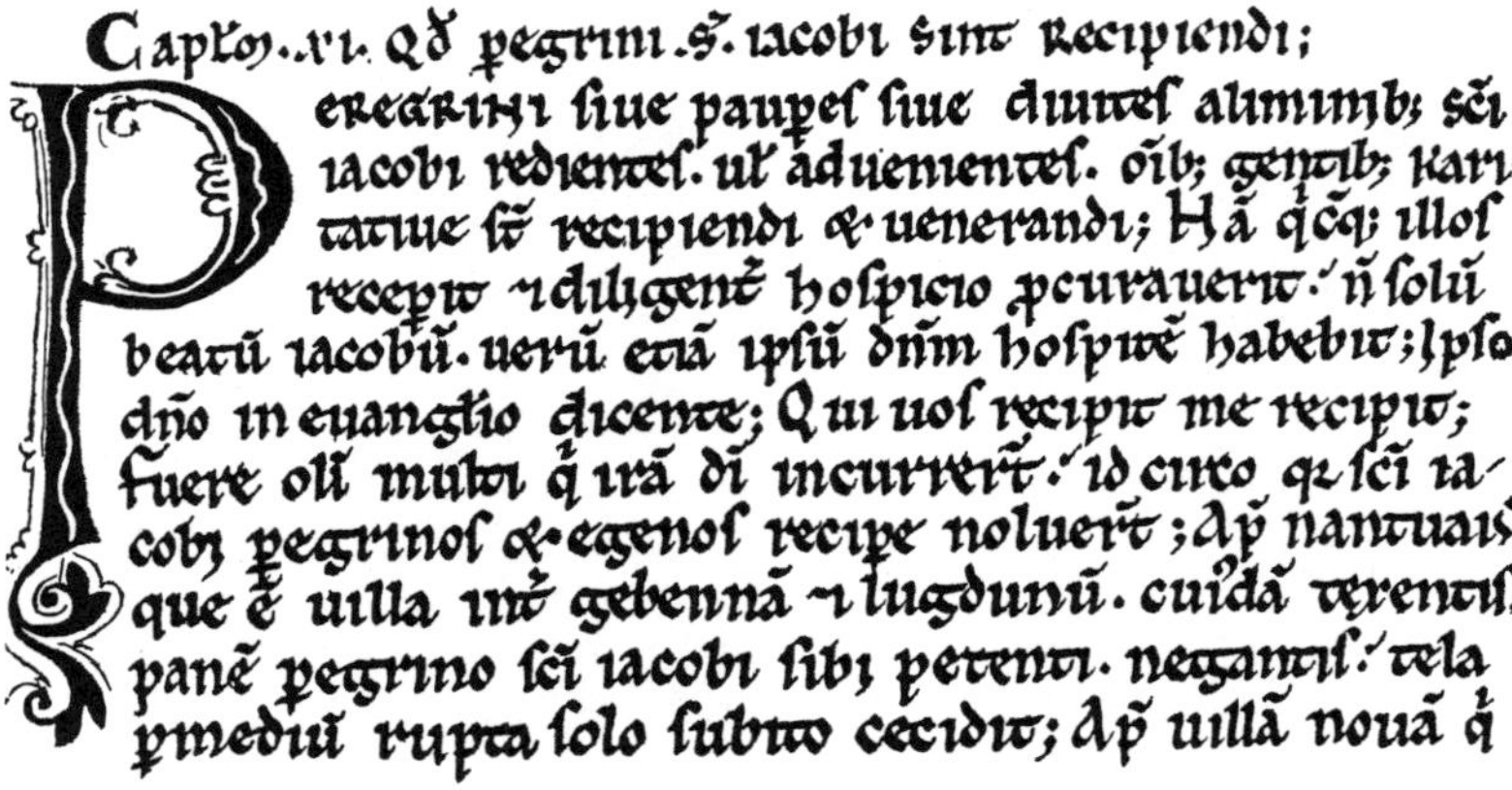
Capl'm .xi. Qd pegrini .S. iacobi sint recipiendi;
Peregrini siue paupes siue diuites alimimb; sci
iacobi redientes. ul aduenientes. oib; gentib; kari-
tatiue sr recipiendi & uenerandi; Na qcq; illos
receptos idiligent hospicio pcurauerit. n solu
beatu iacobu. ueru etia ipsu dnm hospite habebit; Ipso
dno in euangelio dicente; Qui uos recipit me recipit;
Fuere oli multi q ira di incurrert. id circo qz sci ia-
cobi pegrinos & egenos recipe noluert; Ap nantuaic
que e uilla int gebenna 7 lugdunu. cuida textoris.
pane pegrino sci iacobi sibi petenti. negantis. tela
pmediu rupta solo subito cecidit; Ap uilla noua q

1999年　夏

二〇世紀最後の大祭の年、私たちもバルセロナから空路でサンティアゴに向かう。やがて、眼下に赤褐色の砂色のパッチワークのカスティーリャ大地の野が広がる。メセタのあの酷暑の長い長い一日が、体にまとわりついた熱風と感触とともに蘇ってくる。来る日も来る日も照りつける陽に焼かれながらモクモクと歩きつづけた道程を一気に飛び越えて、飛行機は私たちの体をラバコーヤの空港に運ぶ。

　宿に荷物を下ろして大聖堂に向かうが、通りは人でいっぱいである。ぞくぞくとつづく人の波とともに、オブラドイロ広場に押し出される。大聖堂前のこの広い広場が人の群れでごった返している。広場から四方に発する通りという通りは、行く人帰る人で埋め尽くされ、交通整理のお巡りさんもお手上げの態《てい》である。

　大聖堂正面の「栄光の門」へ導く左右の両階段は、長い人の列ができている。「聖年」の年にしか開けられないキンターナ広場の「赦しの門《プエルタ・ペルドン》」にも長い行列。門の入り口、右側の厚い壁の目の高さのところに刻まれた十字架を、手で三度ずつなぞってなかに行く。これで、これまでに犯した数々の罪が許されるという。

　私は、裏に回って人が少ない「銀細工師門」から内陣に入り、椅子に座って壮麗きわまりない主祭壇を見つめてひとときを過ごしながら、かつて初めてここを訪れたときのことをぼんやりと思い出す。早春とはいえ、ガリシアのこの地はまだ冬のただなかにあった。しんしんと冷え込む冷たい外気がもつ、あの張りつめた空気がこの聖堂内部に満ちていた。それに引き換え、いまは何というざわめき……みんな声を潜めて話しているのだが、それ

大祭の年の「赦しの門」

が互いに共振しあって聖堂をざわめきの大きな坩堝《るつぼ》にしている。

今世紀最後の「聖年」とあって、ヨーロッパのさまざまな国や中南米、アジアの国からの人たち、スペインのあらゆる地方からやって来た人たちで溢れ返っている。夏休みのせいか家族連れが目立つ。圧倒的に多いのは、中高年の善男善女である。日本からのツーリストグループも見かける。こうした群衆のなかにあって、遠い道程を歩いてたどり着いた人たちはすぐに分かる。リュックと巡礼杖を傍らに置いてたたずむ彼らの周りの空気はひっそりとして、切り取られたように何となく違うのである。そこだけがまるで透明なカプセルに包まれたようになっている。彼らの動作は周囲に気を遣って控えめなものなのだが、その陽焼けした顔は歓喜に照り輝き、恍惚といっていいような表情を浮かべて、感極まった思いが顔に集約されている。

暮れなずむころ、パラドールのテラスで過ごしていると、聖堂の閉門ぎりぎりに到着した五、六人の若者グループが手に手に「コンポステラ」を振りかざしながら広場に繰り出してきた。もはや人気《ひとけ》もなくなり、ガランとしたオブラロイド広場に、記念撮影をして喜び合う彼らの姿だけがくっきりと浮かび上がっている。

残照に映え黄金色に輝いていた大聖堂も、すっかり陽が落ち、濃い藍色に変わった空に影絵のように聳え立つ。

早朝、まだ薄暗いオブラロイド広場。「地の果て《フィニステーレ》」を目ざしての出発。

暗闇のなかで、私たちと同じように旅立ちの身支度を整えた数人のグループの動きを感

XACOBEO'99
Galicia

1999年大祭の年のパンフレット（部分）
この年の「コンポステラ」授受者　154,613人（徒歩80%）
男性56%
女性44%

じる。手元にあるのは、雑誌「ペレグリーノ」の小冊子「フニステーレへの道」と、コンポステラのツーリストオフィスでもらった一枚のイラスト風の案内地図のみ。この簡単なガイドだけだが、さしたる不安もなかった。とにかく歩きつづけること、そうすれば何とかなるだろうという確信に似た気持ちを、これまでの歩きの体験が与えてくれた。

オブラロイド広場から坂を下り、「地の果て」への巡礼道に入る。フラッシュバックのように蘇る五日間の海への巡礼の日々……。

——コンポステラの町外れの丘から、昇る朝日のなかに黒々と浮かび上がった大聖堂との最後の別れ。

——どこまでもつづくユーカリの林。優しいまとわりつくようなガリシアの霧雨。落ち葉のカーペット。苔むしたような石の橋。

——疲れ果てて宿を見つけられず途方に暮れた夕方、小さな村のはずれに忽然と現れた「Casa Rural」の看板。そこはオープンしたばかりの、コンポステラ大学教授がオーナーの民宿であった。

——「西《オエステ》、西《オエステ》へ行けばいいんだ！　この道は確かだ《セグーロ》！」、小リュック一つ背負って大声で叫び、風のように通りすぎていった単独行の初老の男。あれから数年たったいまも、「オエステ！　セグーロ！」の声は耳について離れない。あの巡礼は現実だったのだろうか、それとも……。

——古い町ネグレイラのオスタル。フロントの女の子は私たちをまじまじと見て、「日本からの巡礼？ うっそお！」と、笑いつづけた。

――陽に焼かれ長丁場の果てにたどり着いた街道筋のバル。夫を突然の事故で失い、夢のすべてを断ち切られた黒衣の女主人の静かな言葉。

「あなたたちは、とってもいいことをしていると思うの」

――海辺の町チェーのプチホテル・レストランのオーナーシェフは、ひょうひょうとして腰のすわった渡世人風のいなせな板前だった。

この気分のよい、住民の温かい眼差しの町で一日休息し、「地の果て」への思いで胸を膨らませて勢い込んで乗り込んだフィニステーレ。そこは、急に増えたツーリスト相手の「商売」にうつつを抜かし、自らの歴史と誇りをどこかに置き忘れてしまったカオスの渦巻く悲しい町であった。この地は、たどり着いた中世の巡礼たちが、陽の没する陸地の果て、波が洗う岩礁の先で古い着物を脱ぎ捨て、身を清め、装い新たに再生の道へ思いを馳せる感慨深い場所であったはずなのに……。夕暮れのサンタ・マリア教会の寂しいミサ。

九月八日、聖母マリアの祝日。フィニステーレから「舟のサンタ・マリア教会」への巡礼で名高いムシャにバスで移動。ここは、いまもマリア信仰が生きつづけている小さな漁村。近在の町や村からやって来た巡礼たちに混じって、私たちも文字通り地の果てのサンタ・マリア教会へ歩みを進める。目の前は大海原、その名も「コスタ・デル・ムエルテ（死の海岸）」。聖堂からあふれた老若男女の巡礼の群れが、この海辺の教会を取り囲む。

私たちにとってサンティアゴ巡礼の最終地点「地の果て」は、このムシャの地であった。

舟のサンタ・マリア教会

エピローグ

二〇〇三年春、三月、サンティアゴ・デ・コンポステラ。

旧王立施療院、いまではスペイン有数の豪華ホテルとなったパラドール、「オスタル・ドス・レイス・カトリコス」[1]の部屋から見上げる冬の夜空に浮かび上がった大聖堂は、厳しく美しい。オブラロイド広場の石畳は細かい霧雨に濡れている。昼間訪ねた大聖堂古文書館、あの回廊を取り囲む建物の一画の、中世にまっすぐつながっているような一室でのひとときが頭のなかを駆けめぐり、眠りに就くことができない。明日は、元来た道に向かっての戻り巡礼の出発の日だというのに……。

偶然と幸運から若い司書の心のこもった配慮を介して会うことがかなった館長ホセ・マリア・ディアス・フェルナンデス師は、聡明さと温かさを感じさせる穏かな聖職者であった。いま書き進めている本のためにどうしても『聖ヤコブの書』の写本（一二世紀）に触れたいという私たちの強い願いを静かに聞き、羊皮紙の古書に埋った古文書館の一室に招き入れてくれた彼は、別室から古色の絹地とも見紛う布に包まれた『聖ヤコブの書』を抱えて再

オブラロイド広場

び現れた。驚く私たちに、師は自ら一枚一枚ページを繰りながら簡単な説明を付け加えてくれたのであった。

私たちの歩きの旅をいろんな意味で支えてくれた『聖ヤコブの書』の第五書である『巡礼案内の書』、この一二世紀の修道士エムリ・ピコーのくせのある語り口は、とくにこの数年来私にとっては何か近しい友の一人のような存在になっていた。その八〇〇年昔の写本がいま目の前にあり、私は自らの手で触れている！

夜も更け、静まり返ったパラドールの部屋の高い天井に、写本のなかのミニアチュールとラテン文字が浮かんでは消える。木の床とガリシア特産の御影石に囲まれた旧王立施療院のこの二階部分は、その昔、道中で病を得た巡礼たちが心身ともに回復して帰途に就けるように、常駐の医師やオスピタレロから手厚い看護を受けた部屋であった。

誓願からであれ、やむにやまれぬ思いからであれ、故郷を旅立ち再び帰れる保障のない困難な旅を経て、ようやくたどり着いたコンポステラ、ここで彼らは何と出会ったのであろう。精根を傾け尽して、越えてきたあの巡礼の日々に見合うだけの恩恵は得られたのであろうか？　望んでやまなかった奇蹟は果して起きたのだろうか？　故郷に戻っていくために、人々の介護を受けながらこれからの気の遠くなるような長い帰途の道程にどんな思いを馳せていたのだろうか。

便利さと管理社会に生きる二〇世紀の巡礼たちには長途の帰りの旅はない。しかし、現代の巡礼たちの多くが日常の忙しいあいまを縫って再び道をたどったり、また救護所のオ

1．15世紀末、カトリック両王によって建立された施療院。その伝統は、立派なパラドールとなったいまでも「コンポステラ」を得た巡礼たちへの食事（毎食10名）供与という形で生きている。2002年度、朝食1442食、昼食1324食、夕食2294食。

スピタレロとして献身的に巡礼介護にあたっているのは、巡礼がサンティアゴにたどり着くことで終わるものではないということを身をもって知った故であるのかも知れない。スペインに入り、巡礼途上でよく耳にした言葉「Viaje interior《ヴィアッヘ・インテリオール》」（内面への旅、もしくは自分自身への旅）は果てしない。

中世の昔をなぞり、「北の道」(2)を選んで戻り巡礼に入ろうとする自分をアナクロと思う気持ちもあるが、そこで出会うだろう未知なるものにひきずられる思いは深い。

旅立ちの前夜は、どこへ向かうにしても心が騒ぎ立つ。しかし、明日のために眠るように努めねば……。

2．聖地オビエドを通ってカンタブリアの海ぞいにバスクを通ってフランスに向かう道。

あとがき

何の用意もなくがむしゃらに飛び込んだ巡礼道であったが、そこに待ち受けていたものは、想像もできなかったヨーロッパという歴史の重層する空間のもつ時の重みであった。九〇〇年を経たいまなお、ロマネスクはいうに及ばず、美しく豊かな芸術、自然、そして人々の暮らしが、中世の昔そのままに息づいていた。

仕事上のことや体調の不備で断念せざるを得なかった年もあるが、一九九六年、サンティアゴ・デ・コンポステラにたどり着くまでの一〇年、ほぼ毎夏歩くこととなった。それは計らずも二つの「聖年」（一九九三年、一九九九年）と世紀末が重なり、巡礼が急激に増えていった時期でもあった。

サンティアゴ巡礼道は、一九八七年にヨーロッパ議会によって「ヨーロッパ最初の文化の道」として大きく謳われることになったが、それは単に物資が行き交うだけの道ではなく、キリスト教、イスラム、ユダヤなどあらゆる文化が交錯し、共存する実り豊かな場でもあった。その後、一九九三年にスペイン側巡礼道が、一九九八年にはフランス側がユネスコの「世界遺産」に指定された。

これらのことは、それまでサンティアゴ巡礼推進に意を尽してきた宗教界、各自治体、そして何よりもサンティアゴ巡礼道の歴史、文化、その意義を愛する多くの人たちを鼓舞し、世紀末の巡礼に弾みをつけることにもなった。現在の、驚異的な巡礼ブームの環境は着々と整えられていったといえよう。巡礼成就証明書「コンポステラ」を授受された巡礼者の数からでも、その興隆はうかがい知ることができる。私たちが歩き始めた一九八七年の授受者数は約二九〇〇人であったが、一九九三年は九万人、一九九九年には一五万人を超えた。一九七〇年代には、年間にせいぜい二、三〇〇人どまりであったというのに！

しかし、九〇〇年前の巡礼最盛期同様、仕掛人・演出家がいくら舞台を整えようと、そこに生きるのは自分の身一つの巡礼である。そして、時は隔ててはいても、それぞれが、それぞれの思いや願いを抱えて道をたどっている現代の巡礼たちの姿は、奇妙に中世の昔の巡礼に似ているのである。

歩きながら、私の脳裏に絶えずつきまとっていたのは、中世の巡礼やあのロマネスクの職人への思い、そして問いかけであった。

「あなたたちを道に踏み出させたもの、この美しいかたちをならしめたもの、それは一体何だったのでしょうか」

この問いは、私のなかでいまもつづいている。多分、同行者M、彼女もそうだったのではないだろうか。結局、彼女は中世の渡り職人よろしく、かの地でフレスコ画修行を始め、いまは住み着いて自分の作品に向かう日々を送っている。

そして、私は？　「新老人」に近づきつつある私は、どこへ向かおうとしているのか？巡礼は出発地点に戻って初めて成就されるという。また、サンティアゴ巡礼はコンポステラにたどり着いたときに始まるものだともいう。戻り巡礼に一歩踏み出した私のその行方は、サンティアゴ様のみが知るものであるのかも知れない。

新評論の武市一幸氏が私たち女性二人の巡礼行に興味を示して下さらなかったら、この本の出版ということはあり得なかっただろう。幾度となく適切なアドヴァイスによって励まし、かつ辛抱強く待って下さった同氏に深甚の謝意を表したい。

また、同行者Mこと、画家・幾島美和子さんからは現地に住む強みからサンティアゴ巡礼関連の資料や最新情報などを逐次受けることができた。その強力な援護射撃がどんなにありがたかったかは、言葉ではとても言い尽くせない。

また、フランスおよびスペインのサンティアゴ巡礼道沿いの市町村観光窓口には、多大な便宜にあずかったことを附記しておきたい。

一九八七年に勤務先である神戸松蔭女子学院大学からいただいた在外研修の一年間がなかったら、この巡礼行のスタートは切れていなかったであろう。また、この本は同大学の「チャペルニュース」に連載させていただいた小文がベースになった。この連載は、「巡礼行」という深いテーマを問い直す良い機会ともなった。有形無形に私を支えて下さった同大学の皆様に心からの感謝を申し上げたい。

エムリ・ピコーは『巡礼案内の書』の最後の章となる第一一章「サンティアゴ巡礼を受け入れるためのあるべき姿」で、巡礼受け入れを怠った人々に下った天罰の数々を上げて、「主を受け入れるがごとく、巡礼を受け入れねばならない」と説いているが、私たち二人の巡礼行は、道中、数知れない好意を受けることこそあれ、意気を萎えさせるようなアクシデントに見舞われることはなかった。「地の果て」まで足を伸ばすことができたのは、これらすべての恩恵に負っている。

道で出会った人々に、そして自然の恵みに、感謝とともにこの本を捧げたい。

二〇〇三年　四月

清水　芳子

参考文献一覧

Liber Sancti Jacobi Codex Calixtinus, Archivo de la Catedral de Santiago de Compostela.

Filgueira Valverde, (Facsímil), *Libro de la peregrinación del Códice Calixtino,* Madrid, 1971

Le Guide du Pèlerin de Saint-Jacques de Compostelle, Par Jeanne Vielliard, texte Latin du Ⅻè siècle, édité et traduction en Français, Librairie Philosophique J. Vrin, Paris, Cinquième Edition, 2ème tirage, 1984.

Guía del Peregrino Medieval («Codex Calixtinus»), Por Millán Bravo Lozano, Introducción, traducción Castellana y notas, Centro de Estudios del Camino de Santiago, Sahagún, 1989.

Vázquez de Parga(Luis), Lacarra(JoséMª), Uría Ríu(Juan), *Las Peregrinaciones a Santiago de Compostela,* 3vols., Madrid, 1948〜1949.

La Coste-Messelière(R.de), *Pèlerins et Chemins de Saint-Jaques en France et en Europe du Xè siècle à nos jours,* Paris, Archives Nationales, 1965.

Les Chemins de Saint-Jaques de Compostelle, ouvrage collectif, Edition MSM, Collection in Situ, 1999.

Les Chemins de Saint-Jacques, ouvrage collectif, Guide Gallimard, 2000.

サンティアゴ巡礼に関する主要機関誌

“Peregrino” Asociacion de Amigos del Camino de Santiago, ‘87〜2002

“Compostella”, Revista de la Archicofradia Universal del Apóstol Santiago, 1993〜2002

日本語で読めるサンティアゴ巡礼に関する本

ピエール・バレ、ジャン・ノエル・ギュルガン／五十嵐ミドリ訳『巡礼の道　星の道』平凡社、一九八六年

イーヴ・ボティノー／小佐井伸二／入江和也訳『サンチャゴ巡礼の道』河出書房新社、一九八六年
レーモン・ウルセル／田辺保訳『中世の巡礼者たち　人と道と聖堂と』みすず書房、一九八七年
アルフォンス・デュプロン編著／田辺保監訳『サンティヤゴ巡礼の世界』原書房、一九九二年
G・デュビー／小佐井伸二訳『ロマネスク芸術の時代』白水社、一九八三年
H・フォション／神沢栄三他訳『西欧の芸術1―ロマネスク』（上・下）鹿島出版会、一九八二年
H・フォション／神沢栄三訳『至福千年』みすず書房、一九八八年
E・マール／柳宗玄、荒木成子訳『ヨーロッパのキリスト教美術―12世紀から18世紀まで』岩波書店、一九八〇年
E・マール／田中仁彦他訳『ロマネスクの図像学』（上・下）国書刊行会、一九九六年
柳宗玄編著『体系世界の美術11―ロマネスク』学習研究社、一九九六年
柳宗玄『世界の聖域⑯　サンティヤゴの巡礼路』講談社、一九八〇年
渡邊昌美『巡礼の道』中公新書、一九八〇年

実際に歩く人のための実用ガイド

Sentier de Saint-Jacques-de-Compostelle Le Chemin du Puy, Collection TOPO-GUIDE, Fédération Française de Randonnée Pédestre, 1999.（フランス側「ル・ピュイの道」）
Guia Práctica del Peregrino, Everest, 1998.（フランス語、ドイツ語、英語版）
El Camino de Santiago a Pie, Ediciónes El Pais S.A., Aguilar1998.
（以上二冊は、スペイン側「カミーノ・フランセス」のガイドブック。地図、写真、図版が豊富で宿やレストランなどの情報満載。スペイン語が分らなくとも充分活用できる。スペイン側ガイドブックとしては現在のところ決定版と言えるだろう。）

著者紹介

清水芳子（しみず・よしこ）

神戸市生まれ。

関西学院大学文学部卒業。

同大学院博士課程修了（美学専攻）。

神戸松蔭女子学院大学教授。

訳書として、J・ラドリン著『評伝　ジャック・コポー』（未来社、1994年）がある。

銀河を辿る
——サンティアゴ・デ・コンポステラへの道——　（検印廃止）

2003年6月30日　初版第1刷発行

著　者　清　水　芳　子
発行者　武　市　一　幸

発行所　株式会社　新　評　論

〒169-0051　東京都新宿区西早稲田3-16-28
http://www.shinhyoron.co.jp

TEL　03（3202）7391
FAX　03（3202）5832
振替　00160-1-113487

定価はカバーに表示してあります。

落丁・乱丁はお取り替えします。

装　丁　山　田　英　春
印　刷　フォレスト
製　本　桂　川　製　本

Printed in Japan
ISBN 4-7948-0606-X　C0022

ちょっと知的な旅の本

M.マッカーシー／幸田礼雅訳 **フィレンツェの石** ISBN4-7948-0289-7	A5 352頁 **4660円** 〔96〕	イコノロジカルな旅を楽しむ初の知的フィレンツェ・ガイド！　遠近法の生まれた都市フィレンツェの歴史をかなり詳しくまとめて知りたい人に焦点をあてて書かれた名著。
スタンダール／山辺雅彦訳 **南仏旅日記** ISBN4-7948-0035-5	A5 304頁 **3680円** 〔89〕	1838年，ボルドー，トゥールーズ，スペイン国境，マルセイユと，南仏各地を巡る著者最後の旅行記。文豪の〈生の声〉を残す未発表草稿を可能な限り判読・再現。本邦初訳。
スタンダール／臼田　紘訳 **ローマ散歩Ⅰ・Ⅱ** Ⅰ巻 ISBN4-7948-0324-9	A5 436頁 **4800円** 〔96〕	文豪スタンダールの最後の未邦訳作品，上巻。1829年の初版本を底本に訳出。作家スタンダールを案内人にローマ人の人・歴史・芸術を訪ねる刺激的な旅。Ⅱ巻来春刊行予定。
川野和子 **中国　魅惑の雲南** ISBN4-7948-0375-3	四六 620頁 **4000円** 〔97〕	【一万二千キロの風景】日中兵士の悲劇の場となった「援蒋ルート」，そして小数民族の里を訪ね，華やかな民族衣装の裏側に隠された実像を活写する。口絵カラー8P，写真多数。
大西　剛 **イヤイヤ訪ねた世界遺産だったけど** ISBN4-7948-0531-4	四六 336頁 **2200円** 〔01〕	【アジアで見つけた夢の足跡】韓国・インドネシア・カンボジア・タイ・ラオス、開き直って巡り巡った地には、真実の姿が待ち受けていた！　カラー口絵4P 他、写真多数。
土方美雄 **アンコールへの長い道** ISBN4-7948-0448-2	四六 320頁 **2500円** 〔99〕	【ちょっと知的な世界遺産への旅】何故それほどまでに人はアンコール・ワット遺跡に惹かれるのか。内戦に翻弄されるカンボジアの人々の「現在」とその「歴史」の重みを伝える。
土方美雄 **マヤ終焉** ISBN4-7948-0468-7	四六 336頁 **2500円** 〔99〕	【メソアメリカを歩く】「過去の遺跡のみについて語ることは、やはり犯罪的なことではないのか」。文明の痕跡と先住民の現在から得られた旅の眼差し。口絵カラー8P
土方美雄 **北のベトナム、南のチャンパ** ISBN4-7948-0535-7	四六 326頁 **2500円** 〔01〕	【ベトナム・遠い過去への旅】ホーチミンからハノイに至る旅を通して，消滅したチャンパ王国とそれに代わり覇者となったベトナムとの抗争を軸に，ベトナムの過去と今を探る。
福田成美 **デンマークの** **緑と文化と人々を訪ねて** ISBN 4-7948-0580-2	四六 304頁 **2400円** 〔02〕	【自転車の旅】サドルに跨り，風を感じて走りながら，デンマークという国に豊かに培われてきた自然と文化，人々の温かな笑顔に触れる喜びを綴る，ユニークな旅の記録。
細谷昌子 **詩国へんろ記** ISBN4-7948-0467-9	A5 414頁 **3000円** 〔99〕	【八十八か所ひとり歩き，七十三日の全記録】全長1400キロにわたる四国霊場巡りで得た心の発見。「自分の中には自分でさえ気付かない人類の歴史が刻まれて眠っている。」

＊表示価格はすべて本体価格です。